《黄帝四经》法思想探析

向 达 著

吉林大学出版社

·长 春·

图书在版编目（CIP）数据

《黄帝四经》法思想探析／向达著. —长春：吉林大学出版社，2023.8

ISBN 978-7-5768-2014-0

Ⅰ.①黄… Ⅱ.①向… Ⅲ.①《黄帝经》–法律–思想史–研究 Ⅳ.①D909.22

中国国家版本馆 CIP 数据核字（2023）第 158710 号

书　　名：《黄帝四经》法思想探析
《HUANGDI SIJING》FA SIXIANG TANXI

作　　者：向　达
策划编辑：刘子贵
责任编辑：张鸿鹤
责任校对：田　娜
装帧设计：海之星电脑图文
出版发行：吉林大学出版社
社　　址：长春市人民大街 4059 号
邮政编码：130021
发行电话：0431–89580028/29/21
网　　址：http://www.jlup.com.cn
电子邮箱：jldxcbs@sina.com
印　　刷：天津和萱印刷有限公司
开　　本：787mm×1092mm　　1/16
印　　张：13.5
字　　数：228 千字
版　　次：2023 年 8 月　第 1 版
印　　次：2023 年 8 月　第 1 次
书　　号：ISBN 978-7-5768-2014-0
定　　价：68.00 元

序

  向达君素好思辨，中国思想史学养尤为良好；其《黄帝四经》之法思想探究，释义雅正，以"道"、"法"、"名"为中心，辩证推演，阐明法理，系统而中肯綮。

  《汉书·艺文志》归《黄帝四经》于道家一系。"道家者流，盖出于史官，历记成败存亡祸福古今之道，然后知秉要执本，清虚以自守，卑弱以自持，此君人南面之术也。合于尧之克攘，易之嗛嗛，一谦而四益，此其所长也。及放者为之，则欲绝去礼学，兼弃仁义，曰独任清虚可以为治。"班固此论，既揭道家"无为而治"思想之精神要义，亦显西汉初年奉行黄老道术之历史实情。向达论《黄帝四经》，虽重在阐发其法哲学意蕴，然文起"道术将为天下裂"之语境追溯，而以"道术将为天下合"为义理演证之效准，实为班固之论的注解与扩充。

  汉武帝"罢黜百家，独尊儒术"，西汉"治道"弃黄老道术而变易。《黄帝四经》在东汉已亡佚，在某种意义上可视为华夏政治法律文明演变的一种隐喻。现代考古使其重新与世人相遇，依然置身大争之世的现代人能否领悟该文本蕴含的生存智慧，是向达君语焉不详，或者欲言又止的问题。不过，这确乎是思想史学者应有的审慎德性。

  是为序。

赵明

2019 年 6 月 13 日草于重庆缙云山麓

目　录

绪　论

　　《黄帝四经》①一书于东汉时就已亡佚。1973 年长沙马王堆三号汉墓出土了四篇古佚书，位于帛书《老子》卷首前。《马王堆出土帛书〈老子〉乙本卷前古佚书》究竟是不是《汉书·艺文志》所称的《黄帝四经》，这在学界还存在争议。马王堆出土的古佚书为西汉初年随葬的文献，写作于东汉的《汉书·艺文志》有《黄帝四经》的记载，证明《马王堆出土帛书〈老子〉乙本卷前古佚书》是经常被人们放在一起学习、讨论、研究的，因此此四古佚书很可能就是《汉书·艺文志》所称的《黄帝四经》。唐兰先生也持此观点，并得到大部分相关学者的认可。

　　《黄帝四经》是包括《管子》《文子》《鹖冠子》《鬻子》《吕氏春秋》《淮南子》等典籍在内的黄老著作的代表，陈鼓应先生说："《黄帝四经》是现存最早最完整的黄老道家作品，它的出土，使我们对于在战国百家争鸣中取得思想界主导地位的黄老学派的发展线索，有一个重新的认识和评估。"②全书约 11000字，其宗旨是效法天地阴阳之道而治理天下，表现在"道生法"和"案法而治"。全书由四篇构成：对自然和社会规律的总体解说的《经法》；对形名、刑德、阴阳、雌雄等关系进行阐发的《十大经》；论述治国修身方案的《称》；对"道"的本体和功用进行探源的《道原》。第一篇《经法》提出"道生法"和"案法而治"的主题，并论证之，第二篇《十大经》、第三篇《称》是对第一篇提出的

---

①　亦称《黄帝经》《黄帝书》《黄老帛书》《〈老子〉乙本卷前古佚书》。
②　陈鼓应. 黄帝四经今注今译[M]. 北京：商务印书馆，2007：1.

主题进行分化论证，第四篇《道原》是总结论证，深化主题，整本书结构完整，逻辑严密。

道家站在宇宙的角度，儒家站在贵族的角度，墨家站在百姓的角度，而《黄帝四经》是站在君王的立场看待一切的，所讲的就是帝王治国之道。《黄帝四经》中体现出来的治国目的是强国伐敌而统一天下，其气魄极大，这正与史书记载的黄帝事迹相一致。《黄帝四经》思想综纳百家，自成一体，是东周"道术将为天下合"以来的一种特殊的具有宏阔包容气象的"黄老"之学的经典著作。①

对《黄帝四经》的学术归类可总结为以下三派：第一，以陈鼓应先生为代表的"主道派"，认为《四经》属于道家的著作，主要从"道"的哲学角度解读《四经》；第二，以唐兰先生为代表的"主法派"，他们认为《四经》属于法家著作，从法的角度解读《四经》；第三，以裘锡圭先生为代表的"道法派"，主张不能简单地把《四经》归属于道家或法家，而是道家和法家智慧的综合，这派影响最大，在日本的代表为金谷治和池田知久。

一、研究现状

(一) 国内研究现状

从文献梳理来看，相关研究有 1974 年唐兰先生的《黄帝四经》《马王堆出土〈老子〉乙本卷前古佚书的研究》。② 国内学者中，唐兰先生最早确定长沙马王堆《老子》乙本卷前古佚书③就是东汉时期已失佚的《汉书·艺文志》里所载的《黄帝四经》。后来李学勤、余明光、陈鼓应、丁原明、裘锡圭、白奚、许建良等学者皆持此论。余明光先生出版的有《黄帝四经与黄老思想》④《黄帝四经今注今译》⑤；陈鼓应先生出版的有《黄帝四经今注今译》⑥；丁原明先生出

---

① 在此为何不用"学派"二字，是因为先秦不曾有"黄老学派"的称谓，可见作为学派它是不太成熟的，但确实有很多人按黄帝和老子思想在研究和思考，并且将二者紧密联系起来，因此称黄老之学较为妥当。

② 唐兰. 马王堆出土《老子》乙本卷前古佚书的研究[J]. 考古学报，1975(01).

③ 包括《经法》《十大经》《称》《道原》。

④ 余明光. 黄帝四经与黄老思想[M]. 哈尔滨：黑龙江人民出版社，1989.

⑤ 余明光. 黄帝四经今注今译[M]. 长沙：岳麓书社，1993.

⑥ 陈鼓应. 黄帝四经今注今译[M]. 北京：商务印书馆，2007.

版的有《黄老学论纲》①；马王堆汉墓帛书整理小组出版的有：《长沙马王堆汉墓出土〈老子〉乙本卷前古佚书释文》②、《马王堆汉墓帛书［壹］》③、《经法》④，《经法》为《黄老帛书》之单行本。相关文献主要从哲学、学术史、文献学、文字学等角度对《黄帝四经》进行研究，从法律角度进行深入而专门研究者，就笔者耳目所限几乎未有。

"《史记》屡称'黄老'，但今存先秦古籍中，《庄子》《韩非子》《吕氏春秋》中皆无'黄老'或以黄帝、老子并举之例。"⑤在此，张岱年先生认为人们对黄帝著作及事迹存疑而不值引述，从而否定了黄帝与道家的关系。《黄帝四经》的被发现，打破了这种僵化格局。

陈鼓应先生说："从思想史的角度来看，最重要的出土文献莫过于《黄帝四经》。然而这书迄今未受到应有的重视……可以说它是现存最早的一部黄老之学著作。"⑥⑦⑧⑨实际上，无论它是成书于战国的哪个时期，我们都应该注意到这样的现象：中国古代并没有单一作者的概念。例如《老子》《庄子》，并不能完全说它们的作者就是老子和庄子本人，它们只能说代表了老子、庄子所创立的思想学派，表现了老子和庄子的某些思想。他们的学生或后人也参与了相关创作。《黄帝四经》的情况也当如此。《黄帝四经》虽然不一定是黄帝本人所撰，但它包含和体现了黄帝及其时代人们的智慧。

赵小琦先生曾经认为《黄帝四经》与道家、儒家、法家、墨家等有紧密关系，融摄了阴阳、兵家、名家等学派的一些成分。陈鼓应先生经考证，发现

① 丁原明. 黄老学论纲［M］. 济南：山东大学出版社，2003 年.

② 马王堆汉墓帛书整理小组. 长沙马王堆汉墓出土《老子》乙本卷前古佚书释文［J］. 文物，1974（01）.

③ 马王堆汉墓帛书整理小组. 马王堆汉墓帛书［壹］［M］. 北京：文物出版社，1975.

④ 马王堆汉墓帛书整理小组. 经法［M］. 北京：文物出版社，1976.

⑤ 张岱年. 道家在中国哲学史上的地位［C］. 道家文化研究（第六辑）. 上海：上海古籍出版社，1995.

⑥ 陈鼓应. 先秦道家研究的新方向——从马王堆汉墓帛书《黄帝四经》说起［C］黄帝四经今注今译——马王堆汉墓出土帛书. 北京：商务印书馆，2007：4。

⑦ 赵小琦、阮忠. 白话黄帝经·前言［M］. 广州：广东高等教育出版社，1992：2-3.

⑧ 王沛. 黄老"法"理论源流考［M］. 上海：上海人民出版社，2009.

⑨ 荆雨. 帛书《黄帝四经》政治哲学思想研究［D10L］. 北京：中国国家图书馆，2004，武汉大学中国哲学 2004 届博士，指导老师：郭齐勇教授. http://mylib. nlc. gov. cn/web/guest/mylibrary

《黄帝四经》引用《老子》的词句、概念，多达一百七十多处……引用范蠡的言论达十七八条之多。两先生都注意到了《黄帝四经》与诸子学说的关系，但是，从此来看，似乎《黄帝经》只是战国时期抄录各家观点而成的杂凑性的著作。其问题出在先确定此书成书于战国中后期，然后以此为前提，认定其中的学说思想必然也只能是同时代或较前一点的时代的学说思想，这样，恐怕书名就成问题了。不同时代、不同地点的人，不是不能说出同样的话来，而且不见得非要受对方的影响；没有指明来源而意思相似的话不一定就是引用别人的。

以上相关问题，目前学界都有所涉猎，但直接以《黄帝四经》为蓝本和基础进行系统研究的很少。例如华东政法大学的王沛副教授在其博士毕业论文的基础上出版了《黄老"法"理论源流考》，对黄老法思想进行了系统的论述，但全书很少提及《黄帝四经》，更甭提对其进行系统的研究了。上海对外经贸大学的费小兵出版了《〈老子〉法观念探微》，涉及了道法问题，与《黄帝四经》有紧密关系，但全书几乎未提及《黄帝四经》。博士学位论文中，截至目前（以笔者耳目所限）还未发现直接以《黄帝四经》为文献蓝本对其法思想进行研究者。但有以《黄帝四经》为题对其进行其他方面研究的，如张欣的《〈黄帝四经〉管理哲学研究》从管理哲学角度解读《黄帝四经》；荆雨的《帛书〈黄帝四经〉政治哲学思想研究》从政治哲学的角度对《黄帝四经》进行研究；李夏的《帛书〈黄帝四经〉研究》[①]作了综述性研究，对近三十年来对《黄帝四经》的研究作了总结。硕士毕业论文有苏州大学 2008 届的周宏韬，其论文为《老子"无为"思想的法学解读——基于〈黄帝四经〉的分析》。此文从法哲学、宪法学、法律学等三个角度对老子"无为"的法思想进行解析，但在深刻和系统方面稍显不足。

2010 年重庆大学的硕士生葛鑫在程燎原教授指导下作了相关研究，其论文题为《论〈黄帝四经〉中的"道生法"思想》。但此文的第一、第二部分皆与法无关，第三部分才实质性地谈到"道生法"问题，谋篇布局及论证的深度和系

---

① 李夏. 帛书《黄帝四经》研究 [D10L]. 北京：中国国家图书馆，2004 山东大学 2007 届博士，指导老师：郑杰文教授 http：//mylib. nlc. gov. cn/web/guest/mylibrary。

统性都比较欠缺。其他的文章论及《黄帝四经》的法思想者也很少，即使论及，限于篇幅和主题也不可能系统挖掘和论证其法思想的内容、内涵、价值、影响等，只能侧重某个方面。如清华大学的崔永东教授在《帛书〈黄帝四经〉中的刑法思想》①对《四经》的刑法思想进行研究，东南大学许建良教授在其《〈黄帝四经〉"刑德相养"思想探析》②中对《四经》的刑德思想进行了研究。

（二）国外相关研究

《黄帝四经》因为出土较晚，国内研究者都不算多，国外直接对之进行研究者更少。其中日本学者迟田知久的《马王堆汉墓出土老子乙本卷前古佚书经法·亡论篇译注·序》较有代表性，他将亡论篇的思想主旨定性为"道法折衷"，把握了《黄帝四经》的主题。总体而言，国外对黄老学其他作品研究居多。

刘笑敢（新加坡）的《"无为"思想的发展》③从无为的思想渊源、无为与重生、庄子的无为思想、黄老之学的无为思想、《淮南子》的无为思想等角度，对老子的无为思想的源流进行了较为系统的梳理。

日本是国外研究黄老之学的重镇，尤以《淮南子》为甚。日本学者对《淮南子》的研究不局限于考据、翻译，义理阐述方面的研究成果也很多。日本学者重视其与各家的关系，不执着于将其归为一家。代表作有：金谷治的《老庄的世界——淮南子的思想》、楠山椿树的《〈淮南子〉与庄子联系之成立》《淮南子、庄子要略、庄子后解考》、泽田喜多男的《关于淮南子的道家倾向与儒家倾向》、宇野茂秀的《淮南子整合主义管见》、田中麻纱巳的《作为杂家的〈淮南子〉》《陆贾、道家思想和〈淮南子〉》等。

西方哲学家具有良好的哲学传统和哲学训练，习惯于从思想体系的形成、概念、学说的内在联系等方面来研究问题。其中成绩较大的有加拿大学者白光华和美国学者安乐哲。白光华英译了《览冥》全文，并在《淮南子、汉代早期思想的哲学综合：感应哲学及对第六章的翻译与分析》中以《览冥》为主，讨论《淮南子》的感应思想。安乐哲的《主术——中国古代政治艺术之研究》，以

① 崔永东. 帛书《黄帝四经》中的刑法思想[J]. 法学研究，1998(03).
② 许建良.《黄帝四经》"刑德相养"思想探析[J]. 东南大学学报（哲学社会科学版），2007(03).
③ 刘笑敢. 陈静译."无为"思想的发展[J]. 中华文化论坛，1996(02).

《淮南子》政治哲学的《主术》篇为基础，审视《淮南子》的政治思想，完整的归纳和论述了从先秦儒家、道家和法家的政治哲学到《淮南子》的发展及演变。另外，美国学者约翰·梅杰《汉代早期思想的天与地、〈淮南子〉第三、四、五章》（博士论文），汉诺斯·罗斯的《淮南子版本源流》（博士论文），戴维斯·泰尼的《淮南子中的阴阳概念与阿拉伯、西方炼丹术中类似范畴的联系，以及阴阳概念在〈周易参同契〉中的应用》《淮南子的二元宇宙起源论及其与中国、欧洲炼丹术背景的联系》，保罗·戈登的《淮南子政治哲学中的阴柔调和主义》等也具有一定的影响。

综上所述，随着马王堆汉墓帛书《四经》的出土，黄老之学的影响也日盛。但纵观相关研究成果，多是以道家或黄老学的其他经典为基础的研究，直接以《黄帝四经》为基础的研究甚少，对《黄帝四经》的法思想进行专门的系统研究者更是少之又少。而《黄帝四经》恰恰是中国传统法文化生态变化发展中的一部十分珍贵的宝典，因此加大对其法思想的梳理是很有意义的。通过对《黄帝四经》法思想的系统研究，兼以中西比较，可以在当下中国法律现代化之际，明是非得失，以起到古为今用、洋为中用之效。

（三）应该补充研究的问题

随着汉武帝"罢黜百家、独尊儒术"的推行，儒家渐为主流，《黄帝四经》逐渐淡出历史，东汉以后即已亡佚。但随着1973年马王堆汉墓帛书的出土，《老子》乙本卷前古佚书的文献、内涵、价值等问题随中国社会转型中法治建构等实践问题渐为人们所关注。通过对《黄帝四经》及黄老之学其他文献的研读，笔者越发感觉《黄帝四经》在中国法思想史中具有重大的价值和意义。针对《黄帝四经》法思想的主体精神和当下学界对此研究的不足，愚认为尚有以下问题值得研究。

首先，《黄帝四经》对中国古代社会主流的统治模式——"隆礼重法"产生了怎样的影响？儒家主张"德主法辅"，《黄帝四经》强调"法主德辅"。《黄帝四经》虽然提及"德先刑后"，但是从逻辑角度而言，并非从价值上否定了法的重要性。但其对礼和法的提倡，在中国以"隆礼重法"为价值主旨的法文化生态中起到了承上启下的作用，是对西周时期"明德慎罚""刑德兼用"思想的继承和发展，同时对荀子、董子等儒家"隆礼重法"思想产生了重大影响。

其次，《黄帝四经》的道法与纯法家有啥区别？《黄帝四经》所论之法与李悝、商鞅、吴起之流之法有本质的区别。前者提倡"道生法"，推崇"隆礼重法"，是黄老家以中国文化之根蒂——"道"为基础，"因阴阳之大顺，采儒、墨之善，摄名、法之要"后的法律智慧结晶，担起了"道术将为天下合"的智识重任，这一点，是纯粹法家无法做到的。正因为此，《四经》的影响在实践上要比纯粹法家长久，典型表现即其"隆礼重法"思想直接对中国封建治道模式的定格。

再次，《黄帝四经》"道生法"的逻辑及具体方法如何？《黄帝四经》开篇即言"道生法"，提出了"案法而治"的政治目标。虽然其"依法治国"的观点稍晚于管子、子产、邓析等春秋时期法家，但《四经》是最早从"道生法"的角度系统论证法治的著作，其法为"道法"。道生法的逻辑有形名作为过渡，有因循作为方法，有无为作为原则，有"案（按）法而治"来落实。

最后，《黄帝四经》的"道法"思想对中国自然法精神有啥影响？《黄帝四经》"道生法"思想对中国传统"自然法"进行了直接的思考。包含："名"对"道生法"有啥影响？道何以能生法？执道者何以能生法？道生之法如何应用？这些问题都是在"道生法"这个基本的自然法原则下展开的。而道具有"自由""民主""平等"的精神内涵，是当下中国法治建设珍贵的本土智识养料，对中国法律现代化有重要的指导和启示意义。

相关文献主要从文献学、文字学、学术史、哲学等角度对《黄帝四经》进行研究，从法律角度的研究也仅从某一个角度进行，缺乏深入性、系统性。对以上四个值得研究的大问题研究是很欠缺的。所以，不论从《黄帝四经》本身的学术价值、历史意义，还是当下法治社会构建的需要看，都迫切需要学界对其专门从法的角度进行深入而系统地研究，挖掘其价值，同时通过此研究填补前人研究的不足，深化其主题，为后人进行后续研究夯实基础，为法治中国的建构提供智识资源。

二、《黄帝四经》的称谓及其实质问题

文献之争固然有一定的意义，但太过拘泥于文献细节，忽视文献背后的思想本质和历史特征，就失去了文献研究的目的和意义。因此，关于《黄帝四

经》的文献归属问题其实并不是非常重要，重要的是《黄帝四经》代表了一种思潮，即战国中后期到秦、西汉之际的一种姑且可冠之名曰"黄老之学"的思潮。此学派以"老学"和"黄学"为基础。余明光先生认为"黄老"合称始于司马谈，此前并无"黄老"合称之例。在《论六家要旨》中，司马谈认为曹参、陈平之流即为"黄老"学家。司马谈在《论六家要旨》中对道家评价道："道家使人精神专一，动合无形，赡足万物。其为术也，因阴阳之大顺，采儒、墨之善，撮名、法之要，与时迁移，应物变化，立俗施事，无所不宜，指约而易操，事少而功多。"①这显然是对强调事功的"黄老"之道的总结，与老子原始道家的保守、消极、偏狭不可同日而语。司马迁在《史记》中沿用了"黄老"的称谓，评论韩非子的学术思想本质为：其本归于黄老。余明光先生认为，"黄老"合称有点勉强，因为"老学""黄学"各有特点，司马氏父子开了"黄老"并称之先河，可能也只是图一时之称谓方便。但战国到西汉年间，以合天下为旨归、面向现实的"黄老学"是存在的，而且成了主流思潮，这符合战国中后期"道术将为天下合"的历史情势。典型例子便是齐稷下学。因此为了研究的方便，称"黄老之学"也可。黄老之学的核心著作《黄帝四经》吸收了道家的宇宙论，法家的统治论，儒家的教化论，墨家和名家的方法论，阴阳家的秩序论，纵横家外事论，兵家战争论，形成一种以道为基、包揽百家、"案法而治"、"隆礼重法"的实学。其熔炉即齐稷下学宫。

与其说"黄老之学"是一个学派，还不如说是一种学术表现或象征，即融合百家的一种学术形态。道之理性、深邃、广博、高远、包容的特性注定其必将成为"容纳百家"的基本范畴。于是老子之道顺其自然地成为这种文化和合的哲学基础。但老子之道哲理化太强，虽深刻，但片面甚或某种程度的偏狭，虽有"君人南面之意"，但乏"君人南面之行"。于是在践行法治之意的"道法家"如慎到、田骈(pián)等人的努力下，以"黄学"为依托、"老学"为基础、"法治"为目的、"阴阳"为借鉴、"名刑"为方法的"黄老之学"便应运而生。

这种思潮，实为战国中后期及秦汉之际的主流思潮。这不是简单的推理，

---

① 司马迁. 史记·太史公自序[M]. 长沙：岳麓书社，2001：739。

而是可以从历史实际、学术发展内在规律及文献考证等角度进行推断的。从学术文献角度看，道家是战国中后期及秦汉之际最具影响力的一家。下面以文献为例说明之。《庄子·天下》所记七家①中，道家居四。如果说《庄子》乃道家门内之作，这样划分有自捧之嫌，那么《荀子·解蔽》所列六家，道家居三；《吕氏春秋·审分览·不二》所列十家，道家居五；《尸子·广泽》所列六家，道家也居三；《汉书·艺文志》记诸子九家，道家流 37 宗，文献 993 篇，为九家之首。以上诸文献中，《吕氏春秋》与道家最为接近，其余皆为别家异流，应该说不会故意抬高道家，以此观之，战国中后期及秦汉之际，道家当为影响最大一家。而此期间的道家，因为"道术将为天下合"的历史情势而实质为"黄老道"。

三、《黄帝四经》的思想定位及基本范畴

《道法》开篇即言："道生法。法者，引得失以绳，而明曲直者也。[故]执道者，生法而弗敢犯也，法立而弗敢废[也]。能自引以绳，然后见知天下而不惑也。"②《黄帝四经》在其后诸篇中强调"案（按）法而治"，与篇首的"道生法"相应和，可见，"案法而治"当为《黄帝四经》的主题。此意成为整部书的思想主线，也定格了其"法治"的政治意涵。但其法治与纯粹法家如商鞅者流的法治有一定的区别，即其法源于道，由道生，表现为"道法"，显示了与商鞅者流的纯法家不同的风格。因此《黄帝四经》的法治思路，大概可分为以下几层：第一，何为"道生法"的思想前提；第二，"执道者"生法如何实践运作；第三，"案法而治"的政治主张；第四，以法全道的体系完善。

"道"与"法"是一对辩证的范畴，一个抽象，一个具体，相互辩证演化，在这种辩证演化过程中，需要一个中介作为桥梁，这个中介范畴就是"名"。《经法》篇首言"道生法"，第二段言："虚无形，其寂冥冥，万物之所从生"，强调了道作为万物之源的本质。然后通过"生有害""动有害""事有害"，引出

---

① 分别为：儒，墨，名，宋钘（xíng，古代酒器，又用于人名）、尹文，彭蒙、田骈、慎到（黄老之学），关尹、老聃，庄周。

② 陈鼓应. 黄帝四经今注今译——马王堆汉墓出土帛书[M]：北京：商务印书馆，2013：415.

刑名法度的必要性，第三段即言："形名立，则黑白之分已。"①作为《黄帝四经》基本范畴的"名"，显然是"撮名法之要"的结果，在书中是仅次于"道""法"的基本范畴，出现频率也极高。

四、《黄帝四经》的基本图式

《黄帝四经》的整体思路架构是：推天道以明人事。这具体表现在其从"宇宙图式"到"社会图式"的演绎。其宇宙图式为：

$$道 \Rightarrow \begin{cases} 天 \longrightarrow 阳 \\ 地 \longrightarrow 阴 \end{cases} \Rightarrow 四时$$

当无形无象无为无有无名之道演绎成有形有象有为有名的天地四时时，人类社会顺其然而生。

人类社会之生源于道，所以其性归属于道。为了维系有象的存在，人类必须遵循"有无"之理，其基本的生成逻辑是：道生法。其"有无"之理表现为"刑名已定，物自为正"。《黄帝四经》论证道："形名自定，是我念静。事恒自施，是我无为。"人类社会之法度是建立在"刑名已定""度量已具""事恒自施"基础上的，兼具了"无为"与"有为"之特性。这种包容性根源于道，在人类社会的表现便是"君无为、臣有为"。君主只需"是非有分，以法断之"②。此即《经法·六分》中所讲的君主驾驭臣下的"王术"，在《黄帝四经》看来，"不知王术，不王天下"。

为了更好治理社会，使其"事恒自施"，有必要按照道的法则对社会进行"定分"。具体表现为天尊地卑、阳尊阴卑、男尊女卑、贵尊贱卑、君尊臣卑等，如此则"君君臣臣父父子子"之道成矣。③ 遵此道，则"刑德赏罚有度"，以收"刑名已定，物自为正……事恒自施，是我无为"之效。《黄帝四经》的这种思想表现了"道术将为天下合"的特征，将法家之刑赏、儒家之尊卑、阴阳家之秩序、名家之名实等以"道"统之一炉，自成一家之言。这种思维演绎方

① 陈鼓应. 黄帝四经今注今译——马王堆汉墓出土帛书[M]. 北京：商务印书馆，2013：436.
② 陈鼓应. 黄帝四经今注今译——马王堆汉墓出土帛书[M]. 北京：商务印书馆，2013：427.
③ 这里明显可以看出《黄帝四经》"采儒、墨之善"的痕迹。其理对西汉董子也产生了一定影响。

式对荀子和董子影响巨大，通过二者的发展，使《黄帝四经》"隆礼重法"的政治主张成为中国封建时代的主流治道模式。

董子的思想，可概之为"推天道以明人事"。这从根本上改变了孔子"罕言性与天道"的局面。董子之前，孟子、荀子、陆子、贾子等儒者对天道有所思考，但真正站在儒家立场，充分吸收"黄老"思想，对儒家体系进行改造，以至形成"隆礼重法"思想体系的，当推汉之"儒者宗"董子。

董子的《春秋繁露》有近一半篇幅论述"宇宙秩序"问题，包括宇宙本体、宇宙生化图式、宇宙法则等。这为其"推明人事"奠定了深厚的哲学理论基础。而其思维方式和理论架构，正来源于《黄帝四经》的启示。

董子对《黄帝四经》的改造吸收主要表现在对其道作了"天"的诠释。董子著作中虽有几十次"道"的称谓，但其本在"天"，其因在其为儒者，学术队列意识使然。董子思想的本质当以儒特别是春秋公羊学为基础，吸收《黄帝四经》思想，为自己彰明儒义、突进时局寻找理论基础。董子以"天"代"道"是煞费苦心的，其"天人合一"之天，与孔子"天命"之天、孟子"天爵"之天是一脉相承的。以此为基础，演绎其宇宙与社会的图式。正如《春秋繁露·顺命》言："天者，万物之祖。"[1]"天覆（抚）育万物……终而复始。"[2]

将董子之宇宙和社会图式与《黄帝四经》比较，其"天"在《黄帝四经》中仅居第三位阶。在《黄帝四经》看来，有形之天地来源于无形之二气，二气来源于冥然之道。

除了以"天"代"道"外，董子还以"元"代"一"。其思路当是受《春秋》"元年"用语的启示。董子曰："唯圣人能属万物于一而系之'元'也……故元者为万物之本。"[3]董子认为"元"比"一"宏大，通过以"元"代"一"，为最高本体——"天"——找到了化生万物的桥梁和路径。

在论理方式上，董子吸收了《黄帝四经》"无为而治"和"刑德"思想。董子曰："法天之行……以无为为道。"[4]又言："故为人君者……安精养神，寂寞

---

① 董仲舒. 春秋繁露·顺命[M]. 长沙：岳麓书社，1997：258.
② 董仲舒. 春秋繁露·王道通三[M]. 长沙：岳麓书社，1997：192.
③ 董仲舒. 春秋繁露·重政[M]. 长沙：岳麓书社，1997：86.
④ 董仲舒. 春秋繁露·离合根[M]. 长沙：岳麓书社，1997：99.

无为。"①只有这样，才可以化习俗，成圣人。此类之言，不一而足，可见其对"无为之论"的重视。可以说他已把"无为而治"作为最高治理原则了。具体操作方式是君"虚静无为"，以国为体，以臣为心，循名责实，考功责过，刑德并用，以收"功出于臣，名归于君"之效。②

如果抛开董子儒家立场不论，那么这些言论和思维方式实与《黄帝四经》无异。可见，以《黄帝四经》为核心的黄老之学在中国历史上的影响何其之大。通过宇宙图式演变到社会图式，通过道、天、地、名、法、人的逆顺辩证演绎，最终形成"隆礼重法""德主法辅"的封建治道模式。如果说董子与《黄帝四经》的立场有所差别，其表现即在"礼"与"法"的微妙顺位上。《黄帝四经》开篇即言"道生法"，继而强调"案（按）法而治"，虽有言"德先刑后"，但不在主流，其本当在"法"。董子的立场为"隆礼重法""德主法辅"。两者的立场差异，首先是学术立场的不同，其次是时代背景有异。战国中后期兴起的黄老之学的历史使命是"道术将为天下合"，其务在攻不在守，耕战法治是首要任务，故"道法"流行；董子时代的历史任务是"大一统"，其务在守不在攻，故"礼法"为要。

战国黄老思潮之所以能担当起"道术将为天下合"的历史重任与此思潮诸多人物和著作有关，而其中最能体现该思潮主旨的当数《黄帝四经》。此经典著作在黄老思潮中扮演了一个承上启下的挑大梁角色，是黄老思潮当之无愧的经典著作。通过这种挑大梁的承上启下作用，将黄老思潮其他著作思想紧密联系起来，形成一座历史的思想丰碑。下面以图表的形式表现《黄帝四经》与其他著作的关系：③

---

① 董仲舒. 春秋繁露·立元神[M]. 长沙：岳麓书社，1997：101.
② 董仲舒. 春秋繁露·保位权[M]. 长沙：岳麓书社，1997：106-107.
③ 此表在陈鼓应先生所制表格的基础上发展而成. 陈鼓应. 黄帝四经今注今译——马王堆汉墓出土帛书[M]. 北京：商务印书馆，2007：26.

《黄帝四经》与诸派及其经典的关系表

《黄帝四经》	《伊尹·九主》(马王堆帛书，伊尹为商汤臣。)
	《老子》
	《文子》(老子学生)
	《计然篇》(范蠡著，范蠡为计然学生。)《国语·越语》
	《易传》(《要》《易之义》《二三子问》)
	《管子》[《心术》《上、下》，《白心》《内业》《枢言》《水地》《形势》《宙合》《势》《九守》《正》《四时》《五行》等篇皆属稷下道家黄老之作。]
	《庄子》(外、杂篇)
	《慎子》《申子》(稷下黄老道家)
	《尹文子》(稷下黄老道家)
	《田子》(田骈著)、《蜎(yuan)子》(环渊著)、《宋子》(宋钘(xíng)著)、《捷子》(接舆著)。
	《鹖冠子》
	《荀子》
	《韩非子》
	《吕氏春秋》
	《淮南子》
	《春秋繁露·天人三策》

第一章　历史脉络中的《黄帝四经》

　　一代之治，必有一代之学。西周之际，礼乐天下，加之严整的封建制度，天下太平。此时期，社会意识形态凝结在礼乐的范畴网络中，无需不同的思想筹谋天下，可谓"道术将为天下合"。然而，随着时代的发展，诸侯、卿大夫乃至官士的不断坐大，井田制走向式微，地主阶级逐渐兴起，严整的封建社会结构日渐瓦解，意识形态也以经济结构为依托，出现了诸家异说的"百家争鸣"局面。此即庄子所言"道术将为天下裂"的态势。天下大势的分合与意识形态辩证互动，时而现实塑造意识，时而意识引领现实，总之两者系紧密不分的孪生兄弟。东周的礼崩乐坏，是新的生产力推动的结果，同时它又在寻思、建构新的社会形态。由于利益集团的分异，所以诸家异说，这时候，历史本能地呼唤一种能把握历史发展方向的意识形态，以期回归"道术将为天下合"的局面。《黄帝四经》正是在这种历史情境下出现的。《黄帝四经》系黄老思潮的经典著作。黄老思想是老子作古后志于治道的道家流派。王充在《论衡·自然》中对"黄老"进行了界定："黄者，黄帝也；老者，老子也。黄老之操，身中恬淡，其指无为。"①《黄帝四经》为何现身历史舞台？它能担当整合历史的重任吗？下面，详细探讨这个问题。

---

　　①　王充，张宗祥校注，郑绍昌标点. 论衡校注[M]. 上海：上海古籍出版社，2013：321.

第一节 "道术将为天下裂"的历史情境

历史是文化汇流的大海，文化在其中生灭浮沉，以符号的形式描绘着人类的行动轨迹。文化类型繁多，旨归各异，在融合和冲突中，生灭变幻，承载着历史而前行。文化虽流变不息，但还是隐含着一些规律和动态。透过这些规律和动态，可以预见历史的走向。当年梁启超就曾预言汉语将成为世界性的语言，人类将会在上海召开世博会，这为历史所证实。说这些的目的是想说明《黄帝四经》的诞生不是空穴来风，而是在特定的历史情境中应时而生的，即历史呼唤一种能承担起"道术将为天下合"之重任的意识形态。

"道术将为天下裂"是庄子在《天下》中提出的范畴，以说明东周在动荡不安的历史情境下，礼崩乐坏，诸家异说，道术渐为方术所替代的历史局面。《庄子》"道术将为天下裂"有以下三个层面的含义：第一，道术裂；第二，天下裂；第三，天下裂引起道术裂。《庄子》"道术将为天下裂"的历史情境是社会变迁(动荡)在先，诸家异说在后，诸家异说是为挽救社会而诞生的。因此在探析"道术裂"之前，有必要先探讨"天下裂"。

一、天下裂

天下者，国家，在此指周；裂，《说文解字》曰："缯余也。从衣列声。良辥切。"①意为天下就像裁缝裁剩的布料，零碎散乱。喻周代在各方面都出现了混乱，其核心是封建制瓦解②。出现了孔子所言"天下无道，则礼乐征伐自诸侯出"的礼崩乐坏局面③。

西周的天下是什么样的？它为何会裂？是怎样裂的？

---

① 许慎. 徐铉校定. 说文解字[M]. 北京：中华书局，2013：167.

② 周代的封建制是严格的分封制，是对前期中国历史上的分封制的完善和发展，因此周代封建社会与秦以后郡县制的封建社会有一定的差别，核心在于分封以及与此紧密相连的宗法制和世袭制。

③ 孔子. 论语[M]. 四书五经. 长沙：岳麓书社，1991：51.

（一）西周的一统天下

西周实行典型的封建制度，① 天下所有的东西都归属天子，所谓："普天之下，莫非王土。率土之滨，莫非王臣。"②这么大的天下，天子无从管理，于是留够自己的，把其余的分封给亲人和功臣便成为必然。荀子说周兼并天下后，立 71 国③。钱穆说周分封的诸侯国有 139 个④。至此，周用政治的力量完成了中国封建制的成熟。

在分封之前，天子先给自己留的那块地叫"王畿"，约千里。《诗经》有记载："邦畿千里，维民所止。"⑤《国语·周语》也有记载："昔我先王之有天下也，规方千里。"⑥天子把王畿交给自己的卿大夫管理，除了诸侯国的贡赋，王畿是天子税收和徭役的主要来源。

接着天子开始分封诸侯。分封时将土地大小、人口数量、土地肥瘦高低等作详细的登记，留作将来征徭役、兵役的依据。然后在诸侯国（邑）里修筑宫殿和庙堂。诸侯对所封之地有私产权，可自由支配，包括继续分封给亲人、功臣等。⑦ 分封时将土地连同其上的庶人一并给诸侯，临行时还可能赠送一些礼物、奴婢等。还要举行仪式下诏文训话。

诏文通常会铸鼎纪念，以为凭证，有时鼎上对分封的记载很详细。如大盂鼎曰："王曰：盂乃绍夹死射戎……赐汝鬯（chàng）一卣（yǒu），冂（jiōng）衣、舄（xì）、鞞、马；……赐尾伺王臣十又三百人鬲……盂，若敬乃政，勿辞朕命。"⑧从最后一句可看出，铸鼎除了纪念外，还有神圣、嘱托甚至命令的意义。

天子分封的对象概言之可分同姓、异姓。荀子说同姓受封者计 53 人⑨，

---

① 据说黄帝所建的有熊国是中国最早的封建制国家。

② 诗经[M]. 四书五经. 长沙：岳麓书社，1991：373.

③ 荀况. 荀子·儒效[M]. 济南：山东友谊出版社，2001：140.

④ 钱穆. 秦汉史[M]. 北京：三联书店，2004：1.

⑤ 诗经·商颂·玄鸟[M]. 四书五经. 长沙：岳麓书社，1991：424.

⑥ 左丘明. 国语[M]. 北京：华龄出版社，2002：19-20.

⑦ 天子和诸侯的分封为东周时期诸侯、卿大夫甚至官士的坐大，强客压主埋下了隐患。这样的僭越事件，史书多有记载。如鲁国季氏舞八佾即为典型例子。

⑧ 郭沫若. 大盂鼎[M]. 两周金文辞大系. 北京：科学出版社，1957：33.

⑨ 荀况. 荀子·儒效[M]. 济南：山东友谊出版社，2001：140.

太史公记载 55 人。① 瞿同祖考证认为截至春秋时期同姓有 54 人，异姓有 45 人，姓不详者 34 人，共计 133 国。② 异姓受封者大概有这几种情况：第一，前代帝王之后③；第二，功臣④；第三，本来存在的部落。异姓分封也为以后诸侯、卿大夫坐大谋反或僭越王室埋下隐患。

诸侯爵位根据血缘远近、功劳大小、是非功过等决定，共分为五等：公、侯、伯、子、男。分封后因为各种原因会有变动。这些史实，《春秋》多有记载。这种五等爵位的分布是周初以周公为核心的统治集团精心设计的权力分布网络，如果说最初的诸侯分封是统治者在编织横向权力网络⑤，五等爵位的分布与庶人的士农工商形成纵向的权力网络，一横一纵，权力社会结构就比较牢固了。难怪宗周在中国历史上存在时间最长，这种精心的权力设计应是其中重要的原因之一。

与等级爵位和礼乐制度相匹配，周代的服制也是值得注意的问题，它也是周代一统天下的重要举措。其服可分为内服和外服，内服是天子宫殿百官之服，外服是诸侯的服装。与公侯伯子男五等爵位相对应，服制也是分等级的，划分的标准是与首都的距离，500 里一等，离首都越近级别越高。目前有三种说法：第一，五服说，其依据是《国语》和《尚书·夏书·禹贡》，包括甸服、侯服、绥服或宾服、要服、荒服⑥；第二，九服说，其依据是《周礼》和《佚周书》，包括侯服、甸服、男服、采服、卫服、蛮服、夷服、镇服、蕃服⑦；第三，三服说，代表是瞿同祖，是瞿先生对五服说和九服说进行考证后

---

① 司马迁. 史记[M]. 长沙：岳麓书社，2001：114.

② 瞿同祖. 中国封建社会[M]. 上海：上海世纪出版集团，2005：45.

③ 如封纣的哥哥微子启为宋国君。

④ 如封姜尚为齐国君。

⑤ 一颗太阳万颗向日葵式权力结构，天子是太阳，权力至尊，地方诸侯为向日葵，分别享受天子赋予的权力同时履行相应的义务。这种权力社会结构为日后中国所沿袭。

⑥ 《禹贡》曰："五百里甸服：百里赋纳总，二百里纳铚，三百里纳秸服，四百里粟，五百里米。五百里侯服：百里采，二百里男邦，三百里诸侯。五百里绥服：三百里揆文教，二百里奋武卫。五百里要服：三百里夷，二百里蔡。五百里荒服：三百里蛮，二百里流。"尚书[M]. 长沙：湖南出版社，1997：62.

⑦ 《周礼·夏官司马》曰："以九畿之籍，施邦国之政职，方千里曰国畿，其外方五百里曰侯畿，又其外方五百里曰甸畿，又其外方五百里曰男畿，又其外方五百里曰采畿，又其外方五百里曰卫畿，又其外方五百蛮畿，又其外方五百夷畿，又其外方五百镇畿，又其外方五百蕃畿。"周礼[M]. 周礼·义礼·礼记. 长沙：岳麓书社，1989：78.

认为二者不确切而提出的新观点。① 等级服制是周人内在身份等级的外在显像，与等级爵位和宗法血缘形成内外应和的关系，是前者在现实生活中的执行力表现，这构成了宗周内外权力网络结构，好比一颗钉子，把纵横牢牢固定，确保了宗周权力网络的牢固和有序，加之礼乐之治、以德配天、敬德保民，西周之和谐强大成必然。难怪儒家创始人孔子对周公顶礼膜拜，以梦见周公为荣，以克己复礼、恢复西周等级礼乐制度为己任，后人也许较难理解孔子的这种复礼情结。

宗法制度是宗周礼乐制度的核心，嫡长子继承制是核心之核心。这是周代统治集团创立的颇具影响力的守成智慧，也是封建制普遍的特征。梅因在对封建制进行一番考察后认为土地固定、生活安定的封建制采取一系继承②是比较合理的，也符合史实。印度虽然实行均分制，但政权的继承仍限于嫡长子。③ 嫡长子又称为宗子，其地位可谓"一生定乾坤"，因为他的地位完全是由出身决定的，与他的受父亲喜欢的程度、年龄、贤与不肖等都无关。若嫡长子死亡，则立嫡长孙，以此类推。如果宗子一系没有子嗣，才会轮到其余嫡子。如果没有嫡子，才会轮到庶子。可见周代继承制非常严谨。一分为二看之，一方面使权力继承权明晰，减少了纷争，有利于稳定；另一方面，如果宗子不肖，继承权力后反而不利于江山的稳定，这就对"一根筋"式的嫡长子继承制提出了诘难。历史证明，秦以后的封建社会虽以郡县制取代了分封制，但皇权的继承还是保留了嫡长子继承制，当嫡长子无才德时，时常引起朝政和社会的动荡。这就是嫡长子继承制的弊端，也是中国传统社会缺乏法意和民主的根源。

如果把宗周比喻为一台电脑，那么以上所言的权力的纵横内外的分布结构是其硬件。光有硬件电脑是无法运转的，周初统治集团也建构了一套统治的软件：礼、乐、刑、政。四者分工合作，形成有效的权力机制。正如《礼记·乐记》所言："礼乐政刑，其极一也，所以同民心而出治道也。"④礼与乐的功用

---

① 瞿同祖. 中国封建社会[M]. 上海：上海世纪出版集团，2005：55-56.
② 有的是嫡长子一系，有的是最幼子一系，宗周采取的是嫡长子一系。
③ 梅因. 古代法[M]. 北京：商务印书馆，1959：130-138.
④ 礼记·乐记[M]. 周礼·仪礼·礼记. 长沙：岳麓书社，1989：424.

都是通过软的一手实现治理目标，重在预防，走道德和精神路线，这是两者的大同之处。小异表现在"乐统同；礼辨异"①。同时，礼具有规范性，甚至上升到国家制度的高度，同时礼主要应用于贵族，所谓"刑不上大夫，礼不下庶人"。在周初统治者眼里，礼是治国安邦的首选工具②。对于一个有良知的人，礼似乎无处不在，以至于"非礼勿视，非礼勿听，非礼勿言，非礼勿动"③，这就是孔子将"克己复礼"作为毕生志业的原因。出礼则入刑，刑不上大夫，贵族服礼，庶人服刑，森严的等级立现。

礼在周代如此重要，以至于称周制为周礼，周法为礼法，这种等级规范将法的空间几乎排挤殆尽，以至于法被称为刑，主要用来惩罚违反礼的庶人。西周信奉"刑不可知则威不可测"。春秋末年，郑子产铸刑鼎，叔向责之曰："昔先王议事以制，不为刑辟，惧民之有争心也。"④后来孔子也讽晋铸刑鼎是"民在鼎矣"。叔向和孔子认为刑可知后，人们都尊刑为标准，礼就崩了。在此，礼与刑出现了你死我活的尖锐矛盾。不过这是春秋末年的事，西周之际，礼占了绝对的统治地位。以礼为核心，联合乐、刑、政，构成了西周权力软件系统，这个系统和纵横内外交错的权力硬件系统结合，宗周这台政治社会机器才得以高效长久地运转。这即是西周的"道术将为天下合"。

（二）西周之裂

西周之际，由于具有一套比较完满的制度设计，得以太平天下计275年。西周灭亡后，幽王之子姬宜臼被申、鲁、许等国拥立为帝，是谓平王。平王迁都洛邑，是为东周。从此周代江河日下，动荡不已，直至秦灭六国，一统天下。整个东周堪称"天下裂"时期。周之裂可从两方面论证描述：第一，形下之裂，包括诸侯坐大压主、诸侯兼并、经济、土地等层面；第二，形上之裂，即道术裂。形下裂是现象的裂，形上裂是精神裂，比现象裂更理性、更可怕，影响力更大更深远。这些不同形式的裂，有一个共同标的——礼，有的是对礼的批判，有的是对礼的维护，东周的礼制在这种风雨飘摇中延续了

① 礼记·乐记[M]. 周礼·仪礼·礼记. 长沙：岳麓书社，1989：425、429.
② 礼记·礼运[M]. 周礼·仪礼·礼记. 长沙：岳麓书社，1989：370.
③ 孔子. 论语·颜渊[M]. 周礼·仪礼·礼记. 长沙：岳麓书社，1989：39.
④ 左丘明. 杨伯峻编校. 春秋左传[M]. 北京：中华书局，1981：1274.

500 多年，最后为崇尚中央集权的秦帝国所取代。下面略述形上之裂，形下之裂在"道术裂"部分探讨。

诸侯坐大压主。诸侯本是天子所分封的分权者，享受天子荫赐的同时对天子承担一些义务，如贡赋、军援、徭役、朝聘、奔丧等。如申、缯、犬戎攻打西周时，各诸侯国本来有军援的义务，但是由于此前的"烽火戏诸侯"，导致了诸侯对幽王的不信任，从而耽误了救援，结果周幽王为犬戎所杀。这说明诸侯对天子的各项义务是神圣的，是"礼"的内在要求。《左传》中记载的很多历史事件，结果总以"礼也"总结和评价，可见当时礼的强大。巍巍宗周，最大之礼当属诸侯对天子之礼。然而随着时代的发展，周室式微，诸侯坐大，违礼僭王的事情时有发生。本来诸侯向天子贡赋是义不容辞的义务，但是到后来诸侯多有违犯，天子对此也无可奈何。例如楚人不贡包茅，① 鲁不纳贡赋，天子遣人来求。② 天王遣使来求，屈驾委尊，礼道混乱。天王有困，诸侯解救平息是勤王之要义，但到后来，天王有困，诸侯各自心怀鬼胎，按兵不动是常事，即使动也是为增强自己在众诸侯中的威信以便为以后兼并作打算。如周襄王奔郑，秦、晋按兵不动，后来晋为了自己的野心才从狐偃之谏，护送襄王返王邑。③ 诸侯按时朝聘是应有之义，但自东周初年，除了晋、郑④外，少有来朝的。

诸侯有古代的军制：公侯三军，伯二军，子男一军，只有天子可有六军，但据《左传》记载，晋曾一度有六军，与天王齐。诸侯各自为政，野心勃勃，兼并不断，也是对礼制的极大破坏。据《春秋提要》记载，春秋 242 年中，兼并战争达 297 次。翻开《春秋》和"三传"，书中"伐""战""戎"等象征战争的字眼不绝于目，可以说几部书主要就是记载天王与诸侯及诸侯之间的恩怨史。这里有个问题值得思考：既然春秋战国战争频仍，为何东周能延续 500 多年之久，对比秦以后的大一统帝国，王朝存在之久尚无右者，何故？笔者以为这里面至少有以下几个原因：第一，东周王室虽衰微，但礼制的惯性还在，

---

① 左丘明. 杨伯峻注. 春秋左传[M]. 北京：中华书局，1981：353.
② 左丘明. 杨伯峻注. 春秋左传[M]. 北京：中华书局，1981：141.
③ 左丘明. 杨伯峻注. 春秋左传[M]. 北京：中华书局，1981：412.
④ 晋、郑勤朝，恐与其离王室较近也有重大关系。

诸侯即使有时僭越压主，仍虑及礼制而不敢彻底推翻周朝；① 其二，各诸侯虽然兼并不断，但力量尚无法达到彻底消灭诸侯和王国的程度，所以在时机成熟之前还不如留个尊王的虚名，以增加威信，以利后事；第三，各诸侯国之间战争频发，王室式微，无足轻重，不如先不管王室，先在诸侯中取得霸主地位再说。而在秦以后的帝国中，没有诸侯之间的掣肘，因此一旦爆发战争，目标很明确，就是针对皇朝，所以来势凶猛，力量不可阻挡，对王朝的冲击力很大，所以王朝覆灭就快些。

西周之际，士农工商，商人地位是最低的，而且商人统属于政府，不是现在的个体、私营那样在市场上自由贸易。但是西周末年以来，随着王室衰微，井田瓦解，土地私有的出现，个体商人越发多，商人的财富和势力越发大，而且诸侯在兼并战争中也仰赖商人的财力支持，可谓官商勾结。《左传·秦晋殽之战》有郑国商人弦高犒劳秦师的记载，郑桓公与商人定有"尔无我判，我无强贾"的盟誓，可见当时商人能量之大。越国大夫范蠡曾在陶经商，富可敌国，人称陶朱公，被后人尊为商圣。即便最讲礼的孔门弟子也热衷经商，如子贡鬻财于曹、卫之间，结驷连骑，束帛藏币，以享诸侯。子贡之例最可说明当时士农工商的阶级之防已不甚森严，礼崩乐坏之征可见一斑。

最值得关注的是井田制的瓦解，土地私有化。前面已经论述过分封土地的情况。在周王室强大的时候，土地是天子作为礼物封赐给诸侯的，诸侯虽有绝对所有权，但不能买卖，只能分封和世袭。那时候天子和诸侯之田界限分明，权责明了。但是随着时代发展，诸侯为了增加财富，私开田地，将田埂变细以扩大田地面积。更有甚者，鲁国首开"初税亩"，通过税收取代代耕制，于是农民从土地中解放出来，人口流动和贸易增加了，土地自由买卖渐为兴盛，到战国时，土地买卖已比较普遍了。马端临说："井田受之于公，毋得鬻卖，故《王制》曰：'田里不鬻。'秦开阡陌，遂得买卖。"② 土地兼并现象愈发严重，富者愈富，贫者愈贫，有钱有势的人愈发违犯礼制。

综上所述，东周之际，由于田制、战争、贸易、改革等原因，西周有序

---

① 周末代天子周赧王身处强秦之侧，秦国也没把他怎样，其系自然而崩，其崩后，强秦加速兼并，仅用35年时间就统一了天下。齐桓公曾有称王代周的打算，被管仲以礼劝住了。

② 马端临. 文献通考[M]. 北京：中华书局，1986：255.

的礼制已遭严重破坏，宗周虽苟延残喘，但礼制的灵魂已游散了，诸侯战争频繁，各自为政，犯上欺主成为家常便饭，可谓"天下裂"。这种态势又为"道术裂"提供了天然的条件，于是各利益集团各取所需，建构自己的意识形态，终成"百家争鸣"之势。

二、道术裂

《庄子·天下》以讨论学术的方式清谈天下，其宗旨是誉古薄今，重道轻术，以道为万物之依归，认为古之学术体现了道术之旨，而今之百家①仅为方术，有为而离道。

作者②篇首即讽："天下之治方术者多矣，皆以其有为不可加矣！"郭象注："为[以]其(所)有为则真为也，为其真为则无为矣，又何加焉！"成玄英疏："方，道也。自轩顼已下，迄于尧舜，治道艺术，方法甚多，皆随有物之情，顺其所为之性……是以虽教不教，虽为不为矣。"③天下之学多为方术，其弊在"有为"，所以不可加，乏善可陈。二位先贤虽然皆抓住了此句话的本质——无为，但如果能在此点出作者重道术轻方术的全篇之意，则堪为圆润。

紧接着作者来了个自问自答，以反问的形式坚定地否定了天下学术走向方术的有为现象，认为这虽然背离道，但道为永恒者，不会因为这种背离而不存在。这又为下文的一正一反的举例论证作了逻辑铺垫。作者反问道："古之所谓道术者，果恶乎在？曰：'无乎不在。'"成玄英对此作了具有政治意涵的疏解："上古三皇所行道术，随物任化，淳朴无为。"④成玄英是以皇朝代言人的身份来作此疏的，所以政治意涵明显，没有从更深层次的学理高度来挖掘原著的深意。笔者以为，作者在此更多的是强调道的永恒性和普遍性，其大无外，其小无内，神秘莫测，化衍万物，政治的功用，仅为道之一端。所以成玄英显然将道作了简单化处理。

接着作者展开了正面论证，肯定了西周之际，道术遍用，天下太平的局

---

① 除了道家。
② 这里用作者二字，是因为学界认为外、杂篇各文皆非庄子本人所作，而系其门徒后学延其意以成文，作者无可考。
③ 郭象注，成玄英疏. 庄子注疏[M]. 北京：中华书局，2011：554.
④ 郭象注，成玄英疏. 庄子注疏[M]. 北京：中华书局，2011：554.

面。道术的学术载体为《诗经》《周易》《尚书》《春秋》《周礼》，"诗以道志，书以道事，礼以道行，乐以道和，易以道阴阳，春秋以道名分"①，虽然侧重点不同，但都从不同层面体现了道的精神。但是天下大乱之后②，"贤圣不明，道德不一"，从而导致了"天下多得一，察焉以自好"的各自为阵的乱道局面，这种危害，就像人的耳目口鼻，各有所能，但是不能全面通透的把握事物的本质。后世之学者，因为没有把握天地之纯、古人之大体从而堕为"一曲之士"，最终导致了"道术将为天下裂"的历史局面。

东周之际，天下大乱，道术即裂，作者对此状况作了大致的分梳。分别对儒、墨、道、名、黄老③进行评判。其中有褒有贬，层次不一。总的来说对墨、名倾向于贬，对老庄褒，对黄老先抑后扬④，对儒虽未独立辟章提及，但从对诸家的评判中可推及作者的态度倾向于贬⑤。

究竟怎么贬怎么扬？贬扬之中意涵如何？其旨何归？下面就此细说。

对于墨家，作者言："其生也勤，其死也薄……墨子虽独能任，奈天下何！离于天下，其去王也远矣。"成玄英疏曰："夫王天下者，必须虚心忘己、大顺群生。今乃毁皇王之法，反黔首之性，其于主物，不亦远乎！"⑥即墨家之言在上违背王室之法，在下背离黎民之性，不合时宜，想以此来统一天下是不可能的。

《庄子》作者认为黄老家"以禁攻侵兵为外，以情欲寡浅为内……泠汰于

---

① 郭象注，成玄英疏. 庄子注疏[M]. 北京：中华书局，2011：554.

② 即春秋战国之际。

③ 作者在此没有直接用"黄老"这个称谓，但是点名评判了这个群体。"黄老学"是"黄学"和"老学"的合称，托言黄帝，依托老子，把形上之道与应世之用——特别是"法"结合起来。据余明光先生考证，"黄老"之学虽蔚然于战国(这点从《庄子·天下》列举了黄老之学可窥见一斑，因为作者所举不过儒、墨、道、名、黄老等寥寥几家，而有其名，足以证明战国中后期，黄老之学的影响是比较大的)，但"黄""老"合称似不曾见，有据可考的最早合称见于司马谈《论六家要旨》。此论似可信，因为《庄子·天下》中也不曾用"黄老"称谓，并对其进行先抑后扬，其因在其根源于道。

④ 这里足以证明学界认为《庄子·外篇》系其后学所作的结论是正确的，从行文的语气、结构的安排及思想之主旨等与内篇有异可见一斑。

⑤ 在此，我们可作一学术上的推断，即儒家在战国时期虽一脉相承，但由于其旨不应于时，所以影响不是很大，《孟子·滕文公下》篇云："杨朱、墨翟之言盈天下。天下之言，不归于杨，则归墨。"(孟子著，陈成国点校. 孟子·滕文公下[M]. 四书五经. 长沙：岳麓书社，2003：93.)说明至少孟子时期居主流者当为杨朱、墨翟之言，黄老思潮后来居上。这让以孔子正宗传人自居的孟子很无奈。所以《庄子》未辟专章论儒，其理在此。

⑥ 郭象注，成玄英疏. 庄子注疏[M]. 北京：中华书局，2011：559.

物，以为道理"，是"图傲乎救世之士"。其救世之理在道，其救世之心很切，但还是为时人所讽"适得怪"，"非生人之行，而致死人之理"。这是因为他们太强调道之无为，而在法度应时上发挥不够，所以遭此嘲笑。黄老代表，有彭蒙、田骈、慎到、宋钘、尹文、环渊(或作蜎渊)、接子(或作捷子)。其中赵国的慎到于法度研究最甚，是因为他出身于重法的秦晋之地，于齐宣王时东游稷下学宫，将秦晋之法与老子之道作了融合，对黄老学的发展做出了巨大贡献。① 作者对黄老的评价是："其所谓道非道，而所言之韪不免于非……虽然，概乎皆尝有闻者也。"成玄英疏曰："彭蒙之类，虽未体真，而志尚知，略有梗概，更相师祖，皆有秉承，非独臆断，故尝有闻之也。"②作者和成玄英认为黄老家虽崇尚老子之道，但还是未把握住其思想的本质，失于怪诞，未得圆照，非正道。但是最后一句话盖棺定论，认为黄老学基本秉承了老子道之精神，具有一定的意义和影响。得此结论，跟作者系庄子后学不无关系。

接下来是对老子道的褒，顺便褒及关尹。作者称老子："以本为精，以物为粗……澹然独与神明居……主之以太一。"郭象注曰："自天地以及群物，皆各自得而已，不兼他饰。"成玄英疏曰："悟其指归，以虚通太一为主。"③在此，"本""神明""太一"都是道的化身，老关是追求精神恬静自足与道贯通的高人。既然是高人，作者后面的赞颂就成为理所当然，即："关尹、老聃乎，古之博大真人哉！"④这里作者对老子纯褒不贬，可见其对老子充满崇敬，对道推崇备至。这也是符合作者的学术立场的。

与老子一样，《天下》作者对庄子也是赞不绝口。"独与天地精神往来，而不敖倪于万物"，把庄子超凡脱俗又谨敬万物的形象勾勒了出来。庄子谨敬万物，实是谨敬道，不过与之融为一体罢了。正因为达道，所以他才能"应于化

---

① 在此可对"《黄帝四经》作者是谁"的公案作一学理上推断，即《黄帝四经》作者很可能是慎到的学生，生时大约处于战国中后期。《黄帝四经》推崇"道生法""隆礼重法""名形定物""阴阳四时"等理念，具有杂家色彩，是典型的稷下学宫百家争鸣与融合的风格。可惜不知作者之名，可以推断作者的影响力并不大，但黄老之学却在当时具有很大的影响。这一点从荀子、韩非子的思想及其影响可得印证。

② 郭象注，成玄英疏. 庄子注疏[M]. 北京：中华书局，2011：566.

③ 郭象注，成玄英疏. 庄子注疏[M]. 北京：中华书局，2011：567.

④ 在此成玄英疏曰："庄子庶几，故有斯叹也。"应该说明的是经后世学者考证，《庄子·外篇》系庄子后学所作，因此成认为这是庄子的作品是不妥的。

而解于物"，才能"其理不竭，未之尽者"。道之神秘大化在庄子身上得到充分体现。最后，作者用一句话总结庄子，近乎神化："芒乎昧乎，未之尽者。"

　　最后作者对名家代表惠施进行了一番描述后，其结论是："惜乎！惠施之才，骀荡而不得，逐万物而不反，是穷响以声，形与影竞走也，悲夫！"一个惜乎、一个悲夫，强烈表达了作者对惠施旨趣的否定，为其师（祖）庄子报了一箭之仇。① 同时这个强硬的否定态度，与对老庄的肯定形成了鲜明对比。作者的文意豁然而明。

　　《庄子·天下》作者对老庄近乎神化的推崇，有以下几点值得注意：首先，这种推崇取决于作者为庄子后学的学术立场，因此有过誉和门户之嫌②；其次，作者对老庄之道的推崇与前面对黄老的半褒半贬无形中形成一个逻辑链条，即黄老虽本于道，但尚不够彻底圆融，因此应加强寻根的意识，这无形中促进了黄老学的发展；第三，正如上段所言，作者对老庄的推崇与对墨、名家的否定形成鲜明对比，陡然间文意自明；第四，作者在文首发出"道术将为天下裂"的慨叹，后面一正一反的评判，无形中表明了作者的写作目的，即要结束"道术将为天下裂"的局面，必寄望于道家之"道"，这一点作者虽然没明说，但其逻辑走向即如此。还应补充的一点是，《庄子·天下》的这种学术立场，在汉初司马谈的《论六家要旨》中得到了较为完满的回应，所不同者，黄老之学在《论六家要旨》中最受尊崇。

　　道术裂久了，也会随时局变迁，出现"道术将为天下合"的局面。中原逐鹿，花落谁家？哪一派能担负起"道术将为天下合"的重任？这为《黄帝四经》的诞生及其意义彰显作了逻辑铺垫。

第二节　"道术将为天下合"

　　周室衰微之后，道术由原来的学在官府变成了学在四夷，诸子兴起，百

---

　　① 因为庄子和惠施生前虽为好友，但旨多有异，典型例子是"子非鱼"之辩。

　　② 这种学术态度颇类于《荀子·非十二子》，对诸家进行一番批判后（包括儒家的子思、孟子），独对孔子、子弓推崇有加，这是辩证的否定路径。

家争鸣，意识形态的天空繁星闪烁。不管诸子的言论如何，他们有一个相同的目的：救世合天下。诸子中，似乎名家离政治社会现实最远，但考之，其存在虽比较纯粹而形上，实际上它的目的是从逻辑和语言的角度澄清争鸣，于道术之矛盾作一彻底了断。以此观之，其学术的目标可谓志存高远。这种学术现象颇类西方的康德和维特根斯坦。康德思想之抽象博大罕有匹敌者，看样子十分出世，然而到了晚年，其学术回归政治社会关注的轨道上来，并坦承其前期抽象的哲学思考最终是为其政治社会关注作铺垫的。维特根斯坦的《逻辑哲学论》①企图从逻辑语言的角度终结人类哲学无止境的争论。值得注意的是，名家虽本身比较纯粹，但后来为诸家所沿用，如儒家的"名分"，法家之"刑名"等。农家颇类于明清之际的"经世致用"之学，走实业救世之道。其余诸家与政治紧密相关。此种情势，正如司马谈在《论六家要旨》中所言："'天下一致而百虑，同归而殊途。'夫阴阳、儒、墨、名、法、道德，此务为治者也。"②战国时期的养士之风对道术之合具有重大作用。最著名的要数齐国的稷下学宫了，堪称当时中国学术文化中心。道、名、法、墨、儒、阴阳、兵等家思想在这里碰撞、融合，为合天下之道术提供了很好的条件。其最大的智识效果是一方面让各家在比较批判中坚守自己的思想，提炼自我，另一方面放弃自己不对的，同时吸收别的学派优异的思想。因此这个时期的许多人或作品都具有综合的特征，具有合天下之势，如《黄帝四经》《管子》《荀子》等。

前面记述了庄子后学对各家所作的评述，到最后唯有老庄获得满誉。荀子在《非十二子》中对以十二人为代表的道、墨、名、前期法家、儒家思孟学派等六家观点进行了驳斥，认为这些观点虽然"言之成理""持之有故"，但是不能"一天下，财万物"，终究为"欺或愚众"之言。荀子言辞激烈，立场坚定，就连儒家学派内部不合其理者也不放过，如思孟派、子张派、子游派、子夏派等。这里有两个问题值得注意：第一，荀子这种彻底到连儒家也不放过的立场，是后人疑其是否为儒家的原因之一，而出现这种误解，是因为荀

---

① 英文版：Tractatus Logico - Philosophicus；德文版：Logische - Philosophische Abhandlung.
② 司马迁. 史记·太史公自序[M]. 长沙：岳麓书社，2001：739.

子的思想较之思孟、子张、子夏、子游等更积极入世，且目标明确，就是要建一个大一统的王霸道杂之的国家;① 第二，荀子这种隆礼重法、兼采诸家、以儒为本的思想倾向是战国中后期学术思想碰撞与融合的结果，是这个时代的特征，例如齐国的稷下学宫、秦国吕不韦的家臣②等都为此时期学术思想的碰撞与融合提供了条件，作为"三为祭酒"的稷下学宫的学术领袖，荀子思想专中又博实为势矣。批了一通之后，荀子最终充分肯定了孔子、子弓的学说和舜禹的治国原则，点明了自己的立场。荀子不仅隆礼，也重法，主张礼先法后。因此，荀子认为合天下的重任在礼法。

汉初虽不属于战国，但也是意识形态大整合时期，是对周秦意识形态的反思与总结，因此，此时期的思想意识也具有综合的特征，如《淮南子》甚至被人冠以杂家的名号。因为统治者重黄老，所以道家在此时期倍受推崇。司马谈在《论六家要旨》中对诸家进行了较为系统的评析。对儒家的评价是"博而寡要，劳而少功，是以其事难尽从；然其序君臣父子之礼，列夫妇长幼之别，不可易也"。司马谈对儒家不是一棍子打死，而是有贬有褒，辩证批判，理性而客观。这一方面符合历史需要，③ 另一方面又批判了其不合时宜的因素。对于墨者，司马谈说："墨者简而难遵，是以其事不可遍循；然其强本节用，不可废也。"较之《庄子·天子》对墨子"奈天下何"和"离于天下"的一味批判，显然，司马谈的立场更客观、理性和符合实际，也体现了"道术将为天下合"的智识态度。说到法家，司马谈曰："法家严而少恩；然其正君臣上下之分，不可改矣。"司马谈看到了法家严而少恩，一断于法，亲亲尊尊之恩绝矣，但是坚持其正君臣上下的优点。对于名家，司马谈评价曰："名家使人俭而善失真；然其正名实，不可不察也。"名家专决于名，虽然使人纯粹，但易脱离实际，失于人情，但是当把它运用于政治实践时，可以正名实，因此不可不察，是治理的必备之具。阴阳家虽"使人拘而多畏"，但为"四时之大顺，不可失也"。在对以上诸家进行一番评析后，司马谈最终摆出立场、点明主题：崇道。他说："道家使人精神专一，动合无形，赡足万物。其为术也，因阴阳之

① 荀子这种目标明确、思想坚定、口径狭窄、论事酷肃的风格也为其弟子韩非子所沿袭。
② 吕不韦的宾客一度达 3000 多人，著名的《吕氏春秋》即吕不韦组织这些宾客编撰的。
③ 汉高祖虽重黄老，但也用儒术，例如让儒者叔孙通依儒礼编制、接收陆贾《新语》之策等。

大顺，采儒、墨之善，撮名、法之要，与时迁移，应物变化，立俗施事，无所不宜，指约而易操，事少而功多。"①在此必须要说明的是，司马谈在此所言道家非老庄原始道，而是经过历史历练的黄老道。司马谈此前曾"习道论于黄子"，是黄老道的传人，这就不难理解为何在《论六家要旨》中有这样的立场了。不过话又说回来，黄老道因为坚持了道为天下本，又吸收了百家之长，所以既宏大疏阔，又贴情实用，是自东周以来"合天下"最成功者，体现了中华民族的智慧。而《黄帝四经》是黄老道的核心经典著作，集这些优点于一身，是中华民族治理之经，无论于历史还是现实，都值得后辈深入挖掘析理。

---

① 司马迁. 史记·太史公自序[M]. 长沙：岳麓书社，2001：739.

第二章 《黄帝四经》法主体思想

《黄帝四经》洋洋洒洒一万余言，归其宗即"法"一个字，这是符合黄老应时精神的。难能可贵的是，在众多黄老著作中，唯有《黄帝四经》将"法"作为宗旨来思考论证，从而创立了中国独具特色的"道法"思想体系。下面钩沉提领，对其"法"主体思想进行梳理论证。

第一节 "道生法"

《黄帝四经》之法为道所生，名之曰"道法"，这构成了整本书的主旨，以此为中心建构了一个具有中国特色的法系。环顾古今中外，《黄帝四经》最具特色之处即在于把法律理论和实践紧密结合起来，并且贯穿为一个有机的系统，其法理之精深，应用之具体，这种风格迄今仍难觅其右者。这也是其独特价值之所在。

一、道之体：有无的和合

承认"道之体"是秉持黄老道的人的共同特征，所不同者在"道之用"。"道之体"也是黄老道学术归属的根本依据。《黄帝四经》之道蕴含了有无的和合转化，这是道之用即道生法的逻辑前提，所谓"其明者以为法，而微道是行"。①

《黄帝四经》首部——《经法》的第一篇为《道法》，可见其作为黄老学的第一部完整经典对道的认同。但与其他道家不同的是，它冠以"道法"之名，将道和法一开始就连缀在一起，开门见山地亮明主题，结合《黄帝四经》以下部分内容，可看出其整部书乃以道为基础、以法为依归的具有理论深度的应时之作，其目的就是欲担起"道术将为天下合"的历史重任。所以"道"是理解《黄帝四经》的一把钥匙。

道为何物？翻开《周易》《诗经》《尚书》三大古典，发现《周易》《诗经》"道""德"二字都很少出现，而《尚书》中"德"字多有出现，但"道"字很少出现，这说明在老子创立道家之前，"道"是一个不太受人关注的词汇，至少在西周，德比道要流行得多。这也可以解释为何在《道德经》中，有的把《德经》放在《道经》前面。笔者以为《道德经》的称谓比较合理，因为老子创立道家学派，其立足点和归属皆为道，故开篇言道比较符合常理。《老子》开篇即言："道可道，非常道。名可名，非常名。"老子笔下的道是非常神秘莫测的存在，不可道，不可名，在有无之间妙化，这种玄妙的道是万物的源泉。严遵对老子之道作了具化的解释，其中谈到了"不道之道，不德之德，政之元"，即无为之道是最高妙的治理方式。在此可见老子之道与严遵之道略有不同，严遵之道功用性更强，二者所同者，都坚信道为神秘莫测的万物之源。

作为黄老之学的最早最完整经典，《黄帝四经》当然地以道为理论基础，为法之用寻找理论渊源。《黄帝四经》开篇《道法》言："道生法。法者……"②这里值得注意的问题是，按理说在首篇开始之处，作者应该要对道之体作一番解释，但他没有这样做，在说了句"道生法"之后直接将话题转移到法，这就是黄老道与原始老子道的区别，也是《黄帝四经》作为黄老核心经典所契合历史的地方。后面的话题也基本是法治之言，没有专门论及道之体。可见，

---

① 陈鼓应. 黄帝四经今注今译——马王堆汉墓出土帛书[M]. 北京：商务印书馆，2007：210. 此句话在《国语·越语下》表述为："天道皇皇，日月以为常。明者以为法，微道则是行。"《鹖冠子·世兵》表述为："明者为法，微道是行。"可见黄老道思想是具有一定的传承性的，这是其作为一个学派或思潮的依据之一。

② 陈鼓应. 黄帝四经今注今译——马王堆汉墓出土帛书[M]北京：商务印书馆，2007：2.

首篇《道法》的重心在"法"不在"道"，只是点明了此法为道法而已。

《黄帝四经》直接对道体的描绘有两处：其一，《经法·明理》言"道者，神明之原也"；其二，《经法·论》言"理之所在谓之道"。前者指道化约万物的灵妙，后者言道生理，即宇宙社会人生的总规律。其余篇幅大多是对道用的论述。即便作为首篇的《道法》，也只在第二自然段首用一句话描述道："虚无形，其寂冥冥，万物之所从生。"《称》有一句描述道："天地之道，有左有右，有牝有牡。"值得注意的是在最后一篇《道原》里对道的描述最多。全文共计 5 个自然段，464 字，前两个自然段纯粹描述道体，3、4、5 自然段又回到道之用了。所以通盘观之，《黄帝四经》除了用几篇题名①表明道之体的立场外，大多是对道用的论证和描述，这说明黄老道注重功用，并重点探讨道在修身、治国、平天下中的具化问题，与老子抽象之道差别很大。但即便这样，也不能否定《黄帝四经》以道为体的本质，道的实用具化也是在其范围内进行的，是"推天道以明人事"的过程。

道是有无的混合体，无为有之母，有为无之子，两者关系类无极而太极。所以老子特意创生了"一"这个哲学范畴，以一象有，以此为突破口，让浑然之道流化万物。老子曰："道生一，一生二，二生三，三生万物。"②在此，一为道所生，道生一后由无形无象混沌莫测具化为有形有象显明可知的一，这是道化生万物的第一步。因此在道家词典里，"一"包含了两层意思：其一，一为道；其二，一为道所生者，即道为一之母。《黄帝四经》尊老子意，常以一代道表达道体之法意，如《经法·论》有 3 次，《十大经·成法》计 7 次，《十大经·顺道》《十大经·名刑》各一次，《道原》6 次。

二、道之用：法度的建构

申不害通常被认为是法家术派代表，韩非子则被认为是法家法、术、势三派的集大成者，然而此两者都被司马迁放在老庄列传里一并介绍，这至少说明了两个问题：第一，司马迁的学术立场与其父同，好黄老；其二，申不

---

① 冠以道的篇名有《道法》《前道》《顺道》《道原》，合计 4 篇。
② 王夫之衍，王孝鱼疏证. 老子衍疏证[M]. 北京：中华书局，2014：148.

害、韩非子等法家被归类于黄老之学在当时的学界是得到普遍认可的，否则作为史学名家的司马迁是会顾及"贻笑大方"而不会这样安排篇章结构的。在《史记·老庄申韩列传第三》的结尾，太史公做了一番意味深长的总结："老子所贵道，虚无因应变化于无为……庄子散道德，放论，要亦归之于自然。申子卑卑，施之于名实。韩子引绳墨，切事情，明是非，其极惨礉(hé，严苛，笔者注)少恩。皆原于道德之意，而老子深远矣。"①此段话的关键在最后一句，也即黄老之学的根源在老子深远之道，作为黄老之学核心经典的《黄帝四经》也当属此意。

(一) 道生法

正如司马迁所言，黄老之学皆原于老子之意，在各自的历史背景和阶级、学术立场发挥道意。那么作为黄老之学最早最完整的《黄帝四经》的道意发挥在于"道法"。"道法"概念的提出，显然是黄老学用老子的观念修正原始法家，避其法出无根、严苛少恩的弊端。当然在这种修正中，《黄帝四经》也吸收了儒、墨、名、阴阳等家思想，形成一个丰满的具有立体感的厚重法治理论系统，这也是黄老之学"道术将为天下合"的时代背景和理论特征之体现。

《黄帝四经》秉持老子之意，提出"道生法"的命题，但其重心在法不在道，道仿佛只是将法带入道的世界的钥匙，整部书的篇幅，基本是论证法是怎样发挥道意的。

《黄帝四经·经法·道法》开篇言："道生法。法者，引得失以绳，而明曲直者也。故执道者，生法而弗敢犯也，法立而弗敢废也。故能自引以绳，然后见知天下而不惑矣。"②首先从篇章结构看，作者在点出"道生法"的立场后，接下来并没有对道进行赘述，而是接续"法"字展开论述，通篇观之，我们可总结为：法为道所生，法是明是非曲直的绳墨，所以统治者制定法后所有的人都不能违犯，法一旦制定也不能随意废弃。统治者更是要严格要求自己，自觉带头遵守法律，如此则统治天下就不难了。以此观之，此段话核心是言法的，也是整部书的主旨所在，《黄帝四经》原道言法之用意已昭然若揭。

---

① 司马迁. 史记[M]. 长沙：岳麓书社，2001：391.
② 陈鼓应. 黄帝四经今注今译[M]. 北京：商务印书馆，2007：2.

道为何物？《黄帝四经》为何要原道言法？显然在《四经》的作者看来，道是天地万物之源泉，万物流化的规律，法生于道，因而也具备了道的神圣性和必然性。《黄帝四经》虽只对道进行两次正面定义，但道的影子充盈于整部书之中。陈鼓应先生说："'道'指宇宙实体、万物本原和普遍规律，为老子首创的哲学专用名词，并成为中国哲学的最高范畴。"①老子之前，古籍中有"道"字出现，但不具有深刻的哲学寓意，老子创立道家学派，将"道"发展成一个神秘莫测、包揽万象的哲学范畴，并成为中国哲学最高的范畴。这是东周之际，华夏民族思维理性化的历史结晶。《黄帝四经》以道言法的用意可概括为以下几点：第一，以道言法可加深法的神圣性，从而提高法的权威性和执行力；其次，法的客观性、正义性、规律性、必然性源于道，并且只有源于道的法才是"良法"，才值得人们遵守。所以作者虽然提出"道生法"的命题，但后面又强调"执道者生法"，用意在于强调只有道的理念深入人心尤其统治者的内心，才能确保所生之法为道法、良法，如果失去了"道"的原则，统治者所定之法难免偏颇，民众也会手足无措。

道生之法即道法，它不是道与法的简单叠加，二者具有内在的逻辑因果关系：道是法的因，法是道的果，是道的具化，同时是道的表现形式之一。这里的法是法度的意思，是治理社会国家的规范体系。《黄帝四经》中"道""法"共文的地方共有四处：其一，《十大经·观》及《十大经·姓争》："其明者以为法而微道是行。"其二，《称》："驰欲伤法，无随伤道。"其三，《道原》："抱道执度（法）。"第一句话说明了法与道是现象与本质的关系，联系紧密。第二句认为人若放纵自我，将违犯法律，若盲目迷乱会违背道，可见二者是一体的。第三句强调在执法过程中要遵循道的原则。这四处的道法同文，再一次强调了道与法的紧密关系。道法同文在其他文献中也有，这些思想与《黄帝四经》有一定的关联。《管子·心术上》《管子·心术下》《管子·白心》《管子·内业》被学界公认为系黄老道作品，因此其思想基础、行文风格、内容主旨与《黄帝四经》大同小异。关于道法，《管子·心术上》言："事督乎法，法出

---

① 陈鼓应. 黄帝四经今注今译[M]. 北京：商务印书馆，2007：2-3.

乎权，权出乎道。"①此句于道法之间添加了"权"作为中介是比较符合常理的，因为法是显明的规范系统，道是隐匿的法律原则，从隐匿之道到显明之法还需要权作为过渡，即统治者制定和执行法律。这种逻辑除了道法同文外，还可与《黄帝四经》"执道者生法"相比照，二者的相似立显，因此将二者同划为黄老道是合乎实际的。《管子·法法》曰："宪律制度必法道……明王在上，道法行于国。"②这里不仅道法同文，而且连言，显然沿袭了《黄帝四经·经法·道法》的用语。《鹖冠子·兵政》言："贤生圣，圣生道，道生法，法生神。"此句话，从因果递进推理看，仿佛贤最高，依次递减为圣、道、法、神，这种理解其实是错误的。其本意是由贤者产生统治者，统治者明达通道，依道制法执法，有了法度，统治者就能神妙般治理天下了。这句话之所以易让人产生歧义，主要是因为鹖冠子系楚国人，像庄子那样，楚人放达狂野，文风迷离，实为情理中事。

《荀子·致士》也有道法连用之例："无道法则人不至……君子也者，道法之总要也。"③荀子认为道法能招徕人们，但只有明道的君子才能正确地理解道从而制定良法，因此君子是制定和执行道法的基础。这句话有几点值得注意：第一，荀子作为稷下学宫三为祭酒的儒家集大成者，居然提倡道法，说明稷下学宫学术融合是相当成功的；第二，荀子提倡道法，说明黄老道家乃至《黄帝四经》对其影响是很大的，《黄帝四经》和《荀子》是战国中后期"道术将为天下合"的典范。荀子道法观是对《黄帝四经》道法的发展。

当然道法的制定和执行，需要执道者（君子、统治者）在充分悟道的基础上才能实现，期间还有一道"形、名"的桥梁，此逻辑路径可概括为：道—名—法。

（二）握一以知多：守道成法的功效

关于此主题，这里有几个问题：第一，一为何物？第二，多为何物？第三，何以守道？最后，守道何以成法？本部分即以此四个问题为中心，进一步解析《黄帝四经》道法。

---

① 管子. 管子[M]. 济南：齐鲁书社，2006：295.
② 管子. 管子[M]. 济南：齐鲁书社，2006：136.
③ 荀况. 荀子[M]. 济南：山东友谊出版社，2001：348-349.

1. 一与多的问题

先看《老子》中的"一"与多。在道家始祖老子的著作中，"一"字在道德经中共出现 5 次，区区五千余言，字字珠玑，老子竟舍得 5 个字的篇幅，说明在他心目中，"一"字何其重要。为何重要呢？因为"一"是"道"的化身，也是道从无到有化生万物的突破口，这看起来比较抽象、神秘，曾被王夫之在《老子衍》中大加讽刺，但从逻辑上看，老子之理逻辑之精妙、寓意之深刻非常人常境可解，加之王夫子唯物的立场，所以歧义是可以理解的。

老子在第 10 章第一次提到"一"："抱一，能无离乎？"①此处的"一"，意为道，抱一即抱道、守道。

"一"字第二次出现在第 14 章，"视之不见，名曰希；听之不闻，名曰夷；搏之不得，名曰微。此三者，不可致诘，故混而为一"②。作为道性，希、夷、微可以合体，谓之"一"，都是道体的显像。

《老子》在第 22 章中第三次提到"一"："是以圣人抱一，为天下式。"③这句话认为统治者应依道制法、垂范天下。王夫之衍曰："事物之数，有来有往。迎其来，不如要其往；追其往，不如俟其来。"④事物来往的度数便是道的辩证性的体现。王夫之虽然否定了道的唯心一面，但对其辩证性基本持肯定态度。

在第 39 章，老子再次提及"一"："天得一以清，地得一以宁，神得一以灵，谷得一以盈，万物得一以生，王侯得一以为天下贞。"⑤此段论证了一（道）无处不在，无时不有，神通广大。这些"一"都可理解为第二种意涵上的"一"，即道之子，道通过一使天清地宁、万物化生、王治天下，"一"在此变成比较具体的存在，甚至人类社会所遵循的法度。这里的"一"蕴含着多，应验着老子"道生一，一生二，二生三，三生万物"的逻辑。王夫之衍道："一含万，入万而不与万对。"⑥承认"一"蕴含着多，但即便再多现存的事物，都无

---

① 王夫之衍，王孝鱼疏证. 老子衍疏证[M]. 北京：中华书局，2014：35.
② 王夫之衍，王孝鱼疏证. 老子衍疏证[M]. 北京：中华书局，2014：49.
③ 王夫之衍，王孝鱼疏证. 老子衍疏证[M]. 北京：中华书局，2014：78.
④ 王夫之衍，王孝鱼疏证. 老子衍疏证[M]. 北京：中华书局，2014：78.
⑤ 王夫之衍，王孝鱼疏证. 老子衍疏证[M]. 北京：中华书局，2014：134.
⑥ 老子著，王夫之衍，王孝鱼疏证. 老子衍疏证[M]. 北京：中华书局，2014：135.

法穷尽"一"，所以一的能量是无穷的。《黄帝四经》正是把握了"一"的这个特性，提出了"握一以知多"的范畴，并将之应用到人类社会的法度建构中。

"一"最后一次出现是在《老子》的第42章，老子曰："道生一，一生二，二生三，三生万物。万物负阴而抱阳，冲气以为和。"①老子在此构建了一幅道生万物的生动画面。这段话包含了以下几个意思：第一，此处的一，是道之子，是道从无到有的过程，是化生万物、从抽象到具化的窗口；第二，阴阳是创生万物的动力，万物即生之后，仍然包含着阴阳，二者的辩证互动衍生万物，即"和"；第三，虽然说万物繁多，但其原在道、在"一"，因此要认识和改造世界尤其以法度治理天下，首先要把握道，以达"握一以知多"之效。王夫之认为阴阳是道生万物的动力和原理，万物生生不息，全赖阴阳，因为阴阳是道的内在属性，所以道生万物也是阴阳生万物。

老子通过精心的逻辑建构，提出"一"的范畴，而且不惜在短短五千余言的著作中五次对"一"展开论述，从而建构了道创生万物的逻辑体系。如果没有具体而又可把握的"一"，混沌之道只能停留于虚无、无极。老子创生"道"，目的是想"合天下"，为宇宙人生寻找终极的解决之途。所以才有接下来的"一""二"的创生。作为宗老子的《黄帝四经》当然不会放弃老子这一根本宗旨，而且它更倾向实用，所以在《黄帝四经》中，"一"的出现次数不亚于道，目的就是"握一以知多"，为其法度体系的建构作逻辑铺垫。下面看看《黄帝四经》中怎样用"一"作逻辑铺垫的。

"一"在《黄帝四经》中出现的情况如下：《经法·论》3次；《十大经·成法》12次；《十大经·顺道》1次；《十大经·名理》1次；《道原》6次，合计18次，远远高于《老子》的5次。这个数字的悬差与《黄帝四经》黄老之学的实用倾向是符合的。下面看看这些"一"在《黄帝四经》中的具体含义。

首先看《经法·论》中的一多问题。此篇论述天道和人道，天道即"八政""七法"，人道即"六柄""三名"②，统治者应推天道以明人事。此篇对名实关

---

① 老子著，王夫之衍，王孝鱼疏证. 老子衍疏证[M]. 北京：中华书局，2014：148.
② 八政：春、夏、秋、冬、外、内、动、静；七法：明以正、适、信、极而反、必、顺正、有常；六柄：一曰观，二曰论，三曰动，四曰槫（转），五曰变，六曰化；三名：一曰正名立而偃（安），二曰倚名法而乱，三曰强主灭而无名。

系也作了一定论述，因此概念较多，哲理性较强，这可能也是其用"一"较多的原因之一。

《经法·论》曰："天执一，明三，定二，建八正，行七法……"①此句话的意思是：上天依靠道的力量，生成日、月、星辰，建构阴阳法则，然后建构和运行八政、七法。这里的"一"，很显然是道的意思。为何不直接用"道"而以"一"代"道"呢？原因是因为相比于道，一更显明具体，是道的具化，同时一与后面的三、二形成呼应，是道运化的逻辑轨迹。道运化的总体逻辑是由一到多，所以后面的三、二、七、八便是顺理成章了。紧接着《经法·论》曰："岐（蚑：多足动物，笔者注）行啄息，扇飞蠕动，无□□□□□□□□□□不失其常者，天之一也。"②此句话是对第一句话的申衍，是对道或一的具体论证描述，天下之所以这样和谐，就是因为万物遵循了普遍之"一"（道）。《经法·论》中所见"一"，仅此两处，此二处的"一"，是《黄帝四经》"推天执道以明人事"逻辑过渡的典型，也是由握道执一以知人类社会法度之多的典型。

其次看《十大经·成法》中的一曰多问题。《十大经》是《黄帝四经》的第二部分，此部分共计15篇，其中大部分是黄帝与其大臣的对话，可以看出此部分的主旨是紧续《经法》对道法的论证后对其具体执行的问题。《十大经·成法》"一"字出现19次，其中作"道"解者计13次，出现之多，当属《黄帝四经》诸篇之冠。一篇400余字的小文，同一个字出现这么多次，足见此字的特殊意义。文章一开始，黄帝便问其大臣力黑（力牧），说自己以一人之力，怎样对付奸滑之徒。力牧说："循名复一，民无乱纪。"由此可知名与一皆为道通向法的中介，不过一比名的层次更高，二者是一与多的关系，要使道幻化为具体之道，首先必须给事物定名，定名的依据是一，所以曰循名复一，名定之后，又成了法度的依据。此段点出了"成法"即"循名复一"，复一守道。

黄帝进一步问道：请问天下真的有道吗？力黑肯定地回答：有的。黄帝又问："一者一而已乎？其亦有长乎？"意思是"一难道只能以循名复一来解释，

---

① 陈鼓应. 黄帝四经今注今译[M]. 北京：商务印书馆，2007：126.

② 陈鼓应. 黄帝四经今注今译[M]. 北京：商务印书馆，2007：126.《新语·道基》和《淮南子·原道》引用此句话，证明《黄帝四经》在战国、秦、汉之际是很有影响的。

没有更多的含义吗"？力黑于是对"一"展开了一番解释："一者，道其本也……握一以知多……绋凡守一，与天地同极，乃可以知天地之祸福。"①一是道的体现，它无所不在，无时不有，所以要守一，握一以知多，那么天下的法度就不会偏颇了。《十大经·成法》用如此多的一，所要表达的无非是要劝人守道，为民立极，握一知多，遵循道来治理天下。以一言法，此篇尤其突出，表现了非凡的推衍智慧。

再次看《十大经·顺道》里的一与多。此篇里一仅出现一次，因为此篇主要目的是强调雌节问题，这里一幻化为雌节问题，成为一中较多的一极，是治理天下的重要法度之一。为此作者从正、反、合三个维度论证了雌节的重要性。但雌节之根即在一。力黑说："中请（情）不流，执一毋求。"意思是坚守道意，心静如水，毋驰于外。雌节的卑下柔弱，需以心静毋躁为基础，而坚守道方能毋躁，所以最终又归属"执一"。

再看《十大经·名形》中的一多问题。此篇主要解析名形、无为，因此，一在此篇幻化为名形和无为。文章开头即强调："欲知得失请（情），必审名察刑（形）。"这里显然把名形相合作为治理效验的标准，在此，名是法的抽象表达。作者认为只要名形分定、名副其实，那么万物将自化，社会自安定，统治者可收"无为而天下治"之效。无为之境的基础是什么呢？那就是一，"能一乎？能止乎？"只要做到一，就能用心专一、虚壹而静。②

最后是《道原》中的一与多。从题名和实际内容看，《道原》是论述道体与道用之本质的。道要从其原始点出发流化万物，就得寻找中介和过渡，这个中介和过渡就是一，"一"就像"道"穿越过自己幽深隧道的大门，出了这个大门，道于是就幻化为万物了，包括有形的物质和无形的精神及法度。如此则过渡到道用了。道用在人类社会的最大表现就是法度。它的工作机制是：推天道以明人事，握一以知多，审分定名，如此则万物自定、万民不争，可收无为而治之效。因此《黄帝四经》的法度与纯法家的法度不同，它是通过道来

---

① 陈鼓应. 黄帝四经今注今译[M]. 北京：商务印书馆，2007：291.
② 《庄子·庚桑楚》言："老子曰：卫生之经，能抱一乎？……能止乎？……"《管子·心术下》也言："能专乎？能一乎？……能止乎？……"此两处与《十大经·名形》的"能一乎？能止乎？"雷同，显然是二者引《黄帝四经》之意的结果，再一次证明了《黄帝四经》在战国中后期学界的重要地位。

发挥作用的，把一切都拉到道的轨道上来，有一套特定的运行逻辑和机制，比较抽象，而且主要借助于人对道的了悟。

因为《道原》主要是原道，因此"一"字出现的也比较多，共计6次，仅次于《十大经·成法》的19次，在整部《黄帝四经》中居第二。《道原》主要论证道体道用，落脚点放在一上，一在有无的关口，既是道体又是道用，是整个《黄帝四经》乃至整个道家学派仅次于"道"的最关键范畴，也是理解道家思想的一把智慧之钥。《道原》开篇即言："恒无之初，迥同大（太）虚。虚同为一，恒一而止。"这里的"恒无之初""太虚""一"，对道体进行了多方位的展现。第一自然段的结尾，作者对道做了总结："一者其号也，虚其舍也，无为其素也，和其用也。"一是道的称呼，虚为道的居舍，无为为道之本质，和谐天下为其用。这里的"和"在人类社会中的应用便是道法，因此可以说道法的特性即在和。《道原》认为只有圣人能洞悟道，"抱道执度，天下可一"。统治者了悟道、抱道执度（法度）便可和天下。①

综上所述，一既是道的称号，又是道从道体到道用的过渡和关卡，是理解道的一把智慧之钥，也是圣王治理天下的妙法。

2. 守道成法问题

守道成法是"握一知多"的结果，是"一"应用于人类社会治理的具体表现，二者存在着递进的逻辑因果关系。《黄帝四经》对守道成法有一定论述，主要集中在以下四篇中：《经法·名理》《十大经·正乱》《十大经·行守》《道原》。下面分述之。

《经法·名理》是《经法》的末篇，与首篇《道法》相呼应，逻辑意涵上也颇多应合。《名理》首先强调了道的神妙、循名究理的重要性，然后正话反说，用反面例子强调守道成法的重要性。但是整篇只提一次"守道"，讲的是反例，即君主如果守道不彻底，也会招致祸乱，反衬守道之重要。《经法·名理》言："重逆□□，② 守道是行，国危有央（殃）。"国内积重难返之际又发兵攻打外国，即使再守道，都有亡国的危险。因此不论何时都应该"处于度之内"，坚

---

① 陈鼓应. 黄帝四经今注今译[M]. 北京：商务印书馆，2007：399-413.

② 这里的重逆是指内忧外患，《周书·谥法》称这种状态为"荒"。

持守道成法，才能和谐天下。

《十大经·正乱》是《黄帝四经》讨论"王术"尤其是战争的文章，黄老道认为"治国以正、用兵以奇"，但反对不义之战，反对阴谋，主张"寝兵""销兵"，这一点与老子之术似相契合。但是比老子走得更远的是，《黄帝四经》不废仁义，提倡隆礼重法，这一点与老庄的南方道家截然不同，当然也体现了战国中后期稷下黄老道"合天下术"的旨趣。该文主要是黄帝与其大臣力牧及太山之稽①讨论战争尤其是攻打蚩尤的经验总结。黄帝最后总结发言："谨守吾正名，毋失吾恒刑，以视(示)后人。"这里守名即是守道。名是《黄帝四经》概念体系中仅次于道、一、二的范畴，是道体向道用过渡的中介之一，是圣人立法的依据，所以黄帝才说"守吾正名，毋失恒刑"，守名在先，恒刑(法)在后。

接下来是《十大经·行守》的守道问题。该文虽无"守道"字词，但从其文章的主旨看就是探讨守道问题的。《行守》认为治国、为人都不应"刑于雄节"，而应守雌节，讲信用，"言之壹，行之壹"。也即为国之谋、为人之守最终落脚于道，这个道无形无名，是天地之母，无时无刻不在创生运化万物。因此行守就是守道。

《道原》是专门论述道体与道用的文章，前半部分论道体，后半部分论道用，强调统治者要"察无形，听无声"，定名形，"授之以其名，而万物自定"。最后总结道："抱道执度，天下可一。"《道原》是比较集中地论述道体的篇章，其他篇章只是把道体夹杂在行文中，缺乏系统的专门论述。以此看来，作者欲以《道原》对整个《黄帝四经》做总结，所以后半部分不忘论述道用，道体与道用合一，这正是《黄帝四经》的主旨所在，概之曰"守道成法"。

(三)得道以审分定名

道、一、二、名、法是黄老道家独具特色的范畴，道——一—二—名—法是其独具特色的逻辑链条，当然战国后期、秦、汉之际及其之后的儒家受这

---

① 在此要说明一点，即陈鼓应先生认为太山之稽就是黄帝，此说应该是不确切的，理由是《淮南子·览冥训》言："昔者黄帝治天下，而力牧、太山稽辅之。"高诱注："力牧、太山稽，黄帝师。"高诱说是黄帝师，结合《黄帝四经》他们之间说话的语气看，要么是黄帝老师，要么是军师，反正年龄比黄帝大、智慧比黄帝高是无疑的。

种逻辑影响颇深，如荀子、董子等，其于中国封建主流统治模式——隆礼重法的形成有参验合力之功。除了儒家，战国后期、秦、汉之际的法家和名家受黄老道家影响也颇大，如申不害、慎到、韩非子、邹衍等，以至于司马谈在《论六家要旨》中介绍这些人时以"其本归于黄老"做总结。在道——一——二——名——法的逻辑链条中，显然道为宗，一、二、名、法为继嗣，前者为后者之父，把道的精神意涵象血液一样传递给下位阶的范畴，因而也是一个实用性逐渐递增的过程。以上我们分析了道、一这两个范畴，接下来看"名"。

从题目"得道以审分定名"看，有几个问题需说明：第一，名比分重要，理由是：①从《黄帝四经》相关语境看，名的外延与内涵都要比分大；②从《老子》开篇即言"名可名，非常名"看，名这个范畴的地位远比"分"高；③从黄老道家的逻辑链条看，名与道、一、二、法的逻辑相关性更强；④一般的情况下，名的内涵中的名分义涵括了"分"的意义，因此此节弃"分"而留"名"，仅对名作细致的梳理。第二，名是道的演化之物，其存在的本质取决于道，"道正"或曰"守道"则有正名，不守道则有奇名甚至无名；名是道建立天地秩序规则的直接依据，是道生法的具体基础。第三，道是法之宗，名是法之父，因此名在《黄帝四经》中是个非常重要的概念。第四，名在黄老道家中的含义较多，要之有：道名、规律、本质、秩序、名称、称呼、称号、称谓、名分、名位、法度等。第五，这样的意义定格，其源在《老子》，其流在《管子》《韩非子》等黄老其他著作，下面就相关问题分述之。

1. 名之源泉：《老子》

名之重要，其源在《老子》。《老子》有"名"的篇章共计 10 章，除了第一章的"名"哲学意味较强外，其余多表示称谓、名称等，哲学意味不强。《老子》开篇即言："道可道，非常道。名可名，非常名。无，名天地之始；有，名万物之母。"这句话共有 5 个名，其中第一和第三个名意思是道，但又不完全是道，是道的衍生物，可称之为"道名"。因为可以称谓的名是"非常名"，即不是像道那样具有恒常意义的名，所以这两个名的意思是道名。其余三个名皆为称谓之意，但在有无之间，意思又稍有差异。这里的无名实指道，即道为无名的存在，是天地之始元。这里的有名，实指一，是道化生万物的开端，一是可认识的，所以是有名的。有名的一，也是法度之原。总观《老子》

之"名",可明白以下几点:首先,名在《老子》中虽应用比较多,泛见于10章,但相比于《黄帝四经》,其哲学意味不强,内涵不多,外延不大,可见《黄帝四经》宗于老子,以敏感的思想嗅觉捕捉到了《老子》"名"之精义,并发展之。第二,作为以"道术将为天下合"为己任的《黄帝四经》对《老子》"名"作了充分发展,丰富了其内涵,拓展了其外延,但要之则主要在法度,包括法度的内涵、外延、建构、执行等意义。这其实是《黄帝四经》"道生法""案法而治"内在逻辑的应有之义。

2. 名之发展:《黄帝四经》

名在《黄帝四经》中合计出现15次,这个数字给我们传递了一个重要的信息:名在《黄帝四经》乃至黄老道家中很重要。《黄帝四经》的《经法》计9篇,《十大经》15篇,《称》和《道原》不分篇,可曰独立成篇,那么《黄帝四经》合计是26篇,在26篇中有15篇言及名,这远远高于《老子》的10:81[1]的比例,而且更重要的是,《黄帝四经》还有专门论述名的《经法·名理》,可见名在《黄帝四经》中的重要性。名在《黄帝四经》中这样频繁出现,其用意何在?愚认为其最大的目的是为道生法找到一条切实可行的逻辑路径,以此契合其"道生法""案法而治"的写作宗旨。

《经法·道法》篇主要讲的是道生法的问题,但是作者两次提到名形问题,分别是第二自然段和倒数第二自然段。倒数第二自然段是对第二自然段的重复和强调。第二自然段的名形是作者在对道进行了一番描述后自然过渡而来的,即道虽虚无缥缈,但是只要我们"虚无有,秋稿(毫)成之,必有刑(形)名",即只要我们心在虚无有的状态,那么就可洞察秋毫,明白事物的形名及其关系。接着作者说明了形名的意义:"刑(形)名立,则黑白之分已……刑(形)名已立,声号已建,则无所逃迹匿正矣。"[2]这里名指名称、名号、概念,形即事物的形状、外貌、形体,形名即事物的形态与概念,也可理解为名实。道在创生万物之后,人类应该要对这些事物进行认知,给它们分门别类,为了不混淆,所以有必要给不同的事物取不同的名字,标准即是名实相符。所

---

① 老子81篇中有10篇言及名。

② 陈鼓应. 黄帝四经今注今译[M]. 北京:商务印书馆,2007:10.

以这个名是内涵和外延非常广泛的概念，因为它与事物是对等的关系。以此观之，名比法要高一个范畴，要抽象些，法惩罚已犯，名理重在预防，与礼相类。但是作为道的演化者而言，名具有理和秩序之意，所谓"循名究理"是也，是法制定和执行的依据。本段所说的声号即为法度，是显明的名，追其源为道。所以本段的逻辑是只要心虚无有，归于道，那么就可以洞察道所创生的世界之奥妙，依形立名，依名立法，则天下万物无所逃匿道，则天下是非分明，黑白有度，自然和谐了。最后作者强调说："名（刑）形已定，物自为正。"①如此则统治者可收无为而治之效了。

《经法·论》中提到名者有 4 处。主要有两层意思：第一种意思是指法度之名；第二种意思是把名作了正名、奇名、无名的划分。从第二种意思看，名有正名，即天定的顺道之名，有奇名和乱名，即人定的乱道之名。奇名是个中性词，褒贬视其语境而定，例如本篇曰"倚（奇）名，法而乱"，认为奇名会导致法度的紊乱。但是在战争中未必为坏事，老子便主张"以正治国，以奇用兵"，《孙子兵法》也认为"兵无常势，水无常形"，主张"出奇制胜"。可见在和平的守成社会，要用正名，在战争中要用奇名。《黄帝四经》将名作了三种划分，显然是拓展了名的内涵和外延，是对老子之名的发展。《经法·论》曰："七法各当其名，胃（谓）之物。"七法即明以正、顺正、信、适、必、极而反、有常，这七种法应当与其名称、本质相符合，才能算是达到了事物的本然状态，意即顺道。这里所言的名为天然名，即道名、正名。接着作者提出审三名的问题："审三名……达于名实（相）应，尽知请（情）伪而不惑，然后帝王之道成。"如果大家都循名复一走正道就没有坏人坏事了，但是人是自主和自我的动物，所以难免有些人会出现偏离道的情况，看来三名的划分实出无奈。那么帝王就要对人的言行进行观察，哪些是符合名的、哪些不符合，然后奖赏正名者、惩罚和禁止无名和非战争的奇名，如此则社会才会日趋向好，霸业指日可待。接着作者对三名进行了描述："三名：一曰正名立而偃；二曰倚名，法废而乱；三曰强主威（灭）而无名。三名察则事有应矣。"正名则国安，奇名则法乱，无名则强主灭。劝导人们要分清三名，多用正名，战用

---

① 陈鼓应. 黄帝四经今注今译[M]. 北京：商务印书馆，2007：25.

奇名，不用无名。最后作者总结道："名实相应则定，名实不相应则静。勿（物）自正也，名自命也，事自定也。三名察则尽知请（情）伪而【不】惑也。"①此总结点出了作者的写作目的，就是要统治者"名实相应"，以取"物自正、名自命、事自定"的无为而治之功，大大降低统治成本。

《经法·论约》有两个地方提到名，第一个地方曰："功不及天，退而无名。功合于天，名乃大成。……逆则死，失□□名。"这里有三个名，前两个当作名声、建树解，最后的名可作正名解或名声解。第二个地方曰："故执道者之观于天下也，必审观事之所起，审其刑（形）名。刑（形）名已定……之胃（谓）有道。"②此处之名作本质、名称解。《论约》之名是对《论》之名的补充，没有新的意义突破。

《经法·名理》是《黄帝四经·经法》的末篇，是唯一以"名"为篇名的文章，但名仅在一处出现，提出了一个新概念：循名究理。循名究理是其论证的主题，所以《名理》的篇名当作"循名究理"解较为贴切。《经法·名理》曰："天下有事，必审其名。名□□循名厩（究）理之所之，……是非有分，以法断之。虚静谨听，以法为符。"③天下之事，必有其名，循名究理以定法，是非纷争以法断之，虚静谨听能入道境，法度是道境之显像。此段话最大的特点是道出了道、名、法的逻辑关系，循名究理的目的也是为了法治。此篇与首篇《道法》首尾呼应，形成一个完整的逻辑链条：首篇提出"道生法""案（按）法而治"的主题，经过一系列的逻辑论证，尾篇点出了道生法的逻辑，强调了"是非有分、以法断之"的法治主旨。以此看来，逻辑这样紧密，风格如此相似，可以推断至少《经法》的9篇系出于一人之手。

下面看看《十大经》15篇中的名。《十大经》大多是黄帝与其大臣（军师）的对话，是黄帝践行道法的经验之谈。15篇占了总篇幅26篇的一半多，彰显了《黄帝四经》黄学④的实用特色。我想，当初班固将此书取名《黄帝四经》，其

---

① 陈鼓应. 黄帝四经今注今译[M]. 北京：商务印书馆，2007：130—141.
② 陈鼓应. 黄帝四经今注今译[M]. 北京：商务印书馆，2007：169—173.
③ 陈鼓应. 黄帝四经今注今译[M]. 北京：商务印书馆，2007：187—188.
④ 战国初年，田齐代姜齐后，祀崇黄帝为祖以与姜齐祖炎帝区别开来，所以齐国出现了一系列以黄帝命名的学术著作，尤其在稷下学宫存续的150年间更是如此。这就是黄学，重法强兵，崇仁尚义，与老子道合流，遂成黄老道，隆礼重法，重功用，崇名号，与南方的老庄原始道有一定的区别。

主要依据可能在此。如果说《黄帝四经》是黄老之学的代表作，那么《十大经》是黄学集中部分，《经法》《称》《道原》是老学集中部分，合之为黄老之学，隆礼重法，重仁尚义，讲功用，崇道法，是典型的南北文化合流的产物。《十大经》以黄学为主，因此理论色彩稍逊于其他三部，但是在交谈的言语间也流露出道法的逻辑张力。名的字眼有出现，但很少有大段的相关论述，多为一句带过。这种结构布局可能与谈话体的文风逻辑有关，语言的灵活性和互动性让深入某个概念或理论变得不太可能。

《十大经·立命》曰："吾(黄帝)受命于天，定立(位)于地，成名于人。"从语境和语言逻辑结构看，此处之名应为名位、名望的意思，即我黄帝最终征服了百姓，获得了帝王的名位。这里的名，与道相去甚远。《十大经·观》中名出现了两次，都未做深入论证。第一个名是力黑要布制建极，以改变"静作无时，先后无名"的混乱状态。第二个名上接自然秩序下续人伦日常，与法度相关，彰显了《黄帝四经》道生法之逻辑。《十大经·观》曰："其时赢而事绌，阴节复次，地尤复收。正名修刑，执(蛰)虫不出。"①赢指春夏季，为生发，当赏，绌指秋冬季，为收藏，当刑杀，此乃顺天时。意指春夏之际，阳气勃发当不应行肃杀严苛之政，否则阴气就会乘机捣乱，阳气得不到升华，如果违背天时布德施赏决狱刑罚，蛰虫将春眠……以此观之，名法是建立在顺应天时的基础上的，而天时是顺应道的，所以名法应遵道而行，否则将适得其反，涂乱天下。《十大经·果童》中名只出现一处二次，黄帝曰："地俗德以静，而天正名以作……两若有名，相与则成。"②这两个名都可作名分、秩序解，意即地以静养德，天以动正名……天地阴阳若都按规矩运行，相互配合则万物生、万事成。此篇之名与《观》相似，都是把名作为道法的过渡范畴来论证。《十大经·正乱》中提到名者有三次，其中第二次是说战胜蚩尤后，将其头发挂在空中，"名曰之(蚩)尤之旌"，此处名显然是"称"的意思，第一、第三个名则是名位、秩序之意。值得一提的是第三个名，黄帝曰："谨守吾正名，毋失吾恒刑。"名和刑连用且名在刑前，这种句式在《黄帝四经》中多次出

---

① 陈鼓应. 黄帝四经今注今译[M]. 北京：商务印书馆，2007：223
② 陈鼓应. 黄帝四经今注今译[M]. 北京：商务印书馆，2007：241.

现，说明名是刑的基础，其内涵外延皆大于刑，其意义之张力要远胜法，也可以说，名是法制定和执行的原理和基础，是其自然法渊源。

《十大经·姓争》说："居则有法，动作循名，其事若易成。"①这是《姓争》中唯一提及名的地方，其意当为名分、规则。这里将法与名连用，但是一反其常，将法放在名前面。乍看好像使法的意义位阶高于名，实际此处的逻辑是递进关系，是综合法而非分析演绎法，因为显然"动作"比"静居"要复杂得多，因此需循名，仅有法尚不足以成事。这两句话的含义很微妙，稍不留心就会产生错觉和误解。

《十大经·成法》中虽只三次提及名，但意义非凡，因为作者在此篇中将名与道、法作了比较完整的逻辑论证，这在《黄帝四经》中是比较难见的，从逻辑上看，此篇是《经法·道法》的逻辑解析，二者遥相呼应，共同述说着《黄帝四经》"道生法"的旨趣，形成比较完整的逻辑链条。这一点再一次成为整部《黄帝四经》乃同一人所作的佐证。此篇对道生法的逻辑解析，主要是通过其提出的一个新概念"循名复一"来进行的。《成法》是黄帝问其大臣是否有成法来治理天下的对话。力黑认为成法即"循名复一"。他说："吾闻天下有成法……循名复一，民无乱纪。"②从整篇文章的语境看，《成法》的意思是现成、先天之法，显然是探讨道法的原理与基础或曰自然法渊源的文章，所以该文没有提及具体之法，是中国古代少有的一篇法哲学论文。有自然法的追求和论证正是《黄帝四经》的可贵之处。自然法具有普遍性、永恒性，是能跨越时空的宇宙法则，当然是人定法的基础。梅因在其《古代法》中对自然法进行了高度评价："受法律和习惯统治的一切国家，部分是受其固有的特定法律支配，部分是受全人类共有的法律支配……由自然理性指定给全人类的法律则称为'国际法'，因为所有的国家都采用它。"③在自然理性指导下所制定的法律具有普遍性，所以受到所有国家的尊重，成为国际法的法哲学基础。梅因认为一个民族所制定的法律是"民事法律"，是特定法律，只在一国之内遵行。我倒觉得，不管是一国之法还是国际法，甚至习惯法，都有共同的法理基础，

---

① 陈鼓应. 黄帝四经今注今译[M]. 北京：商务印书馆，2007：269.
② 陈鼓应. 黄帝四经今注今译[M]. 北京：商务印书馆，2007：286.
③ 梅因. 古代法[M]. 北京：商务印书馆，1996：27.

那就是自然法。难能可贵的是，在中国几千年前的战国时期，居然有专门论证法律原理的法哲学著作，表明先秦之际先祖的思维之发达、逻辑之严密、理性之高超，这些是值得我们学习的。尤其《成法》篇，更是其精华。

《十大经·前道》中两次提及名。第一次言："天下名轩执□士于是虚。"轩，本义为士大夫所乘车辆，引申为士大夫；虚作聚集解，这都没有异议。名，陈鼓应先生作"大"解，笔者以为值得商榷，轩在此是用其引申义，即士大夫，如果真如陈老师所说作"大"解，那么名轩连用意为大士大夫，这显然不太通顺，笔者以为作"著名"解更妥帖，那么名轩即为名士。再有，□里缺字陈老师认为应该是"国"，理由是下文有"国士也"的用语，那么连用为"执国士"，不太通顺，笔者认为缺字为"道"较妥，连用为"执道士"，执道士即执道者，这个称谓《黄帝四经》多处使用，符合其用语习惯。因此这里的名与道、法关联不大。第二个名即："□【名】正者治，名奇者乱。正名不奇，奇名不立。"这里的名意为刑名，正名即正定刑名、名副其实。涉及到名法问题，认为正定刑名是天下治的前提条件。《十大经·行守》目的是劝人守道。作者最后总结道："无刑（形）无名，先天地生，至今未成。"这句话是对全文的总结，也是对道的描述，此名当理解为"名称、名状"，无形无名，即道是无可名状的，此句与《老子》"名可名，非常名"相呼应。《十大经·名刑》提及名者仅一处，即"欲知得失请（情），必审名察刑（形）"。这里提出了个新概念——审名察刑（形），是"名"逻辑走向的下划线；上划线为"循名复一"，通道境；下划线通万事万物，即刑（形），力求上要"循名复一"下要"名副其实"。当然法度属于刑（形）中的一种形态。名在此与法度相连了。

《称》为《黄帝四经》的第三篇，没有分章，独立成文。主要论证的是阴阳、动静、正奇、内外等矛盾双方对立转化中的平衡。全文为格言集萃，缺乏整体的连贯逻辑，但所选之言，皆属黄老无疑。此篇"名"字在两处出现。第一处："建以其刑（形），名以其名。"即依据其形体而用之，依据其名称而称之。第一个名为动词，即称谓，第二个名为名词，即名称。此处与道、法相关性不大。第二处："帝者臣，名臣，其实师也。王者臣，名臣，其实友也。"此处论述五种臣名义与实质的差别。如帝者臣，名义上为臣，实质是帝之导师。这里的名显然作"名义"解，与道、法关联不大。

《道原》是《黄帝四经》的收官之作，其中"名"字出现了两次。第一次曰："人皆以之，莫知其名。"这里名为其本意——名称。第二个名意义稍微复杂些。《道原》曰："授之以其名，而万物自定。"根据事物各自的名称而给予正确的界定，使各归其位，则万物自定。这里的名笔者以为不仅仅是名称，而且有名分的含义。①

3. 名之流

值得一提的是作为黄老学派最早最完整的法哲学著作，其重名思想对《管子》《尸子》《尹文子》《韩非子》②等黄老其他著作产生了较大影响。在维系黄老学体系中，名这个范畴无疑是非常重要的。作为法哲学专著，《黄帝四经》论述名主要是衔接人类社会的法度，而以上所说的其他著作未必都能实现如此的逻辑圆融。

综上所述，《黄帝四经》中的名是其法哲学逻辑体系中的一个非常重要的概念，它上承道、一、二，下启法，是作者精心建构的一个法哲学范畴。应该说名和其上位的道、一、二构成了人定法度的自然法基础，为良法的创生与执行提供了强有力的道义支持，这种严谨的逻辑思维是《黄帝四经》的特殊之处，是其能担当"道术将为天下合"历史大任的智识基础，也是其与商鞅、吴起等纯法家的区别之所在。

（四）审分定名以万民不争

审分与定名虽然具有先后的逻辑差异，但是两者的意义很接近。从某种程度而言，审分即定名，定名即审分。因为审分的过程和结果必须以不同的名来进行界定，而定名的过程和结果本身就是分判的过程，所以在上一部分，我没有论及审分，而是以定名代之。

标题"审分定名以万民不争"可以"定分止争"概括。"定分止争"首出《管子·七臣七主》。各家之言，其旨必在止争，但路数有别。法家以法分止争，

---

① 谷斌、张慧姝、郑开所注《黄帝四经注译·道德经注译》认为此处之名为名称之意，我以为这种含义只是此处名之意义的一半，除了名称，还有名分、等级秩序的含义，这样才足以在逻辑上与下句"而万物自定"衔接，因为仅仅名称缺乏万物自定的驱动力。谷斌，张慧姝，郑开. 黄帝四经注译·道德经注译[M]. 北京：中国社会科学出版社，2004：89。

② 《管子》见《七臣七主》篇，《尸子》见《发蒙》篇，《尹文子》见《大道上》篇，《韩非子》见《主道》《扬权》《诡使》等篇。

儒家以定分止争，原始道以道合止争，墨家以博爱止争，兵家以兵战权谋止争，名家以名分止争，黄老道兼提名分和法分止争，《黄帝四经》重名分止争，概之曰"定名止争"。与《老子》一样，《黄帝四经》鲜提"分"，通览整部书，提及"分"者仅两处。这是因为分与名意义相当，所以多以"名"字代替"分"字，以定名止争代替定分止争。应该注意的是，从语言学角度看，分字的抽象性比名字低，在意义指涉上要比名清晰，所以也可把分看成是名的具化过渡关口，此关系颇类道与一的关系。道就是一，一就是道，但一的指涉更具体，用西方现代语言分析哲学用语说即二者能指一样但所指有一定差别。正因为此，《管子》提出了定分止争的范畴，是对《黄帝四经》"定名止分"的继承和发展，以此将道法逐渐明朗化，形成一条"道——一—二—名—分—法"的清晰的逻辑链条。下面看看《黄帝四经》及其与之有较密切关系的各家止争的路数，以资相互发明。

1. 儒家的礼分止争

儒最先是士主持礼仪的职业，后孔子创立儒家，将其上升到意识形态的高度。所以儒家与礼具有本质的关联。周代尤其西周以礼乐治天下，及至东周礼崩乐坏，孔子以克己复礼为己任，并且发展出了仁、忠、孝等范畴，以充实礼。礼在政治上的表现为礼制，有时又名礼乐之制，周公编撰《周礼》，将礼制总结固定下来。孔子继其志，力主"为国以礼"，所谓半部《论语》治天下。[①] 通览《论语》，几乎每篇都不乏礼字，整部《论语》就是围绕礼而开合周旋。

儒家以礼分止争，其源在于周公制礼作乐，以礼的等级制度治天下。贵族被分为公侯伯子男五等，如《左传》言："名位不同，礼亦异数。"法重刑，所以被称为刑，主要是对平民、奴隶的控制、惩罚，而礼才是用来调整贵族秩序的，所谓"礼不下庶人，刑不上大夫"。叔向反对郑子产铸刑鼎和孔子讥讽晋赵鞅、荀寅铸刑鼎的故事典型反映了儒家坚持礼分止争的立场，其中孔子的一番话颇值得玩味。《左传·昭公二十九年》记载了此事件。赵鞅、荀寅

---

① 典出宋代罗大经《鹤林玉露》卷七。宋初宰相赵普，人言所读仅只《论语》而已。太宗赵匡义因此问他。他说："臣平生所知，诚不出此，昔以其半辅太祖（赵匡胤）定天下，今欲以其半辅陛下致太平。"

将范宣子刑书铸于鼎上，孔子曰："晋其亡乎！失其度矣……贵贱不愆，所谓度也。今弃是度也，而为刑鼎，民在鼎矣，何以尊贵？……贵贱无序，何以为国？且夫（范）宣子之刑，夷之蒐①也，晋国之乱制也，若之何以为法！"孔子认为一旦法公诸于众，则人们都关注法去了，以法为准，礼就失去了往日的权威，人们不尊礼，天下将大乱。这是春秋时期礼法之争的典型。

《学而》是《论语》首篇，首篇言礼，开门见山，直奔主题。《论语·学而》言："礼之用，和为贵……知和而和，不以礼节之，亦不可行也。"②此句话可以拔疏出两层意思：第一，礼的功用很多，其中和谐天下最根本；第二，礼的运用很多，其中以对和的节制最为重要。本句话直言的是第二层意思，但是可以推断出其是以第一层意思为目的的。即礼的最终目的是为了使天下太平。《学而》在此将礼与和连用，是因为和是乐的功用，"礼""和"连用即礼乐连用。礼以分，乐以和，礼乐连用是儒家惯常思维，其源在周公制礼作乐，他已深刻地洞悉礼乐之用。正如《礼记·乐记》所言："故礼以道其志，乐以和其声，政以一其行，刑以防其奸；礼乐刑政，其极一也，所以同民心而出治道也。"③《礼记》的礼乐思想显然是对孔子礼乐思想的继承和发展。《论语·学而》在此言以礼节乐，是因为礼是以分而达和的，没有礼之分，天下大乱，何谈和？因此和是以礼为前提和基础的。坚持此道，方能达"礼分止争"之效。

作为儒家的集大成者，荀子与孔子不同之处在于，荀子不但隆礼而且重法，这显然是受黄老重法思想影响的结果。④《荀子·礼论》言："先王恶其乱也，故制礼仪以分之，以养人之欲、给人之求……是礼之所起也。"⑤荀子不仅看到了礼的功用，而且对礼的起源作了性恶论的思考，认为欲望所导致的纷争是先王制礼的原因。这与《礼记》认为礼秉于天有所不同。⑥荀子在此所言的礼还没触及道或天，是狭义的人定之礼，这不得不说是其礼论的缺陷，但

---

① 音、意均同"搜"。
② 孔子. 陈戌国点校. 论语[M]. 四书五经. 长沙：岳麓书社，2003：18.
③ 陈戌国点校. 礼记·乐记[M]. 四书五经. 长沙：岳麓书社，2003：565-566.
④ 但是荀子隆礼重法与黄老隆礼重法又有差别，即荀子是礼主刑辅，而黄老是法主礼辅。较之孔子，荀子辟了专篇即《礼论》来论礼。
⑤ 荀况. 荀子[M]. 济南：山东友谊出版社，2001：484.
⑥ 《礼记·礼运》言："是故夫礼，必本于天，淆于地……"陈戌国点校. 礼记·礼运[M]. 四书五经. 长沙：岳麓书社，2003：514.

其敢于从人性渊源的角度探索礼的起源，精神可嘉。

《礼记》是儒家十三经之一，分大戴（戴德）礼记85篇和小戴（戴圣）礼记49篇，后小戴礼记被郑玄详注后得以流行后世。《礼记》是对汉以前中国汉族礼的解说，反映了儒家的思想特别是治道精神。由于《礼记》的编撰者（戴德、戴圣）生活于西汉初年①，汉初重黄老，所以受黄老之学的影响是必然的，就像董仲舒那样。所以《礼记》之礼上达天道，下通地仪，中关人情，此为历史所决定者，也是《礼记》的重大特点之一。例如《礼记·礼运》言："夫礼必本于天，动而之地。"②此段前半部分的论证显然遵循的是黄老逻辑，如"大一""阴阳""四时"都是典型的黄老用语，其中"大一"即"道"。后半部分才是儒家逻辑，其中"天"是儒家取代道家之"道"后的最高哲学范畴。③《礼记》将礼作此哲学性发挥，目的是更深入论证"礼之用"。正如其言："故圣人参于天地、并于鬼神以治政也；处其所存，礼之序也……故礼达而分定。"④礼达分定后，则民不争也。

2. 法家的法分止争

法家企图以法分来止争。虽然他们也谈及名分，但对名缺乏深入的哲理分析，更不要说与道通达了，说白了，纯粹的法家如公孙鞅之流仅把法作为定分之争的工具而已，至于法背后的名、道等深邃的自然法理论他们似乎没诚意、也似乎没时间去领会，因为他们大多是封建君主身边的改革家，日用兵战，苛行酷法，忙得不亦乐乎。他们与黄老道具有相同的目的即止争，但所走的路、所想的理差异很大。可将《黄帝四经》的止争用一连串的范畴连缀起来：道——一—二—名—分—法，这条逻辑之途，黄老是一步一个脚印扎扎实实走出来的，但是纯法家却是走捷径，投机取巧地从"分"开始走，前面的

---

① 二者的生卒无确切的史书记载，但据其是高堂生的弟子推断，二者为汉初人无疑，因为高堂生是汉初传《士礼》(17篇)的第一人，此有班固《汉书·艺文志》记载为证。

② 陈戍国点校. 礼记·礼运[M]. 四书五经. 长沙：岳麓书社，2003：518.

③ 儒家崇天源头为周公，其《周官》第一官即《天官》，主张"以德配天"。孔子继承了其天的用语，如言："天何言哉，四时行焉，万物生焉，天何言哉？"还常发"天命"之叹。但此二者更多的是仅把天作为用语，对天没有作深入的解析。荀子言天，说"人定胜天"，这里的天为自然之天。汉初的儒者如大戴、小戴、董子等对天作了深入的解析，并且用儒家之"天"取代道家之"道"，以之深化儒家之理，成为儒家最高的哲学范畴。

④ 陈戍国点校. 礼记·礼运[M]. 四书五经. 长沙：岳麓书社，2003：516.

漫长路程都被他们一刀砍断，这好比是大树的根被斩断，无根的树还能活吗？树根好比自然法的原理，树干和树枝就是人定法，没有自然法深厚的原理作基础，人定法徒有其表，仅为一时之用而已。这就是为何纯法的改革大多是以失败收场而改革家以悲剧收场的原因，最典型的例子：小者吴起、商鞅之死，大者秦朝二世而亡。

商鞅在《商君书·定分》中讲了个"百人追兔"的故事。下面将此故事引述如下：一只兔子在大街上跑，百人追之，并不是兔子够一百人分，而是兔子无主，所以即使像尧舜禹这样的圣人也难免参与追捕。集市出售的兔子很多，却没人抢，是因为这些兔子为有主物。商鞅据此论述治道："故圣人必为法令置官也，置吏也，为天下师，所以定名分也。……故夫名分定，势治之道也；名分不定，势乱之道也。"①商鞅认为同一只兔子，如果为无主物，则人见人争抢，其中包括如尧、舜、禹、汤似的所谓圣人，但如果是有主物，即使在闹市穷人都不会争抢，这是因为有主的兔子名分已定，而无主的兔子名分未定造成的。所以要用法来定名分，以法为教、以吏为师，如此治道得也。值得一提的是"百人追兔"的故事《慎子》也讲述过，慎子生活于公元前390—公元前315年，商鞅生活于公元前395—公元前338年，二者年龄相差5岁，究竟谁引用谁实难考证，但时人以此例作为"定分止争"的典型例子是史实。细思之，虽然商鞅和慎子都用此例，但各自的含义还是有一定差别的。慎子是黄老家，他对名、法有一定的法哲学思考，理论渊源归根于道，就如太史公言"其(慎子)本归于黄老"，而商鞅是纯法家、改革家，其法工具主义色彩浓厚，自然法基础薄弱。

话说回来，虽然法家之法工具主义色彩浓厚，缺乏深厚的自然法根基，但是其用法对名分的界定却是无可厚非的。这一点，与西方近代启蒙思想家的观点契合。资产阶级法学家认为法律是权利的基础和保障。洛克认为私有财产是人格的保障，无主物之上附加了某人的劳动或被某人先占，就属于某人的了，与"百人追兔"逻辑相类。但是不同的是，西方近代启蒙思想家的法律观也是建立在理性的自然法基础上的，这一点是商鞅的缺陷。

---

① 商鞅. 商君书[M]. 商君书·韩非子. 长沙：岳麓书社，1990：53-54.

3.《黄帝四经》的"名分止争"

前面我们对名已经进行了详尽的析述，此部分将名与分、止争联系起来，深入挖掘名在《黄帝四经》中的意义，也只有与分、止争联系起来，才能使名在《黄帝四经》中的意义变得圆融起来。正如以上所述，名是《黄帝四经》非常重要的概念，原因在于它是道通达法的桥梁，没有名，道要实践它的法意，完成接地气的化生之旅是很难的。所以名在《黄帝四经》中频繁出现，26篇中15篇都涉及名。下面我们看《黄帝四经》是怎样通过名分来止争的。

从逻辑上看，名不管其具体含义如何，本身内在地具有分的属性。如公孙龙所言"白马非马""离坚白"，其依据即在白马、马、坚和白是不同的概念，即不同的名，分别代表不同的事物。因此每个名都代表某个或某类特定的事物，这些不同的事物及其名之间是有区别的，反之正是根据这些差别才判定事物的特性并给予其特定的名称，这就是"分"。从大的方面看，有时名代表规律、规则、秩序，那么不同的规则就是"分"。因此从逻辑上看，名分止争是贯通一气的。这就是为何《黄帝四经》大谈特谈名的原因，其目的在分，在法，在止争。

虽说名内在地隐含分之意，但《黄帝四经》直接谈名分者仅四篇可见，即《道法》《大分》《名理》和《道原》。这四篇中，《大分》是直接以分命名的专门谈及分的，其余三篇仅是提及。但是在《黄帝四经》有限的26篇中能有一篇专论"分"，说明它对分还是很重视的，或曰特意以此篇说明分的意义，综述名的分之意。《经法·道法》曰："刑(形)名立，则黑白之分已。……声号已建，则无所逃迹匿正矣。"①前一句论证的是刑(形)名定了后，是是非非就有明确的标准了。后一句说的更具体，即刑(形)名立，法制建，天下万物皆按照刑名法度运行，违背了刑名法度就要遭到惩罚。这里面也蕴含着无为而治的意涵，当然这种无为是建立在"执道者生法"的有为基础上的。

《经法·大分》，陈鼓应先生作《六分》，《大分》是李学勤和余明光先生的观点。陈鼓应先生作《六分》解，恐是看文章里有"六逆""六顺"的论述。至于"分"字，陈鼓应先生作"分际、界线"解，而谷斌、张慧姝、郑开注释为"大

---

① 陈鼓应. 黄帝四经今注今译[M]. 北京：商务印书馆，2007：10.

义、要领"，我以为这些解释都符合分的广义，但具体意义，要视其语境而定。从全文的逻辑结构看，作者首先举出"六逆、六顺"的现象，然后对这些现象进行哲理分析，宗旨是论证治国的方略。所以在文章的后部分作者提出了"道"，将思维的触角深入到最高深的范畴。如此看来，要全面深入地理解分之义，得将其放在"道——一—二—名—分—法"这一黄老特有的逻辑体系中进行，从这个角度看，似乎题名定为《大分》更贴切。《经法·大分》言："六顺六逆［乃］存亡［兴坏］之分也。主上执大分以生杀，以赏［罚］，以必伐。……王天下之道，有天焉，有地焉，又［有］人焉。参(三)者参用之，［然后］而有天下矣。"①从此段行文看，作者完全是从道的整体逻辑来论证治道的，因此分也必须放在这个整体逻辑体系中进行理解。第一个分可理解为"分际、界线、大义、要领"，第二个分的意义外延更广，除了包含第一个分的意义外，还可理解为"规则、法则、名分"等，总之是仅低于名的逻辑范畴，比名要具体但比法又抽象些，是统治者治理天下时应切实注意分辨的一些带有原则性的问题。

分要达到的最终目的就是分清是非好坏、等级名分、职责分工，以便"是非有分，以法断之"②。《经法·名理》就表达了这样的观点。从整体角度看，《经法·名理》还对道作了接地气的解析，其中"道""名形""分""法""刚柔"等《黄帝四经》的基础范畴都出现了，再一次彰显了《黄帝四经》逻辑的严密性。整篇《名理》中，分仅出现一次，即"是非有分，以法断之"。这里的分是是非之分，与具体的人定法接近，是人定法遵循的准则，这好比是道派遣的使者，专门管理、指导、引领人定法。

《道原》中的分也是在道法的整体逻辑系统中展开的，是道生法的一个重要环节。在对道进行一番描述后，作者言："分之以其分，而万民不争；授之以其名，而万物自定。"③第一个分为动词，意为使之分明，第二个分为名词，

---

① 陈鼓应. 黄帝四经今注今译[M]. 北京：商务印书馆，2007：86-87.

② 见《经法·名理》。

③ 此段话可与《尸子·发蒙》《尹文子·大道上》相关表述比对发明，二者相关文句或曰文意显然引述了《道原》。《尸子·发蒙》曰："若夫名分，圣人之所审也……审名分，群臣莫敢不尽力竭智矣。天下之可治，分成也；是非之可辩，名定也。"《尹文子·大道上》也言："名定则物不竞，分明则私不行。"陈鼓应. 黄帝四经今注今译[M]. 北京：商务印书馆，2007：409.

意为名分、职分、分界①，只要以名分、分界将万物分判清楚，则万民不争，万物自定。下一句的"授之以其名，而万物自定"，与第一句是双关语，两句互见文义，所以此句也包含了"万物自定"的意思。第三句是总结，即只要授之以名、分之以分，则万物自定、万民不争，人们不会因只在国家安定时努力谨守本分，在国家混乱时也不会懈怠。这就臻至无为而治之境了，《黄帝四经》所要探讨的就是道法的这种最高的治理境界。这里的无为不是绝对的无为，而是相对的，包含着必然的有为成分，比如"执道者生法""抱道执度""案法而治"、国人对道法的遵守等等。因此道法存乎有无之间。

综上所述，不管儒家、法家还是黄老家，都有审分定名的表述，其目的皆在"止争"。但不同的是正如以上所述，儒、法审分定名的逻辑性、深刻性、体系性、哲理性都不如《黄帝四经》。在止争方面，《黄帝四经》的止争以臻至无为之境，存乎有无之间，既有高大上的理论，又不乏接地气的法度，充分彰显了其自然法的根蒂，为有根之法，因此更具有生命力、说服力。

（五）无为：法之迥同太虚的妙用

《黄帝四经》道法之无为妙用当然是延续老子无为而治的范畴。所以先从老子处挖掘无为之根。

1. 老子无为的智慧

无为是老子创生的范畴，是与有为对立的范畴，而且具有辩证一体性。也是老子思想体系中非常重要的概念。作为"君人南面之术"的《老子》，其"南面之术"的核心即"无为"，无为是道的本质，也是道运化天下的方式。老子运用其高超的哲学智慧将一个普通词汇——"无"赋予了迥同太虚的本质和智慧，成为中华民族和合文化辩证的化身，其智不可谓不高，其功不可谓不大。

《老子》81章中，有"无"字出现者计35章，可见无在老子心目中的地位。总的来看这35个无字意义主要有三：第一，为无的本意，与"没有"同；第二，为道的代词或描述；第三，无为而治，作无为而治解者多以"无为"字眼出现，有的虽无"无为"字眼，但意义与无为同。以上三种意义，第三种与本

---

① 名分、职分主要用于人，分界主要用于事物。

节主题相切，所以特分解如下。

作无为解的无字共计 11 章（处）。第一个无为出现在第 2 章，老子曰："是以圣人处无为之事，行不言之教。"①圣人指得道和执道之人，他们将道的智慧运用于现实，其中最大的智慧就是无为。所以处无为之事，行不言之教，不干预事物的自然运行，滋养万物而不据为己有，助其成长而不自恃其能，功成而不居，就像道那样。在此应该明白的是圣人的无为是建立在万物的有为基础上的，而万物的有为是遵循道的有为，即其自然的那样。从这个角度看，万物遵循道的有为就是无为。如果不遵循道而为，"处度之外"，则会受到道的惩罚，即事不成。所以在老子的视域中，天下事可分为两类：无为与有为，无为为顺道之为，有为为逆道之为，但在二者辩证的关系中，与上位者的无为比，下位者的无为则是有为，但这是相对有为而非绝对有为，因为只要顺道之为都是无为，我们姑且称之为有为之无为。道要成事，全仰赖下位者有为之无为。例如以上所言的圣人处无为之事，是以万物行有为之无为为前提的，如果万物不为或不顺道而为，那么在上的圣人将无以成事。

林语堂在《老子的智慧》②中把《老子》第三章取名为《无为而治》，甚切合文意。此章接续第二章内容，继续探讨圣人的无为之治。结尾画龙点睛："为无为，则无不治。"③无为说的即是上文所言的"不尚贤""不见可欲""虚心、实腹、弱志、强骨""无知无欲""知者不敢为"。老子罗列如此多的无为之策，目的就是要通过这些措施，达到无为而治的目的。值得注意的是这段话也说明了统治者要想达到无为而治的理想之境，须以一些有为作为基础，所以此段话用了很多"使字句"，如连续用了 4 个"使民"，表明无为而治是建立在统治者一些实际举措基础上的。由此看来，无为而治首先只是一种政治理想，类似儒家的大同世界，同时说明无为不是绝对的，它是以有目的的有为为基础的。

《老子》第 10 章连续提出 6 个设问句，最后一个设问句是对前面 5 个的总结，以无为为归属。老子言："明白四达，能无为乎？"这句话虽没有明确回答

① 老子，汤漳平、王朝华译注. 老子[M]. 北京：中华书局，2014：8.
② 林语堂，黄嘉德译. 老子的智慧[M]. 西安：陕西师范大学出版社，2004.
③ 老子，汤漳平、王朝华译注. 老子[M]. 北京：中华书局，2014：12.

前面5个问题，但是客观上回答了。前面5个问句最终的目的就是要人们守道抱一、臻至无为之境。最后一句又是对第6个问题的回答，即无为就是要"生之畜之，生而不有，为而不恃，长而不宰，是谓玄德"。第四个问句是"爱民治国，能无以智乎?"这句话与第三章的"常使民无知无欲"有共同的地方，即"反智"，容易使人产生误解，认为老子保守、消极甚至反动，因为他反智，他提倡愚民政策。在此笔者欲为其翻案，与持以上观点者商榷。首先，作为一个具有超级智慧的哲学家，一般不会让自己的思想体系出现逻辑性的矛盾，因此后人的理解，很可能是没有全面领悟高深的道而产生的误解。其次，老子主张统治者和被统治者无欲无智，目的是让国人与道契合，无欲则无争，无智巧则公平和谐，朴素自然，大家都遵法度和道生活，社会自然和谐了。无为而治的本质就是遵循道，而道法自然，所以无为而治就是遵循自然而治。自然的这一智慧和特征，老子肯定洞悉了，并且将它应用于社会的治理。所以老子在25章言："人法地，地法天，天法道，道法自然。"既然一切都源于自然，就无需过多的欲望和智巧。宇宙自然并没有谁去统领，但是它按照宇宙规律自我运行，如孔子言："天何言哉？四时行焉，百物生焉，天何言哉?"老子反对的是智巧、阴谋、狡诈，而不是一切智慧，顺道的智慧如遵循自然规律生产、养生等他肯定是支持的。无奈《老子》太简略，无多辩解，所以给后人的误读留下太多空间。

第37章是《老子·道经》的最后一章，所以整篇言道，尤其重道的本质——自然无为。老子言："道常无为，而无不为。侯王若能守之，万物将自化。"此段话中，第一句是中心，点出了道"无为而无不为"的本质和功用，后面都是对此句的解析。侯王若能守道坚持无为之治，天下将自然归服。这表达了老子殷切的政治诉求，即班固所曰"君人南面之术"，君人南面之术的本质就是无为而治。紧接着老子强调了无为而治的要求，即无欲，无欲天下才能自定。侯王只要能守道，无欲而朴，坚持无为之治，将收无不为之效。

传世本《老子》的第38章是《德经》第1篇，这与汉代帛书本不同，帛书本是《德经》在前《道经》在后，汤漳平、王朝华先生认为这不符合老子本意，我赞同二位先生的观点，原始本《老子》当与传世本一样，先言道后言德。但其实后人对《老子》道与德的划分未必科学，因为两篇的区别不是绝对而是相对的，实质是道中有德德中有道，整部《老子》是浑然一体的，汉代人之所以作道经、德经之区分，恐怕是强调黄老道的意义、抬高道的价值使然。第38章主要讲了上德无为，因为上德接续了自然无为的精神，是道之德，不以德为德、不自居以德，所以是上德。既然是道之德，所以无为而无以为，即不作为也没有啥可作为的。① 此章是老子将道的精神下行贯彻于德的举措，是老子"君人南面之术"的重要步骤之一。

第43章继续论证道无为之本质。老子言："天下之至柔，驰骋于天下之至坚，无有入于无间，吾是以知无为之有益。不言之教，无为之益，天下希及之。"②至柔之无形的道，至坚之有形的物质，虚无之道能穿越于有形之物质而毫无障碍，这是道无为的功效。无为而无不为的功效，天下几乎无有能匹敌者。值得商榷的是汤漳平、王朝华先生将"无有入于无间"③翻译成"无形的东西穿过没有间隙的东西"，笔者以为翻译为"虚无形之道穿越有形的物质而毫无障碍"更妥，因为结合上一句文意，"无间"并非真的无间，有形的物质肯定是有间的，但是对于道而言一切有形的物质都不是障碍。这样是为了突出道无为之神功。所以老子奉劝世人尤其统治者要接受无为的不言之教，用于人世的治理。

《老子》第48章曰："为学日益，为道日损。损之又损，以至于无为。无为而无不为。取天下常以无事，及其有事，不足以取天下。"④此章首先论述了为道的方法是日损，只有去除日用成见之蔽，才能清虚灵透于道体，发挥纯粹道体的无为而无不为之用。最后老子将此意又落实于人世之治，即"取天下常以无事"，教导世人尤其统治者要遵循道的无为本质。道法自然，无为即顺应自然，有如西方著名现象学家胡塞尔所言"回到事物本身"。⑤

《老子》第57章曰："以正治国，以奇用兵，以无事取天下。……'我无

---

① "无以为"三字汤漳平、王朝华先生认为是"无心作为"。（老子，汤漳平、王朝华译注. 老子 [M]. 北京：中华书局，2014：142.）我在此提出商榷意见，认为此三字应解作：没啥可作为的，因为上德既然坚持了道，就顺应了自然无为，因此无以可作为。
② 老子. 汤漳平、王朝华译注. 老子[M]. 北京：中华书局，2014：172.
③ 老子. 汤漳平、王朝华译注. 老子[M]. 北京：中华书局，2014：172.
④ 老子. 汤漳平、王朝华译注. 老子[M]. 北京：中华书局，2014：190-191.
⑤ 以此观之道家与西方后现代哲学有诸多交集之处，二者都强调主客二元的统一。

为，而民自化；我好静，而民自正；我无事，而民自富；我无欲，而民自朴。'"①首先看第一句话，这句话里的三小句既有递进关系，又有反衬关系，所以导致后人对此句意义理解的分歧。② 在此笔者阐述一下个人的见解。笔者认为前人的分歧大多没有区分"国"和"天下"的用语，把两者混为一谈，实质在老子所处的春秋时期，国是指诸侯国，天下才指周王室统治的包括所有诸侯国的整个华夏民族。从地域看，天下要比诸侯国大得多，因此"取天下"比"治国"要难得多，治诸侯国要用正当的法度，取天下却要靠神奇的无为而治。所以老子强调要"以正治国""以奇用兵"，这两句为反衬关系，同时又是排比并列关系，为"以无事取天下"的递进作铺垫。最后几句的"无为""好静""无事""无欲"都是对首句无为而治的解说，是无为而治的具体表现及其功效。所以整段话都是围绕无为而展开的。

《老子》第 63 章言："为无为，事无事，味无味。"③此句话的三小句中，第一句是中心，后两句是对第一句的展开、引申。用一连串的排比句来论述问题是老子惯用手法。有意思的是此章——"图难于其易，为大于其细"，此句话似乎很重要，因为老子在其有限的篇幅中安排了此句话，以下所有的文字对其进行解说。老子作此安排，其用意最终还是为了说明此章中心——无为的含义，即要真正实现无为而无不为的宏伟目标，还得从小事、易事做起，通过这样的有为，终将实现伟大的无为。这再一次证实了笔者以上的观点：无为与有为是辩证统一的，无为是有为的目标和结果，有为是无为的前提和基础，小事有为，大事将无为。此句话也将推翻此前许多人对老子"消极无为"的误解。

老子在 64 章承接了上一章的文意，对无为继续进行解说，其中包含了无为与有为的辩证关系以及无为的自然之本质。老子曰："为之于未有，治之于未乱。……是以圣人无为故无败，无执故无失……以辅万物之自然而不敢为。"④此段话的"为者败之"之前都是讲有为，之后讲的是无为，文意两判，

① 老子. 汤漳平、王朝华译注. 老子[M]. 北京：中华书局，2014：231.
② 老子. 汤漳平、王朝华译注. 老子[M]. 北京：中华书局，2014：229-231.
③ 老子. 汤漳平、王朝华译注. 老子[M]. 北京：中华书局，2014：251.
④ 老子. 汤漳平、王朝华译注. 老子[M]. 北京：中华书局，2014：253.

难怪郭店竹简本将此章从此处一分为二，分为两章，貌似有一定道理。实质上从无为与有为的辩证关系及此章的内在逻辑看，此章文意并无矛盾之处。首句的"为之于未有，治之于未乱"与其说是有为，不如说是无为，老子强调的是无为在事物运化过程中的作用，接下来的"无为"是总结，最后的"辅万物之自然"是点题，即无为之本质是顺其自然，不破坏事物发展自身的逻辑。

《老子》第75章虽没有无为字眼，但有有为字眼，以此反衬无为的重要。"民之饥，以其上食税之多，是以饥；民之难治，以其上之有为，是以难治；民之轻死，以其求生之厚。"①此段又是三个排比句连用，以反衬的方式说明无为的重要。其中"民之轻死，以其求生之厚"之文意历史上争讼颇多，许多人将此句理解为"人民因为求生太厚所以轻入死地"②。这种理解与文句语境及老子无为宗旨不符合，此三个连排，句式相近，文意当一脉相承，这也符合老子一贯的文习。后一句"以其求生之厚"的"其"字后面应该缺了个"上"字，即民之轻死，因为其统治者求生太厚所致，这样理解与前两个句子文意贯通，符合连排文法和老子文习及无为宗旨。

综上所述，老子对无为十分重视，对其进行了多方解说，其无为的本质是道的存在和运化万物的方式，最终上升到自然。老子创生无为的理论，目的是展开其"君人南面之术"，奉劝世人尤其统治者要尊重事物的发展规律，顺其自然，不妄为，尤其对于社会人世的治理更是要遵循无为之道，"以无事取天下"，才能收无不为之功。

2. 《黄帝四经》道法之无为妙用

作为黄老学最早最完整的经典著作和稷下学宫最完整最深刻的法哲学著作，《黄帝四经》以黄帝、老子为宗，这一点以其整部著作的结构布局为证，即其整部著作中充满了老子和黄帝思想观点的交织，其中黄帝思想主要集中在《十大经》的15篇中，当然这15篇处处也充斥着老子的道意，老子思想在《经法》9篇、《称》《道原》中比较集中。当然《黄帝四经》提出"道法"的主旨思想，与黄帝及齐文化重兵战有一定关系，可以说《黄帝四经》思想是以黄帝、

---

① 老子. 汤漳平、王朝华译注. 老子[M]. 北京：中华书局，2014：286.
② 如河上公与苏辙即持此说。

老子、齐法家为主的整个战国文化的综合，其胸怀与气魄体现了"道术将为天下合"的精神。因为黄帝太久远，其思想难考，所以在理论基础方面《黄帝四经》以老子为宗是自然的事，这就是为何在专论黄帝思想的《十大经》15篇中充斥着老子思想的原因。而重事功的齐文化内在要求《黄帝四经》在吸取老子智慧时应重在应用，所以《黄帝四经》创生了"道法"理论，着重论述道生法的逻辑及其功用，因此无为而治便赫然于《黄帝四经》的逻辑链条中。

如果说《老子》的无为太抽象太理想化，那么《黄帝四经》将其作了具体化的发挥，即将无为运用于"道生法"的逻辑链条中，对具体法度的生成及应用从无为角度作了比较系统的论述。如果说《老子》之旨在"无为而治"，那么《黄帝四经》之旨在"道法之治"，从这个立场看，无为而治仅是论证和升华"道法之治"的工具。所以整部《黄帝四经》有无为而治之意者6篇，其中直接涉及无为者仅3篇。① 文墨虽少，但并不代表无为不重要，其集中体现了"道法"之道的精神内涵，是解析《黄帝四经》"道法"无为之妙用的钥匙。

《经法·道法》言："刑（形）名立，则黑白之分已。故执道者之观于天下殹（也），无执殹（也），无处殹（也），无为殹（也），无私殹（也）"，② 从此段可看出《黄帝四经》的一个特点，即论证无为时多与刑（形）名之论夹杂一起，这说明其重心在形名，因为形名与人定法关联紧密，因此在提到形名声号的功用时才提及无为，认为只要"循名复一""名符其实"、行无为之道，则"无不自为刑（形）名声号"，收无为而无不为之功效。

《经法·论》没有直接提及无为，也是在论述形名时阐述了关于无为而治的理论。《论》曰："名实相应则定，名实不相应则静。勿（物）自正也，名自命也，事自定也。"③《论》的作者认为只要名实相应则物自正、事自定可收无为而无不为之效。在此"物自正、事自定"即物事顺应了道，无需人为的作为，如果作为反而会扰乱事物的正常运行和发展。所以无为的前提是一切人、物、事都回归道，回到自然本身状态，回到自然本身就是如胡塞尔所言的"回到事物本身"。

---

① 即《道法》《论》《五正》《名形》《称》《道原》。
② 陈鼓应. 黄帝四经今注今译［M］. 北京：商务印书馆，2007年6月第1版，P10。
③ 陈鼓应. 黄帝四经今注今译［M］. 北京：商务印书馆，2007：141.

《经法·五正》篇也无直接提及无为者，但无为之意可从其中推断出来。例如黄帝在与蚩尤一决雌雄之前在博望山上"谈卧三年以自求"，修炼内功，将治理之事交给其大臣，以无为的方式治理天下，结果终于战胜蚩尤，统一天下。这个是作者用实例说明无为而治的功效。《十大经》最后一篇《名刑》言："刑（形）恒自定，是我俞（愈）静。事恒自施，是我无为。"①此处论证无为的逻辑与以上各篇同，是在刑（形）名自定基础上确定事恒自施，然后提出无为之功效。《称》也没有直接提及无为，但能从其文意中推断出来。例如"天有明不忧民之晦也。（百）姓辟其户牖而各取其昭焉。天无事焉"②。此段话是借天之明比喻道无为之功，道创生万物后，将道的精神灌注其中，成为事物之本质，让事物按其本质自行运行，道无事了，这个无事就是无为。

《道原》是《黄帝四经》最后一篇，也是提及无为思想的最后一篇。作者把《道原》放在最后，无疑是以之作为整部《黄帝四经》的总结，由此再一次证明整部《黄帝四经》逻辑连贯性，系出自同一作者之手的可能性很大。因为是总结，所以本篇几乎囊括了整部《黄帝四经》所有重要的范畴，如道、太虚、一、阴阳、形名、无为、稽、极、分、抱道执法等，《黄帝四经》所言之要即是由这些重要的范畴构成的逻辑体系。作为总结之篇，相对于其他各篇，本篇无为思想更具有体系性和逻辑性。《道原》曰："一者其号也，虚其舍也，无为其素也，和其用也。……分之以其分，而万民不争。授之以其名，而万物自定。……抱道执度，天下可一也。"③第一句中的四个分句都是从不同角度对道描述和界定，第四句道出了其和用之功。和即和谐，包括自然内部、社会内部及自然和社会之间的和谐。为何道能实现这些和谐？是因为道清虚守静、无为无欲，定名形、建声号，以道创生万物，创生后又使事物回到自身，回归自然，所以万物自定，天下和谐。值得一提的是此章还是将无为而治放在道、形名、名分的整体逻辑中探讨，沿袭了其一贯的重逻辑和整体的文习。最后作者总结道"抱道执度，天下可一"，度即法，所以又可表述为"抱道执法，天

① 陈鼓应. 黄帝四经今注今译[M]. 北京：商务印书馆，2007：336.

② 陈鼓应. 黄帝四经今注今译[M]. 北京：商务印书馆，2007：382.《淮南子·诠言训》（卷十四）引述了这段话。

③ 陈鼓应. 黄帝四经今注今译[M]. 北京：商务印书馆，2007：402-409.

下可一"，这句话即点出了《道原》的主题，又是整部《黄帝四经》的思想总结，与首篇《道法》的"道生法。法者，引得失以绳，而明曲直者也。……[故]能自引以绳，然后见知天下而不惑矣"之言遥相呼应，形成一个完整的逻辑链条。

第二节 "执道者生法"

"执道者生法"是《黄帝四经》"道生法"的发展和具化。因为道生法太抽象、太笼统，缺乏可操作性，所以作者将之发展成"执道者生法"。既然是由"执道者"所生，那肯定是人定法，属于"道生法"之法的一个方面，① 但显然蕴含着自然法的精神。执道在《黄帝四经》里有不同的称谓，如抱道、执一、守道等与执道意同。《黄帝四经》作者虽然不懂现代自然法为何物，但其论证逻辑体现了自然法的精神，"执道者"所生之人定法是自然法向人定法的完美过渡，体现了作者缜密的逻辑思维。

一、何谓执道者

"执道者"是作者精心构建的一个主体，其介于道与法之间，目的是让法度声号实现"软着陆"，保持道法的那份自然和纯真。要想让道法软着陆人间，最核心的问题是不能让其"失道"而"处于度之外"。能让高高在上的纯粹的道法诞生于人间、置于人们头脑中而又能很好调节社会关系的道法谓良法。良法何来？当然是自然法经过权力机关的阵痛后产生。这个权力机关就是生法者。权力毕竟是人的工具，因此掌权者就成为生法的关键人物了。如果掌权者尤其最高掌权者无道，那就会制定出恶法，反之如果有道，用《黄帝四经》的话说为"执道者"，那么制定的就是良法。《黄帝四经》虽然没有提及自然法、良法、恶法，但他深深懂得良法和法律制定者的重要性，体现了自然法的理性精神。

---

① 道生法之法包含了隐形的自然法和显性的人定法。

西塞罗在其《法律篇》中一再强调人定法必须依据自然法制定，才能保证法律的公正性，法律的理性是自然法的体现。他说："法律是植根于自然的、指挥应然行为并禁止相反行为的最高理性。"①西塞罗强调法律的自然性，其理性是自然规律的化身，其本身便蕴含着正义的因子。这种思路与《黄帝四经》"道生法"的逻辑如出一辙。正因为法为道生而且必须要为道生，才能保证法的公正性、神圣性，才能让统治者"弗敢废"。西塞罗所言的自然法即《黄帝四经》之"道法"。历史出现了奇迹般的巧合，巧合的构建者是自然。自然、自然法、自然规律是宇宙的普遍法则，它是永恒的，具有无比的穿透力，适用于所有的人和时代。

执道者即执自然法原则者，他因为"执道"而成为合法的法律制定者和执行者，因为他能将道的普遍精神贯彻落实于人间，与人们共同遵守普遍法则而共享自由。正如康德所言："任何一个行为，如果它本身是正确的，或者它依据的准则是正确的，那么这个行为根据一条普遍法则，能够在行为上和每一个人的意志自由同时并存。"②这种普遍法则就是康德在其《实践理性批判》中所说的"绝对命令"。道是每个人必须遵守的，它具有最彻底的普遍性，所以道就是《黄帝四经》思想体系中的"绝对命令"，只有大家都遵守这个绝对命令，才能保障每个人的自由。《黄帝四经》不像西方自然法学家将这种自由从权利角度进行解析，而是将其上升到无为的高度，但考其本质，实与西方之自由无异。

《黄帝四经》赋予执道者以神圣的使命，就像普罗米修斯那样将道的种子撒满人间。为何要执道？因为道是法的根本原则，从这个角度看，与其说是人执道，还不如说是"道执人"，既然是道执人，那么道生之法也必执人。所以《道法》言："故执道者，生法弗敢犯也，法立而弗敢废也。□能自引以绳，然后见知天下而不惑矣。"③即法高于人，包括制定和执行法律的人都要遵循法律，这也是法治的应有之义。西塞罗在《法律篇》中也表达了相关的意思："由

① 西塞罗. 沈叔平、苏力译. 法律篇[M]. 国家篇·法律篇. 北京：商务印书馆，1999：158.
② 康德. 沈叔平译、林荣远校. 法的形而上学原理——权利的哲学[M]. 北京：商务印书馆，1991：40.
③ 陈鼓应. 黄帝四经今注今译[M]. 北京：商务印书馆，2007：2.

于法律治理着官吏，因此官吏治理着人民，而且可以确切地说，官吏是会说话的法律，而法律是沉默的官吏。"①此段话明确表达了法律高于官吏的思想，因此最后一句的两个官吏虽字同而意异，即第二个官吏的内涵和外延比第一个大，因为作为人的官吏也是在其管辖范围内的。这种表述让我们想起秦帝国的"以法为教，以吏为师"来，法教吏，吏治民，这就是秦帝国的法治逻辑。但与西塞罗所说的法治还有点区别，关键在西塞罗法治的基础本于自然法，而秦帝国仅把法律作为治理的工具，缺乏深厚的自然法基础，容易剑走偏锋，导向极端，因为人的理性是有限的，但是自然的理性是无限的，秦帝国二世而亡也证实了这一点。

从人的有限理性的角度看《黄帝四经》"执道者生法"的制度设计是很有意思的。作者似乎已洞察了人性的缺陷，即理性常常是有限的、不完满的，原因即在于人非理性的一面对理性的掩盖、破坏、牵制，所以再伟大的人都有可能犯错，应验着西方"近侍眼里无伟人"的谚语。《黄帝四经》所宗的老子早就对此有所感悟："吾言甚易知，甚易行；而天下莫能知，莫能行……夫唯无知，是以不我知。知我者希，则我者贵矣！"②人通常都是有限的理性者，老子对此深有洞悉。如果让有限的理性者制定和执行法律，会为神圣的法律蒙上一层阴影。《黄帝四经》沿袭了老子的思想，对此充满了担忧，所以提出了"执道者生法"的对策。作者深刻体悟到制定和执行法律的人应该基于道与被统治者处于平等的位阶，这样方能保障大家的自由，实现无为而治的和谐目标。用德国古典理性哲学家费希特的话说："一个有限理性存在者不把自身设定为能与其他有限理性存在者处于一种确定的、人们称之为法权关系的关系中，就不能假定在自身之外还有其他有限理性存在者。"③这里主要阐述了一个如何保障法律公正的问题，而《黄帝四经》比这意寓更深远，不仅考虑到统治者与被统治者的公平，而且已深入到法律自身公正问题，其解决方式便是"执道者生法"，只要统治者能守道，"抱道执度"，就能确保道的一以贯之，充分发挥其"案法而治"的功效。

---

① 西塞罗著，沈叔平、苏力译. 法律篇[M]. 国家篇·法律篇. 北京：商务印书馆，1999：224.
② 老子. 汤漳平、王朝华译注. 老子[M]. 北京：中华书局，2014：271.
③ 费希特. 谢地坤、程志民译，梁志学校. 自然法权基础[M]. 北京：商务印书馆，2004：2.

因此，在西方文化视域中，《黄帝四经》"执道者生法"体现了理性、正义、平等、自由、效能等法律的现代意涵，体现了自然法"道生法"的逻辑，虽然这些现代法律专用术语很少在《黄帝四经》中出现，但是其精神已具足，而且与同时期西方哲学家如苏格拉底、柏拉图、亚里士多德等比较，《黄帝四经》法思想无论从体系、逻辑、精神等方面都不亚于西方，这是中国古代法文化的骄傲，国人可以从中获取一些全面依法治国的信心。

二、《黄帝四经》"执道者生法"思想

《黄帝四经》对"执道者生法"很重视，其中包含的核心词汇是"执道"和"生法"，26 篇中或隐或显提及者多达 10 处，有的是完整提及二者，有的只提及其一。不管是完整提及还是部分提及，这 10 处都可从文意和语境中推断出"执道者生法"的完整意涵。

作为《黄帝四经》的首篇，《道法》无疑是《黄帝四经》26 篇章中最重要的一篇，与最后一篇——《道原》一样，文章不仅点明了整部《黄帝四经》的主题，而且蕴含了整部书的逻辑框架，还包含了《黄帝四经》所有的核心范畴：道、法、名、刑(形)、执道、道生法、无为。《道法》与《道原》分冠首尾，形成一条完整的逻辑连环，这再一次证实了《黄帝四经》很可能系出自一人之手。

"故执道者"共在《道法》中出现 3 次，这在 800 余字的短小文章中是难得的。作者三番提及这几个字，其用意显然是对人定法的不放心，对良法充满了严肃的期待，同时也是对"道生法"逻辑的构建。《道法》首段即言："故执道者，生法而弗敢犯也，法立而弗敢废也。"①按照作者的逻辑和文意，在"故执道者"前省略了"执道者生法"，否则会出现逻辑的缺损，而使文意跳跃性太大。但古人作文，其习即此，因此用现代逻辑阅读之自然要作逻辑的修补，否则很难完整地理解文意尤其是作者的原意。法虽为执道者所制定，但法制定之后，统治者不能随意废止、违犯，并且以身作则严格遵守，如此则能知天下是非而不迷惑了。这就是说，执道者获得了一种普遍性，这里的普遍性实质是道，在这种普遍性里，人们可期实现平等和自由。此为《道法》的第一

---

① 陈鼓应. 黄帝四经今注今译[M]. 北京：商务印书馆，2007：2.

个"故执道者"。

第二个"故执道者"出现在《道法》的第二自然段。第一自然段提出"执道者生法"的命题后，此段接着讨论执道者怎样执道以及执道后的功效，其中最重要的就是"抱道执法"的功效。这个问题，作者是把其放在"道—名—形—法"的逻辑框架内进行思考的。循名复一得名之正，名定则形分，名形立则法度正，法度正则物自顺，在这一逻辑链条中，执道者只要做到"无执、无处、无为、无私"就能守道制法，刑名立，声号建，天下自然和谐了。值得一提的是执道者守道的四个"无"，目的是回归本性，其实质就是回归道和自然。中世纪著名自然法大师托马斯·阿奎那认为："一种事物的本性是其内在变化原则，而事物的变化若是出于其内在原则便是'自然'。"①执道者只有将本性与道和自然契合，才能"执道生法"，保障法的道法性，同时将法与道契合，实现庄子所谓"以道观之，万物齐一"的天下和谐局面。

《道法》的第3个"故执道者"出现在本篇最后一段，此段全部是对执道者的描述，也是对执道者的要求，作者如此安排，实在是用心良苦，即他觉得执道者太重要了，因为执道者是道由抽象原则幻化成具体日用之具的关键，如果统治者不执道，则必生恶法。由此可见《黄帝四经》法治思维的严谨。为了保证执道者"执道"，作者提出了如下要求以作总结："故唯执【道】者能上明于天之反，而中达君臣之半，富密察于万物之所终始，而弗为主。"②末尾的"故执道者"与首段的"故执道者"遥相呼应，形成一个完整的逻辑连环。作者的这种安排凸显了"执道者生法"的重要性，也应和了《黄帝四经》"案（按）法而治"的主题。

《黄帝四经》给人的整体感觉就像一位有超凡智慧的圣人在给帝王授课。第三篇名为《君正》，顾名思义此篇之旨在于正君，即怎样做一个合格的君主。作者在讲了一番天时地利人和的道理后，最后总结道："法度者，正之至也。而以法度治者，不可乱也。精公无私而赏罚信，所以治也。苛事，节赋敛，毋夺民时，治之安。……号令阖（合）于民心，则民听令。兼爱无私，则民亲

---

① 刘素民. 托马斯·阿奎那自然法思想研究[M]. 北京：人民出版社，2007：227.
② 陈鼓应. 黄帝四经今注今译[M]. 北京：商务印书馆，2007：31.

上。"①从篇名可看出，此篇是作者对君主特意的告诫与嘱咐，所以难免涉及法度。所以此篇最后一段第一句便以法度开始。首先强调了法度是最公正的，这当然是接续了"执道者生法"的逻辑，因为是执道者所定之法，所以"正之至"。那么执道者在制定了最公正的法之后应该怎么做呢？作者告诫说执道者首先要以身作则，带头遵守法律。其次徒以法治不足以安天下，还得在德方面下些功夫，比如大公无私、赏信必罚、省徭薄赋、毋夺民时、号令阖民、兼爱无私等。这就是"隆礼重法"，也是《黄帝四经》留给后人最宝贵的精神财富。既隆礼又重法、法主德辅的治理模式于古于今其实是最理想的模式，限于体例，后面展开。

《黄帝四经·经法·四度》主要以四度为基础展开对君主的告诫。四度者：君臣、贤不肖、动静、生杀。这四对范畴是对立统一关系，要恰当把握这四对关系，例如君臣不能易位、贤不肖不能并立、动静要得时、生杀要得理，否则国家会出现混乱和灾祸。作者说："正者，事之根也。执道循理，必从本始，顺为经纪，禁伐当罪，必中天理。倍（悖）约则窘（窘），达刑则伤。"②此段也是从不同的层面对法进行强调和描述。作者一连用了好几个词来描述法：正、根、本、经、纪、当、中、约、刑。值得注意的是"达"在这里当作"滑"解，《字林》曰："达，滑也。"段玉裁说达与滑音义俱同。③ 而滑与猾谐音，达刑即为猾刑，即不遵守法律。此段话倒不是把法律抬高到与道并立的高度，而是论证在人类社会，执道者制定法律后应该以法为本、严格遵守和执行，由此可见法律的权威性。这种重法思想与西方法治主义传统重法思想相似。何况《黄帝四经》之法是源于道和自然，其公正、客观、神圣都不容质疑。西塞罗在《法律篇》中也表达了自然法的神圣性："我就将在大自然中寻求正义的根源，我们的全部讨论必须在大自然的指导下进行。"④

《黄帝四经》深谙人性之弱点，所以对执道者一再表示不放心，苦口婆心

---

① 陈鼓应. 黄帝四经今注今译[M]. 北京：商务印书馆，2007：71-73.

② 陈鼓应. 黄帝四经今注今译[M]. 北京：商务印书馆，2007：107.

③ 关于达在此的含义，谷斌、张慧姝，郑开认为达当为汰，其理由是《尔雅·释估》言："汰，堕也。"那么达刑就是堕刑，就是不遵守法律。

④ 西塞罗. 沈叔平、苏力译. 法律篇[M]. 国家篇·法律篇. 北京：商务印书馆，1999：159.

地劝谏。执道者多数情况下指的其实就是君王，所以整部《黄帝四经》主要指向对象就是君王，为君王书、为天下合是其根本目的，从这种风格看，也应合了战国时期学术著作的普遍特征，即重事功、政治色彩浓厚等。这种特征似乎也与当时养士之风应合，不管官养还是私养，其士著书立说主要为君主服务是肯定的。从整部《黄帝四经》看，似乎不像是私人所养之士的著作，因为文章气魄很大、思想深邃、经常提及帝王、君主等，主要讲的是如何取天下、治天下，很像是为帝王或君主出谋划策的著作，因此笔者认为作者至少是诸侯国国君所养之士，而且应该是大国，如此看来，觉得属于齐国稷下学宫早期著作的可能性较大。而且从其学术成法杂多融合看，只有像稷下学宫这样的官学机构才能做到。《黄帝四经·经法·论》的下面这段话就是集中对帝王说的："静则平，平则宁，宁则素，素则精，精则神。至神之极，【见】知不惑。帝王者，执此道也。是以守天地之极……然后帝王之道成。"①为了成就霸业，帝王应将其思想意识、言行境界与道齐一，如此方可保证执道不失，并且保证法度的道性，兼以德治，霸业可成。

《经法·论约》对执道者又提出了新的要求，即"审观事之所起""审其刑（形）名"，只有这样才能"逆顺有立（位）、死生有分、存亡兴坏有处"，然后"故能立天子，置三公，而天下化之，之胃（谓）有道"。这是就执道者的方法和功效进行的论述。前文曾论及法与名、道的契合，此篇要求执道者审刑名，目的也是为了确保法的合道契名，保障其公正、客观、神圣。从理论上讲，一个人制定的法律不会危及自身利益，但很有可能会危及别人的利益，因此法律制定者的立场很重要，如果法律制定者的思维和境界与道契合，就可确保法律是合道的。这就是康德所说的"法律先验的必然性"②。

《经法》末篇曰《名理》，表面看来是《黄帝四经》论述名的专篇，但其本质和最终目的是论证执道者何为的问题。所以在《黄帝四经》中，名理往往会提及执道者。《名理》言："故执道者之观于天下……故能循名厩（究）理。"③执道

---

① 陈鼓应. 黄帝四经今注今译[M]. 北京：商务印书馆，2007：134-135.
② 康德著. 沈叔平译，林荣远校. 法的形而上学原理——权利的科学[M]. 北京：商务印书馆，1991：138.
③ 陈鼓应. 黄帝四经今注今译[M]. 北京：商务印书馆，2007：188.

者是名理的忠实遵循者，能以名理定法度、观天下、治天下。作者以守道作为《名理》的议题，同时以《名理》作为《经法》的收官之作，其中可以肯定的是执道(守道)对定法、治天下的重要性。

《十大经·五正》是黄帝与其大臣阉冉讨论以"五正(政)"为核心的治国之策的对话，其中与本节有关的是阉冉在回答黄帝问题时用了"左执规，右执柜(矩)"的语词，意思是只要左执规、右执矩，就不怕天下不正了。此段最后一句再一次说道："左右执规，以寺(待)逆兵。"①这里的规矩显然是指法度，两次提及，可见执道者"抱道执度"的重要性。不管是治理天下还是发动讨伐逆兵的战争，都要统治者左右执规，这显然是一种理性的法治思维，在古代实难能可贵。执道在此演化成执规，执规其实就是执法、执度。《管子》也有将法度比喻为规矩的相关论述，显然是沿袭了《黄帝四经》的思路。②

《十大经·正乱》主要是黄帝和其大臣讨论征伐蚩尤及其理由的对话。从文意可以看出当时蚩尤势力很强大，以至于《十大经》15篇中多次提及征伐蚩尤的事。可贵的是这些讨论征伐的事不仅仅限于兵战，而且涉及治国理政之道，大家在探讨这些治国理政之道时，自然少不了法度，法度是抽象治道的具化。《正乱》在对征伐治策进行一番讨论后，黄帝作了总结发言："谨守吾正名，毋失吾恒刑，以视(示)后人。"③这个总结发言很值得玩味，即黄帝以"恒刑"收尾，作为这番谈话的总结，可以看出黄帝对"执道者生法"和"抱道执度(法)"的重视，因为一切抽象的理论和凌乱的探讨结果都要归结于法度才算开花结果，才具有实际的可操作性。这种治国理政的思路和开会讨论的路数是值得后人学习的。

《十大经·成法》是黄帝与其大臣力黑④探讨既成之法的对话录。力黑给黄帝讲了一通道即成法的道理，其中提及道、一、名、形、纪、多等核心词汇。在文章的末尾，力黑说道："总凡守一，与天地同极，乃可以知天地之祸

---

① 这里的逆兵指下文的蚩尤。陈鼓应. 黄帝四经今注今译[M]. 北京：商务印书馆，2007：233.
② 《管子·七法》说："尽寸也，绳墨也，规矩也，衡石也，斗斛也，角量也，谓之'法'。"《管子·七臣七主》也言："法律政令者，令民规矩绳墨也"。
③ 陈鼓应. 黄帝四经今注今译[M]. 北京：商务印书馆，2007：261.
④ 力黑有时又称力牧。

福。"①守一就是守道，守道就是执道，只要抱道执度，就可知天地之祸福，就会民无乱纪，天下太平。

《道原》是《黄帝四经》的收官之作，是对整部著作的总结，对整部著作作了逻辑梳理，上踪道原，下达法度，提纲挈领，力透纸背。值得注意的是在此收官之作中，作者再一次以"抱道执度（法）"收尾，体现了作者对"执道者生法"的殷殷关切。同时也为"道——一—二—名—形（刑）—法"的逻辑链条打上了完满的扣结。"抱道执度（法），天下可一也"，既是总结，又是期望。

综上所述，《黄帝四经》一再强调"执道者生法"，是非常理性的思想，这种理性是契合法治精神的。这种理性的精神概之表现为以下三点。

第一，作者对人性理性不足之担忧，所以一再强调执道者才能生法、执法。这种思路后来被法家所沿袭，基于性恶论建构法律体系。在大约同时期的古希腊，亚里士多德也有类似感慨："传贤而不私其子的善德是不易做到的，我就不敢对人类的本性提出过奢的要求。"②人是有限的理性存在者，因此要使这个由有限理性存在者组成的社会和谐，还必须充分尊重他者，在道和法权上达成一致。《黄帝四经》整部书的主旨就在此。正如费希特在其《自然法权基础》中所言："一个有限理性存在者不认为其他有限理性存在者有一种自由的效用性，因而也不假定在自身之外有其他理性存在者，就不能认为自身在感性世界中有自由的效用性。"③

第二，《黄帝四经》为了克服有限理性的人之缺陷，时刻强调制定和执行法律的"执道"性，企图通过执道让统治者趋近完善的理性。因此其逻辑又上溯于道，试图以此逻辑的贯通将理性的精神落实在人类社会。正如亚里士多德所言："我们如果对任何事物，对政治或其他各问题，追溯其原始而明白其发生的端绪，我们就可获得最明朗的认识。"④《黄帝四经》显然也是遵循这样的理性的认识论法则的，其深度和成熟度远甚于先秦名家，因为《黄帝四经》不是仅仅将这种认识停留于抽象的逻辑，而是将逻辑与历史、社会现实结合

---

① 陈鼓应. 黄帝四经今注今译[M]. 北京：商务印书馆，2007：291.
② 亚里士多德. 吴寿彭译. 政治学[M]. 北京：商务印书馆，1965：166.
③ 费希特. 谢地坤，程志民译，梁志学校. 自然法权基础[M]. 北京：商务印书馆，2004：1.
④ 亚里士多德. 吴寿彭译. 政治学[M]. 北京：商务印书馆，1965：4.

起来，将理论和实际贯通起来，表现了智性的成熟。

第三，《黄帝四经》理性还表现在彻底的法治精神。人定法虽然是执道者所制定，但是一旦制定出来之后包括制定者（统治者）在内的所有的人都应该严格遵守，也即法在道之下君王之上。正如 13 世纪中期英国大法官布雷克顿所言"国王在万人之上，但却在上帝和法律之下"。这就是法治的精神，相信法律是好的统治者。亚里士多德在其《政治学》中也表达了此意："谁都承认法律是最优良的统治者，法律能尽其本旨作出最适当的判决。"①亚里士多德如此言，说明法治在当时的雅典已得到普遍的认可。与雅典比，《黄帝四经》诞生之际的中国还在"百家争鸣"中，此差距或可解释后世中西之差异。

第三节　隆礼重法与"案（按）法而治"

礼与法是一对对立统一的范畴，二者是任何时代都必须遵循的统治模式，不过取舍轻重不同罢了。《黄帝四经》作为具有强烈的应时性和功用性的专著，加之时代主题所限，自然是以"案（按）法而治"为目标，但在论证道法之治时却无法避开法的辩证另一面——礼。

一、隆礼重法思想概述

荀子言："治之经，礼与刑。"②此言实道出了战国时期历史局势，也道出了儒法两家的政治诉求。荀子隆礼重法的综合思维当是沿袭了稷下学宫的学术风格。荀子虽然吸收了黄老道的一些思想，但其基本的学术立场还是儒家，所以他常以正宗孔子传人自居。但由于吸收了黄老道的思想，所以他对自然、对规律进行了一些探索，但终其《荀子》，32 篇中没有一篇是专论道的，即使文中提及道，都是儒道，非黄老道。所以荀子仅在思考问题的方式上吸收了稷下学宫综合的风格，其本在儒。儒家是战国的显学，也具有强烈的政治诉

---

① 亚里士多德. 吴寿彭译. 政治学 [M]. 北京：商务印书馆，1965：171.
② 荀况. 荀子 [M]. 济南：山东友谊出版社，2001：646.

求和社会影响力，纯法家是新兴地主阶级实力派，所以当时儒法两家是很风光的。然而两家都有自身的缺陷，纯法家正如司马谈所言"严而少恩"①，纯儒家则"博而寡要，劳而少功"②。但荀子非纯粹儒家，他对儒家作了些改造，引法入儒，提倡"隆礼重法""礼主法辅"。这种治道模式适合封建时代的农业社会，对于商业社会则是不适合的。作为黄老派代表作的《黄帝四经》提出"隆礼重法"思想，并且主张"法主礼辅"，是适合商业社会的治理模式，可惜中国历史定格在封建社会太久，使《黄帝四经》被埋没了几千年，我们只能发出"一代之治必有一代之学"的感叹。

《黄帝四经》最伟大之处在于综百家同时又能坚持法治的基本立场，其最可贵之处即在于"海纳百川"的学术胸怀，这种胸怀在"百家争鸣"乃至相互攻讦的战国时期实难能可贵。笔者以为战国学术界有此奇范理由大致有二。其一，《黄帝四经》应该是稷下先生之作，稷下学宫开放、公平的学术环境制造了"道术将为天下合"的气氛，孕育了《黄帝四经》博大的学术胸怀。正如司马谈所言："道家使人精神专一，动合无形，赡足万物。其为术也，因阴阳之大顺，采儒、墨之善，撮名、法之要，与时迁移，应物变化，立俗施事，无所不宜，指约而易操，事少而功多。"③其二，作为黄老派的扛鼎之作，其基本的学术立场在黄帝和老子，理论基础是道。由于其自身的属性，道无所不包，在学术上也最具宏大的气魄。"道术将为天下合"的理论基础非道莫属，所以才催生了《黄帝四经》这样气魄宏大、智慧深邃的著作，无疑也能担当起"合天下"的重任。

礼与法作为两种经典的治理模式，在春秋时期其实是冤家对头，叔向批子产铸刑鼎，孔子讥赵鞅、荀寅铸刑书，这些都是典型的礼法之争。但经过了几百年的斗争与融合，礼法在坚持自身立场的同时相互有所取摄，逐步走向理性和成熟。这就是《黄帝四经》和《荀子》提出隆礼重法的历史原因。

穿越历史，大浪淘沙，《黄帝四经》是非常珍贵的历史典籍，其根本原因即在于其"隆礼重法"思想的提出。这种学术态度一改过去礼法之争的历史面

---

① 司马迁. 史记[M]. 长沙：岳麓书社，2001：740.
② 司马迁. 史记[M]. 长沙：岳麓书社，2001：740.
③ 司马迁. 史记[M]. 长沙：岳麓书社，2001：739.

貌，用最理性的学术思考中国问题。这种理性而博大的学术精神又可溯源于道。翻开《黄帝四经》，通篇没有狭隘的派别攻击和学术谩骂，在坚持道法的立场上博采百家之长为我所用，企图为当时之中国寻求一条最理想的解救之道，这就是道法基础上的"隆礼重法"。当然"隆礼重法"的字眼在《黄帝四经》中很少出现，但有此含义的词汇迭出，要之有"刑德""文武""阴阳"等。

概之，《黄帝四经》中的"隆礼重法"可从以下几个层面进行理解。第一，"隆礼重法"之礼（德）和法（刑）都是道的衍化物，应该在道的总体框架内进行理解，以期契合道法的逻辑体系，因此本节内容有部分与上节重合，即"执道"之道者，但礼德比道具体，是比较明显的治理之度。第二，《黄帝四经》中的"隆礼重法"有时表现为"刑德"，有时为"文武"，有时为"阴阳"，有时为"雌雄"，这些词汇是作者在不同的语境下对礼、法的变称。第三，《黄帝四经》中的礼倾向于指礼制，而且已被道化，主要强调政治和社会组织结构中的名位和名分。第四，《黄帝四经》中的法主要有两层含义：不成文的自然法即道法，成文的规范人类社会的人定法。第五，《黄帝四经》中的德也有两层含义：玄德，即道化之德，上德之德，此德与自然法相类；修身和德治之德，这种德也必须在深层次上与道契合。第六，一般来说，礼与法的关系是辩证的，既对立又统一，两者的内涵、外延、功用都有差别，统一在于礼所蕴含的道德原则常常是法律制定的基础。所以《黄帝四经》在行文中常常将礼法并提。综上所述，《黄帝四经》中的礼、法、刑、德等概念其本在道，其用在治。下面结合文本对这些问题进行剖析。

二、《黄帝四经》隆礼思想剖析

作为《黄帝四经》的开篇，《道法》是核心词汇最集中的篇章，其中自然少不了礼德问题。治之经，礼与刑，礼德是不成文的法律，是成文法的道德原则和法理基础。所以在对道法进行了一番论述后，《道法》将话题转移到另一种治理模式——礼德。《道法》曰："贵贱有恒立（位），蓄臣有恒道，使民有恒度……使民之恒度，去私而立公。"①此段话主要表达了统治者要妥善用人，

---

① 陈鼓应. 黄帝四经今注今译［M］. 北京：商务印书馆，2007：P25.

贤与不肖要各得其所，对待臣下要任能毋过其长，使民要去私立公，这些都是作者给统治者的建议，其中包含了礼德问题。贵贱有恒位反映的是礼之等级名分问题，蓄臣和使民反映的是统治者要秉公善任的素养。礼德本是儒家思想，但是《黄帝四经》因为具有高度理性和宽容的学术精神，所以吸收包括儒家在内的百家之长来解释论证道法之治，这种学术精神值得后人学习。《道法》最后以"然后可以为天下正"结尾，画龙点睛，道出了整篇乃至整部《黄帝四经》的写作目的：为帝王之治出谋划策，这样把礼德之治自然就拉入文章的逻辑系统里了。

《国次》是《黄帝四经》的第二篇，《道法》对整部书作了概述后，《国次》接续其思路，对国家统治的秩序进行了论述，作者重点强调了礼德对治理秩序的重要性。《国次》曰："国失其次，则社稷大匡。夺而无与，国不遂亡……天地无私，四时不息。天地立（位），聖（圣）人故载……兼人之国，修其国郭，处其郎（廊）庙，听其钟鼓，利其资财，妻其子女，是（胃）谓逆以芒（荒），国危破亡。故唯（聖）圣人能尽天极，能用天当。"①统治者要重视礼德，即使对战败国也要仁德。最后一句提到"天极""天当"，为统治者的礼德树立了明确的标准，这样就把礼德拉入到道的逻辑秩序中来了。因此《黄帝四经》之礼和德是道"礼"、道"德"，就像道法那样。

《君正》是《黄帝四经》的第3篇，顾名思义主要讨论君主治理天下的准则，可概之为：法与德。从篇幅的比例看，讨论德所占篇幅比法要多，文章涉及礼德达8处之多，这在整部《黄帝四经》中都是少见的。可见《黄帝四经》虽然以法治为浩的，但礼德也是其极其重视的。而且本篇还提出了一个新概念：文武并行，文武并行即礼法并用，是礼法并用之同义语，加之刑德，三者都是阴阳在社会治理方面的衍化用语。《君正》言："一年从其俗，二年用其德……二年用【其德】，民则力。"作者认为"用其德"才能劝勉百姓努力工作，这是用其文，顺道而生的举措。"赋敛有度，则民富。民富则有耻，有耻则号令成俗，而刑罚不犯。"②作者主张仁政，轻徭薄赋，富民则民之道德修养会提

---

① 陈鼓应. 黄帝四经今注今译[M]. 北京：商务印书馆，2007：P35-P43.
② 谷斌，张慧姝，郑开. 黄帝四经注译·道德经注译[M]. 北京：中国社会科学出版社，2004：14-15.

高，会自觉遵守法则。这里强调的是法律的道德基础，是古代"出礼则入刑"的解析和发展。《管子·牧民》言："仓廪实而知礼节，衣食足而知荣辱。"①同属稷下道家著作，后者显然申衍了前者。类似观点在《荀子》中也有表现。《荀子·大略》说："不富无以养民情。"②《君正》的最后自然段将法与礼结合起来讨论，最后以文武之道作为总结。《君正》曰："法度者，正之至也。而以法度治者，不可乱也。而生法度者不可乱也。"③此段首先说明法度是至正之标准，这是接续了以上几篇的思路。接着过渡到生法度者，提出了对生法度者的礼德要求。最后将这种礼德拉入文武之道、天下之德的蕴意中，试图将之归结于道的逻辑。这是《黄帝四经》的惯用文习，这取决于其道体法用的文思构架。

《大分》主要指"六逆""六顺"的礼德名分秩序。六逆包括：子父、臣主、谋臣通外、主两、男女争威、内乱。六顺与六逆相反。在此，作者将六逆、六顺作为治国之要领，可见在重人定法的同时对不成文法的重视。《大分》曰："六顺六逆□存亡【兴坏】之分也。主上者执大分以生杀，以赏□，以必伐。天下大（太）平，正以明德……文德厩（究）于轻细。"④大分是主上生杀赏罚的标准，这种源于道的大分要彻底贯彻，以至于文明教化之德要深入微贱的百姓。最后《大分》用"玄德"来概括总结，将大分提升到玄德的高度。所谓玄德即上德、至德、合道之德。老子经常提及此概念，如《老子》曰："常知稽式，是谓玄德。玄德，深矣远矣，与物反矣，然后乃至大顺。"⑤又云："生之蓄之，生而不有，为而不恃，长而不宰，是谓玄德。"⑥玄德是老子创生的用来解释和描述道特别是道运化万物的概念。作者在说明大分的礼德时用玄德来总结，是对伦常日用之礼德的提升。

《四度》借四正来阐述文武之道。文武之道即刑德之道。四度是指君臣当位、贤不肖当位、动静得时、生杀得当。只有参于天地、政令合于民心、广施文武之道才能做到四度。作者强调文武结合、文盛于武才能很好地做到四

---

① 管子. 江涛注. 管子新注[M]. 济南：齐鲁书社，2006：1.
② 荀况. 荀子[M]. 济南：山东友谊出版社，2001：704.
③ 谷斌，张慧姝，郑开. 黄帝四经注译·道德经注译[M]. 北京：中国社会科学出版社，2004：16.
④ 谷斌，张慧姝，郑开. 黄帝四经注译·道德经注译[M]. 北京：中国社会科学出版社，2004：19.
⑤ 谷斌，张慧姝，郑开. 黄帝四经注译·道德经注译[M]. 北京：中国社会科学出版社，2004：163.
⑥ 谷斌，张慧姝，郑开. 黄帝四经注译·道德经注译[M]. 北京：中国社会科学出版社，2004：110.

度。《四度》曰："武刃而以文随其后，则有成功矣。用二文一武者王。"①作者在此强调武虽重要，但必须以德作基础。这颇类孔子所言的"文事武备，武事文备"②。武在此也可作刑、法解，文可作德、礼解，它们都是阴阳之道的衍化概念。统治者既要注重修身积德，又要遵循礼制之秩序。《黄帝四经》"文武之道"是非常可贵的智慧。这得益于其理性和大度的学术态度。文武并行、刑德并用、隆礼重法才是治理社会的不二法门，偏此道，会走向极端，如秦帝国用酷法二世而亡。

《亡论》主要讨论危亡及怎样避免危亡的问题。危亡问题作者主要从犯禁绝理、六危、三不辜、三雍（壅）、三凶、五患等角度进行论述，此六者违背了法度和礼德。这是从反面论述治理之策。怎样防范危亡问题呢？作者从法度和礼德两个方面进行了正面论述，以解前述之危。《亡论》曰："达（滑）刑，为乱首，为怨媒。"达刑即滑刑或猾刑，即不遵守法度，这是乱之首和引起怨恨的根源。可见作者对法治的高度重视，这是解除危亡的一方面。法德辩证，出礼入刑，对于礼德对危亡的解救作者也时有提及，六危本身其实就是对礼德的违背。例如作者谈到三凶时说："一曰好凶器，二曰行逆德，三曰纵心欲。"在此，行逆德即明显的违背礼德，好凶器和纵心欲则是善治者反对的。以此类推，其他之危都或明或暗、或多或少地违背礼德。礼德是法的原则和基础，很多时候扮演着不成文法的角色，如果一个国家或民族的法是良法，则违法必违礼德，但不违法不一定不违礼德，以此推之，礼德的内涵和外延要比法度大。所以礼法虽为辩证的一对范畴，但内涵和外延有一定差别，这种差别也是其各自属性之所在。

《论约》主要探讨天道推衍人事的问题。要充分发挥天道的功效，必须将其普化于人事。为此作者提及了文武之理，还提及名形概念，用后者对前者进行论证。文即文德，武即刑罚。作者开篇即提文武之道，把文武之道作为治理天下的重要法式。《论约》曰："始于文而卒于武，天地之道也。"③始于文

---

① 谷斌，张慧姝，郑开. 黄帝四经注译·道德经注译[M]. 北京：中国社会科学出版社，2004：24-25.

② 见《孔子家语·相鲁第一》（卷一）。

③ 谷斌，张慧姝，郑开. 黄帝四经注译·道德经注译[M]. 北京：中国社会科学出版社，2004：35.

而卒于武即中国谚语"先礼后兵"，此话说明了礼德在治理天下中的基础性作用。这个理念在西方也有相同的表现。康德对古罗马法学家乌尔比安的三句公式式格言进行了分析①，其中"正直地生活"与中国的"先礼后兵"相类，都强调文德及其所蕴含的人的价值和尊严。康德说："法律上的严正或荣誉，在于与别人的关系中维护自己作为一个人的价值。这项义务可以用下面的命题来表示，'不能把你自己仅仅成为供别人使用的手段，对他们说来，你自己同样是一个目的。'"②

《立命》是《黄帝四经》第二部分《十大经》15篇之首，出土帛书无"命"字，长沙马王堆整理小组据文中"立有命"补"命"字。黄帝在即位之际的一番誓言意在贯通天道、地道和人道。其中人道首先表现在礼德，这些表述记述于《十大经》的首篇《立命》里。黄帝曰："吾畏天爱地亲【民】……吾爱民而民不亡，吾爱地而第不兄(旷)。"③在贯通天、地、人三道中，黄帝特别看重人道，给自己的定位是：受命于天、定位于地、成名于人。靠什么成名于人？礼德也。黄帝之所以能取得天下，正在于其礼德之养。作者开篇即对黄帝的礼德进行了一番赞叹："昔者黄帝质始好信，作自为象(像)，方四面，傅一心。"④黄帝德行质朴，为人信用好义，并以此德行设立明堂之制，以德化四方。作为《十大经》的首篇，作者重议礼德，这是对《黄帝四经》"隆礼重法"之旨的申衍，说明礼德是帝王立身、治国的前提，善是世界的普遍法则和终极目的，正如黑格尔在《法哲学原理》中说："所以善就是被实现了的自由，世界的绝对最终目的。"⑤因为善体现了普遍理性的精神，用《黄帝四经》的话说即善合于道，所以是世界的终极目的。黄帝及《黄帝四经》的作者对此理深有体悟。

《五正》即五政，探讨的是治理天下的基本问题，其基调是"正己而后正天下"。正己即正己之德行，这是正天下的基础，这种逻辑颇类儒家"修身、齐家、治国、平天下"的逻辑，可见《黄帝四经》对儒家的吸收是比较多的，尤其

---

① 这三句格言是：正直地生活，不侵犯任何人，把个人自己的东西归给他自己。
② 康德. 法的形而上学原理——权利的科学[M]. 北京：商务印书馆，1991：48.
③ 谷斌，张慧姝，郑开. 黄帝四经注译·道德经注译[M]. 北京：中国社会科学出版社，2004：41.
④ 谷斌，张慧姝，郑开. 黄帝四经注译·道德经注译[M]. 北京：中国社会科学出版社，2004：41.
⑤ 黑格尔. 范扬，张企泰译. 法哲学原理或自然法和国家学纲要[M]. 北京：商务印书馆，1961：132.

对其礼治进行了批判性吸收，所以才有其"隆礼重法"的观点。关于正己而后正天下的观点，《五正》表述道："吾(黄帝)欲布施五正，焉止焉始？对(阉冉)曰：始在于身……后(指黄帝)中实而外正，何【患】不定？"①黄帝问大臣阉冉布施五正从哪里开始哪里结束，阉冉回答说从正己开始。这是《黄帝四经》重礼德的典型体现。但是其对儒家礼德的摄取是辩证的，即在其"案法而治"主旨基础上的融摄，这也符合其"隆礼重法"的逻辑框架。为此《五正》对《老子》"不争"思想也进行了改造，言："夫作争者凶，不争【者】亦无以成功。"②老子的不争思想虽然充满了智慧，但过于理想化，只适合极端理想的社会，就战国的历史现实而言，不争则无以王天下，所以《黄帝四经》对老子的不争思想进行了辩证的吸收和发展，认为要争才能王天下。当然《黄帝四经》的争是循道之争，是刑武在道法逻辑框架下的现实应用。"不争无以成功"思想是《黄帝四经》"隆礼重法"的典型表现。

《果童》系以黄帝大臣果童命名的，主要是黄帝与果童的对话。黄帝的问题是怎样蓄正均平天下。果童从礼德角度进行了回答："不险(俭)则不可平，不谌(勘)则不可正……静作相养，德疟(虐)相成。"③果童提到了俭、平、勘、正、静、作、德、虐，这里俭勘、静作、德虐是三对反义词，是阴阳在治理之策上的衍化，表达了刑德相养、礼法并用的意思。为了践行自己俭平天下的礼德之治，果童自告奋勇地响应黄帝的号召，穿着破旧的褐色衣服，背着破损的瓦罐，如苦行僧一样四处乞讨，在百姓面前展现了最贫贱的样子。可见果童和黄帝对礼德之治的重视。但是另一面，黄帝又要勘正、作虐，严行法度，德赏、礼法二柄兼用之，就如《黄帝四经》"隆礼重法"的主旨。德治通常是理想的社会模式，现实不会那样纯粹，所以需要法度，将德治的一些原则——如正义贯彻开去，这就是柏拉图所言的分配正义。柏拉图早年主张人治，推崇理想的德礼之治，但是到了晚年却改变了看法，认为法治比德治可靠。其实法治也不能是纯粹的法治，它是将德礼的一些原则抽出来贯彻在现实社会而已，离开了礼德，无真正的法治，法治之效也会大打折扣。

---

① 谷斌，张慧姝，郑开. 黄帝四经注译·道德经注译[M]. 北京：中国社会科学出版社，2004：49.
② 谷斌，张慧姝，郑开. 黄帝四经注译·道德经注译[M]. 北京：中国社会科学出版社，2004：49.
③ 谷斌，张慧姝，郑开. 黄帝四经注译·道德经注译[M]. 北京：中国社会科学出版社，2004：51.

《姓争》是黄帝之孙高阳(帝颛顼)与大臣力黑的对话。力黑给高阳讲了一些刑德并用的道理。力黑曰："凡谌(勘)之极，在刑与德。……刑德相养，逆顺若成。刑晦而德明，刑阴而德阳，刑微而德章。"①力黑的这段话是《黄帝四经》中少有的将刑德辩证关系阐述得如此清晰透彻的篇章。首句点明刑德并用是平定天下的基础。后面几句阐述的是刑德的辩证关系。刑德并用、刑德相养，如天上的日月一样，交相辉映。②虽然刑德并用、相养，但力黑认为刑阴而德阳、刑微而德明，讲了一番"出礼入刑"、"先礼后兵"的道理。正如柏拉图所言，德治是理想的模式，法治是无奈的选择，因为人类和人性是不纯粹的。力黑刑德并用和相养其实也表达了同样的无奈。韩非子沿袭了《黄帝四经》的刑德思想，在《韩非子·二柄》中就此作了专门探讨："明主之所导制其臣者，二柄而已矣。二柄者，刑、德也。何谓刑、德？曰：'杀戮之谓刑，庆赏之谓德。为人臣者畏诛罚而利庆赏，故人主自用其刑、德，则群臣畏其威而归其利矣。'"③作为黄老的集大成者，韩非子从人性之趋善避恶角度论证了刑德二柄的辩证关系，这是对《黄帝四经》刑德、礼法关系的深化和总结。

《雌雄节》是《黄帝四经·十大经》的第七篇。此篇接续了此前各篇对刑德的论述，以雌雄节命名，从雌雄节的角度对刑德进行阐释。与"刑德""文武""阴阳"一样，这些词汇都是从不同角度对"礼法"的阐释，归其本在道。作者认为雄是刑罚的象征，雌是德赏的代名，王天下者应该多施德赏，此谓"积德"，多用雄节谓之"散德"。作者言："夫雄节以得，乃不为福，雌节以亡，必得将有赏……雌节而数亡，是胃(谓)积德……凡人好用雄节……是胃(谓)凶节，是胃(谓)散德。"④苏格拉底、柏拉图和亚里士多德都将至善作为人类奋斗的终极目标，黑格尔认为："善，作为通过特殊意志而成为现实的必然性

---

① 谷斌，张慧姝，郑开. 黄帝四经注译·道德经注译[M]. 北京：中国社会科学出版社，2004：57.

② 这里显然申衍了《国语》的相关观点，因为《国语·越语下》有"天道皇皇，日月以为常"的用语，这说明学界认为"范蠡对黄老之学的形成产生重大影响"的论断是有一定道理的。范蠡是计然的学生，计然是文子的学生，文子是老子的学生，在思想上是有一脉相承的逻辑关联，况且范蠡是伟大的政治家和商人，重功用，是将老子抽象之道衍化应用于治国和伦用的关键性过渡人物。其晚年北渡齐国，对齐稷下学宫的黄老之学定会有大的影响。

③ 韩非子. 韩非子[M]. 商君书·韩非子. 长沙：岳麓书社，1990：81.

④ 谷斌，张慧姝，郑开. 黄帝四经注译·道德经注译[M]. 北京：中国社会科学出版社，2004：59-60.

以及同时作为特殊意志的实体，具有跟所有权的抽象法福利的特殊目的相对抗的绝对性。"①黑格尔在此也论述了善的绝对性，它不仅蕴含于抽象的普遍法则中，而且以特殊的个体作为实体。《黄帝四经》中的礼法上通道体，下达人用，是抽象和具体、普遍和特殊的结合体，非如此，道之用将无以体现。所以用雌节，多积德，是不断臻致道体的过程，是福昌之道。

《行守》接续了《雌雄节》的思路，特意对雄节进行了批判，以此强调雌节的重要，强调守道之必要，故以"行守"为名。作者认为，雄节不祥、危于死亡。这让我们想起了老子"柔弱者生之徒，坚强者死之徒"的教诲，《黄帝四经》雌雄节之论正是申衍了老子之意。《行守》曰："天亚（恶）高，地亚（恶）广，人亚（恶）荷（苛）……苛而不已，人将杀之。"②此段用三个排比句将天道、地道、人道贯通一气，以此说明雄节的不可行。

雌节，《黄帝四经》有时叫作"女节""柔节""弱节"等，不管称谓如何，其意即阴，其本即静，其根为道。《顺道》是《十大经》的倒数第二篇，主要是力黑回答黄帝"为何大庭氏能取天下"的问题，此回答即是围绕雌节展开，谓之女节或弱节。其中用了一系列的词来描述雌节，如：安徐正静、柔节、恭俭、卑约主柔、常后、正信以仁、慈惠爱人、端庄勇、弗敢为先、中情不侜（急躁）、毋求、女节、正德、好德不争、不敢、不能、弱节等。这些词汇《老子》也常用之，《黄帝四经》在此是发展老子之道意。道以虚无为本、以弱为用，有如女性之德，所以老子常以女人和水形容道。《黄帝四经》提倡雌节，是为章明礼德，并以之作为刑罚之基础。

《称》独立成篇，是作者搜集的格言集萃，各段虽无显明的逻辑衔接，但基本都是围绕"道——一—二—阴阳—名—形—法"的逻辑线索展开。其中不乏礼德之论。如："时极（机）未至，而隐于德。既得其极（机），远其德。"③此句之意为：当时机还未成熟时，应隐居不出，磨砺其德，一旦时机成熟，就应广施其德。可见德的重要性，小之可修身，大之可取天下。

① 黑格尔. 范扬，张企泰译. 法哲学原理或自然法和国家学纲要［M］. 北京：商务印书馆，1961：132.

② 谷斌，张慧姝，郑开. 黄帝四经注译·道德经注译［M］. 北京：中国社会科学出版社，2004：70.

③ 谷斌，张慧姝，郑开. 黄帝四经注译·道德经注译［M］. 北京：中国社会科学出版社，2004：78.

综上所述，《黄帝四经》的礼德思想重在解析道用之一面①，而且是基础性一面，因为德属阴、柔、弱、静，这些也是老子所强调的道性，所以德比法更接近道，其意识之位阶更高，其内涵和外延也更广，虽然其常常以隐匿的形式存在。后人又将《老子》叫《道德经》，一方面是《老子》言德者甚繁，另一方面道与德之亲缘关系使然。后人又以道德形容人之品性，也可见德者道之显，它最能体现道的先验之属性。借用康德的话，即"道德法则作为有效的法则，仅仅在于它们能够合乎理性地建立在先验的原则之上并被理解为必然。"②道即为先验、必然，德即合乎理性的对先验、必然之道的遵循。

三 、重法："案(按)法而治"的旨趣

《黄帝四经》的主题是"隆礼重法"，其主旨在"案(按)法而治"。虽然从整部书的篇幅看，礼德之论甚多，但法度之论也不少。《黄帝四经》开篇即言法，而且明确提出"案(按)法而治"的目标，因此可以判定《黄帝四经》主题中的"隆礼重法"之重心在法，可以"法主德辅"概之。本书的目的即阐释挖掘《黄帝四经》的法旨，以期古为今用。概而言之，《黄帝四经》关于法治的思想有以下几点值得注意：第一，《黄帝四经》常常将礼与法相提并论，作者显然深谙礼法之内在逻辑关联；第二，《黄帝四经》关于法的称谓名目较多，例如法、刑、刑法、法度、度、式、法式、成法等，这是作者从不同的角度对法的阐释的结果；第三，《黄帝四经》之法的内涵在具体的语境中也有异，概之有三种含义：自然法、风俗习惯和人定法，分别反映了《黄帝四经》"案(按)法而治"的道性、德性、法性三个层面的寓意，此三者在逻辑上具有下行关联性。

(一)"案(按)法而治"的道性

《黄帝四经》开篇为《道法》，从其题名便可明了其主旨在法，首篇言法，可见《黄帝四经》对法的重视。虽然礼德之论也频出于其文，但从其重法的主旨看，礼德是以法的基础和辅助出现的，最终是为了实现"案(按)法而治"的

---

① 道之用的另一面为法。

② 康德. 沈叔平译，林荣远校. 法的形而上学原理——权利的科学[M]. 北京：商务印书馆，1991：19.

目标。这一点在《道法》中表现尤为充分。《道法》开篇言："道生法。法者，引得失以绳，而明曲直者也。故执道者，生法而弗敢犯也，法立而弗敢废【也】。【故】能自引以绳，然后见知天下而不惑矣。"①此段话对法的论述是比较全面的，包含了法的来源、法的本质、法的功能等。关于法的来源，此段可总结出两处，其一为"道生法"，其二为"执道者生法"，细究之，这两种法有相同点也有不同的地方。相同点是二者都强调法的基础是道。作者开篇即言"道生法"，后面又说"执道者生法"，二者都表达了道是法的根源。这也是《黄帝四经》之法的自然法内蕴之所在，也是《黄帝四经》之法与纯法家之法的区别所在。法字古代写作"灋"，从水、廌、去，意为如水样公平②。这是古代神判法的方式之一，即两造站水边，谁被廌触抵下水即为理亏者。这里可疑问的是：为何不让两造站在其他地方而不是水边呢？可见古人认为水即为公平的象征。老子经常以水解道、以水喻道，为《黄帝四经》之法开启了另一面的含义。所以《黄帝四经》的"道生法"和"执道者生法"充分说明了作者对法的公正性的强调。其中道生之法的内涵和外延要大于执道者所生之法，前者既包含了自然法又包含了人定法，而后者主要指人定法，虽然其前提是"道"。

《经法·观》曰："群群□□为一囷，无晦无明，未有阴阳。阴阳未定，吾未有以名，今始判为两，分为阴阳。离为四【时】，因以为常，其明者以为法而微道是行。"③此段话论证了法怎样从道性之法衍化为人定法的完整过程。其遵循的逻辑即"道—阴阳—名—四时—法"。"其明者以为法"之法是人定法，虽然人定法诞生了，但"微道是行"，即道作为法之隐性原则与基础一直在发挥作用。

《经法·正乱》中有两处道法的表述。《正乱》曰："天地立名，□□（万物）自生，以隋（随）天刑。天刑不撵（悖），逆顺有类……谨守吾正名，毋失

---

① 谷斌，张慧姝，郑开. 黄帝四经注译·道德经注译[M]. 北京：中国社会科学出版社，2004：9.

② 关于水的公正寓意古代典籍中多有表现，例如《庄子·外篇·天道第十三》言："水静则名烛须眉，平中准，大匠取法焉。"《管子·水地篇》也有类似之言："水者，万物之准也。"值得注意的是这两处的表达方式很相近，再次说明了《庄子》外杂篇与管子同属黄老之著的论断。

③ 谷斌，张慧姝，郑开. 黄帝四经注译·道德经注译[M]. 北京：中国社会科学出版社，2004：43.

吾恒刑，以视（示）后人。"①这里的两个刑字前都加了个"天"字，名为天刑，实为天道，也可理解为自然法、永恒法，或曰道法，为不成文法，典型体现了《黄帝四经》之法的道性。

道性层面的法是《黄帝四经》之法的第一层面，较之德性与法性层面的法，道法与道最接近，最能体现道意，作者之所以将法作道性的表达，目的是挖掘道的功用，确定法的神圣性和权威性。道性层面的法与西方的永恒法、自然法或理性相近。古希腊的斯多葛学派就是从理性角度理解自然法的。这种重理性的传统后来流传到古罗马，对古罗马的自然法思想的形成产生了重大影响。梅因对自然法进行了高度的评价："真的，如果自然法没有成为古代世界中一种普遍的信念，这就很难说思想的历史、因而也就是人类的历史，究竟会朝哪一个方向发展了。"②西方的自然法是对其文化传统的核心——理性的演化，是在自然的物质性上附加了一个道德的含义。《黄帝四经》从道性角度理解法，也是企图在纯粹自然之道上附加一层道德的含义，以期将道合理地过渡到人类社会。

（二）"案（按）法而治"的德性

法与德永远是一对孪生兄弟，或曰只有法与德保持了正常的孪生兄弟关系时方为正常。德为里，法为表，德为基，法为发，二者是相互区别但又相互依赖的辩证关系。布莱克斯通将道德规范与自然法一视同仁，认为二者是法律约束力的最终尺度，罗斯科·庞德对之概括为："法律规范必须接受自然法的检验，并从后者那里汲取自身全部的力量和权威。"③此段话表明了道德是法律的基础，反过来说，法律是道德的体现和维护，正如西周之"出礼则入刑"，刑是对出礼的制裁，虽然因历史所限，其刑的内涵和外延还需完善，但礼法之辩证关系表露无遗。

作为理性、成熟和集大成的《黄帝四经》，虽其鹄的是"法治"，但其也是在道之衍化逻辑体系中展开的，其中包括礼德，甚至很多时候是刑德并提、

---

① 谷斌，张慧姝，郑开．黄帝四经注译·道德经注译［M］．北京：中国社会科学出版社，2004：54-55.

② 梅因．沈景一译．古代法［M］．北京：商务印书馆，1959：43.

③ ［美］罗斯科·庞德．陈林林译．法律与道德［M］．北京：中国政法大学，2003：1-2.

文武相随。这说明作者对礼法的关系深有洞悉，从而自中国历史文化深处挖掘法的伦理基础，将其升格为一种价值理性，而不是仅仅作为一种工具理性。下面结合文本剖析《黄帝四经》法之德性。

《经法·君正》提出了"文武并行"的观点，文者德也，武者刑也，文武并行即刑德并用、礼法共行。作者认为只有做到文武并行才能使天下人归顺。文武之关系究竟表现如何？作者接下来论述道："赋敛有度，则民富。民富则有佴（耻），有佴（耻）则号令成俗而刑伐（罚）不犯，号令成俗而刑伐（罚）不犯则守固单（战）联（胜）之道也。"①此段话使用了连环句式，显得很有气势，旨在论证德作为法之基础的重要性。其逻辑为：统治者重德治而薄赋敛则民富，民富则知耻遵法，知耻遵法则守功皆胜，这一连串的逻辑起点即德治。《管子·牧民》曰："仓廪实而知礼节，衣食足而知荣辱。"《管子·版法》言："民不足令乃辱。民苦殃令不行。"《管子·治国》也言："民富则安乡重家。安乡重家，则敬上畏罪。"②荀子也有相关论述，如《荀子·大略》曰："不富无以养民情。"③以上相关论述说明《黄帝四经》相关观念对后世影响很大，同时后世的相关之论也深化了《黄帝四经》的德治之基的论点。

《经法·论约》开篇曰："始于文而卒于武，天地之道也。"④这里的文即德，武即刑或法。始于文卒于武即出礼则入刑，表达了文武、礼法的辩证关系，作者将此关系上升到天道的高度，充分表现了《黄帝四经》之法德性一面，或可名之曰德法，展现了法的价值理性，这比起纯法家的工具理性之法内涵要丰富得多。

《十大经·观》开篇言黄帝令力黑秘密出行、微服私访，"周流四国，以观无恒善之法"。力黑调查的结果是民众"逆顺无纪，德虐无刑，静作无时，先后无名"。⑤ 前一句中的法可作风尚解，即各地的风尚不一样，需要制定统一的法度。这里的风尚就是道德习俗，不成文法，某种层面也可理解为自然法，

---

① 谷斌，张慧姝，郑开. 黄帝四经注译·道德经注译[M]. 北京：中国社会科学出版社，2004：15-16.

② 管子. 江涛注. 管子新注[M]. 济南：齐鲁出版社，2006：1、54、350.

③ 荀子. 牟瑞平译注. 荀子[M]. 济南：山东友谊出版社，2001：704.

④ 谷斌，张慧姝，郑开. 黄帝四经注译·道德经注译[M]. 北京：中国社会科学出版社，2004：35.

⑤ 谷斌，张慧姝，郑开. 黄帝四经注译·道德经注译[M]. 北京：中国社会科学出版社，2004：43.

它们是帝王制定成文法的伦理基础。当然在制定成文法时，制法者要对这些千差万别的风尚进行甄别，从中提取合道的准则，以与《黄帝四经》"道生法"和"执道者生法"相契合，最终形成控制力比风尚强的成文法。正如罗斯科·庞德对古希腊风尚与法律的评价："思想家们因而关注法律，并寻求比纯粹的服从习惯、当时掌权者的意志更为坚实的法律约束力的依据。"①虽然法律作为成文法具有比习惯、当权者意志更坚实的约束力，但是其本在德，具有德性，这一点在古代表现尤烈，中西皆然。在对风尚之德与刑的关系进行一番论证后，作者总结道："凡谌（平定）之极，在刑与德。刑德皇皇，日月相望，以明其当。"②平定天下的两个标准是刑与德，二者相互昭明，如日月相映，共同规范天下。刑德之相辅相成的关系，作者在《十大经·果童》《十大经·姓争》中作了进一步论述。韩非子申衍了此思想，曰："明主之所导制其臣者，二柄而已矣。二柄者，刑与德也。"③

治之经，礼与刑，法与德是治理天下的两套基本的规范系统，二者关联紧密，相辅相成，但二者的内涵和外延还是有区别的，这也是法之所以是法、德之所以为德的原因。虽然不同的时期、不同的国家或民族对二者的内涵和外延各有取舍，但还是可以总结出一些具有普遍性的法则。比如道德是法律的基础、道德约束于无形而法律惩治于已然、道德不具有强制力而法律具有坚强的国家机器作为后盾等。老子言："故失道而后德，失德而后仁，失仁而后义，失义而后礼。"④老子这里所言之礼即礼法，如果顺延其逻辑，当为"失礼而后法"。看来法是一种无奈的选择，是道、德、仁、义、礼等规范体系无力治理天下后的自然结果。这一思路与柏拉图相近，其在对人治进行一番探索后在晚年终于接受了法治。老子的一番话道出了人类规范体系演变的逻辑。环顾历史，法治终究是人类历史的发展方向。但值得注意的是，虽然法律作为主要的社会调节体系得到了普遍接受，但并不是道德就一无是处了，相反，道德作为一种社会调控方式是永恒的。近现代以来，人类加强了法律的道德

---

① ［美］罗斯科·庞德. 陈林林译. 法律与道德［M］. 北京：中国政法大学，2003：7.
② 谷斌，张慧姝，郑开. 黄帝四经注译·道德经注译［M］. 北京：中国社会科学出版社，2004：45.
③ 韩非子. 张觉点校. 韩非子［M］. 商君书·韩非子. 长沙：岳麓书社，1990. 81.
④ 谷斌，张慧姝，郑开. 黄帝四经注译·道德经注译［M］. 北京：中国社会科学出版社，2004：138.

性，将道德的许多原理作为成文法的基础，扩大了法律的内涵与外延。这种思想尤其与自然法关联紧密，例如西方近现代启蒙思想家提出了天赋人权观念，将人权摄入法典中。Joseph Raz 结合凯尔森的观点，论证了自然法、道德与法律的关系："根据自然法，唯一的有效性概念就是根据自然法的效力概念，即道德有效性。自然法律家只能判断某个法律具有道德有效性，即正当，或者具有道德无效性，即错误。"①

道德作为法律的基础在立法、司法、执法中都有体现。立法者若无道德的标准，只会制定出恶法，在根源上为法治种上了恶因。在司法实践中法官、当事人、证人等与案件相关人员若无良知，会造成冤假错案，司法成本也会大幅度提高。执法中相关人员若无良知，易造成腐败和执行难或执行不义。可见虽然法律有明确、强制、权威等优点，但其运行的每个环节都有作为主体的人参与其中，需要主体的理性认知、价值判断、意志驱动等主观因素的运用，这些都属于道德的空间，是主体内在的因素，这个内在的空间是法律的禁区。因此无论法律多么完美，还是需要具有良知的法律主体，如此看来荀子"有治人，无治法"②的感慨自有其理，春秋末年孔子对赵鞅、旬寅铸刑鼎讥为"民在鼎矣"的用意或许也与此有关。最近关于"扶老"的案例很多，案件的争议在于究竟是老人自己摔倒还是扶助的人撞倒的。由于很多事发地没有摄像头，所以案件事实的认定很难。老人说是被撞倒的，扶的人说是老人自己倒的，他(她)是助人为乐。本来很简单的案子由于当事人的良知缺失而歪曲事实，造成司法成本大幅度提升和恶劣的社会影响。此类案件体现了良知在法治中的价值，法律只是一套僵化的治理工具，任何环节都需要法律主体良知的参与。同样法官在运用衡平原则断案时也是特别需要良知参与的，否则难以达到法律正义的目的。

(三)"案(按)法而治"的法性

以上两部分分别阐述了"案(按)法而治"的道性和德性。原则而言，道性和德性层面上的法律顶多算是自然法，与成文的人定法还是有一定区别的。

---

① Raz. Kelsen's Theory of the Basic Norm [J]. The American journal of juris prudence, 1974：19 (01)：100.

② 荀况. 牟瑞平译注. 荀子[M]. 济南：山东友谊出版社，2001：297。

真正法治意义上的法是人定法，它最充分地体现了"案（按）法而治"的法性，是法治的主旋律。何谓法治？开创了西方"法治主义"传统的亚里士多德如此界定："法治应包含两重意义：已成立的法律获得普遍的服从，而大家所服从的法律又应该本身是制订得良好的法律。"①

《黄帝四经》在第一篇即《道法》中提出了法（成文法）的来源、本质、功用等问题，之后各篇接续这种思路，从不同角度和层面对法治展开论述。在倒数第二篇的《称》篇，作者总结式提出"案（按）法而治"的观点，同时也是对开篇法治理论的回应。下面剖析其中的逻辑过程。

《黄帝四经》首篇《道法》开篇即言："道生法。法者，引得失以绳，而明曲直者也。故执道者，生法弗敢犯也，法立而弗敢废【也】。□能自引以绳，然后见知天下而不惑矣。"②此段话是《黄帝四经》中少有的比较集中地论述法治的段落，作者将《道法》作为首篇，又在首段集中论述法治问题，说明了作者对法治的重视，以此也可管窥作者写作《黄帝四经》之宗旨当在"案（按）法而治"，法无疑是该著最核心的关键词，其余的关键词，如道、一、阴阳、名、形、德等只是为了论证法而存在的。这些关键词作为铺垫与法形成一条完整的逻辑链条，即"道——一——阴阳—名—形—德—法"，这条逻辑链条很好地诠释了法的生成过程。可将这条逻辑链条比喻为一棵树，道为树根，一、阴阳、名为树干，形为枝桠，德为花，法为果，法是道在人类社会结出的甜美果实，道在哪里都可以生根发芽开花结果，但是法是道从人性方面结出的果实。回头看以上引文，作者廖廖数语就将法的来源、本质、功用等交代得清清楚楚。法为道所生，其本质是人类社会的准则，具体制定和执行者为执道者。执道者即统治者。难得之处是作者在这里强调了执道者生法和执法问题，既看到了法的客观性又看到了其主观性一面，这是法治的起点和关键，作者敏锐的洞察力、深邃的思想和坚定的法治理念可见一斑。以亚里士多德法治观念检视，此段话囊括了法治主义的基本要素：良法、统治者守法、普遍遵循。一般而言，制定规则的人是最不容易遵守规则的，所以作者在此特

---

① 亚里士多德. 吴寿彭译. 政治学[M]. 北京：商务印书馆，1965：199.
② 谷斌，张慧姝，郑开. 黄帝四经注译·道德经注译[M]. 北京：中国社会科学出版社，2004：9.

别强调执道者生法、不敢废、不敢犯，强调了制定者的率先垂范作用。近年来党中央提出"依法行政""依宪行政""法治政府"等理念与《黄帝四经》"执道者生法"的思想是相契合的，只要制定法律者（统治者）遵守法律，百姓大众会以此为表率遵循法律，实现孔子所言"君子之德风"的模范效应，对于那些不遵从法律者，可以刑法论处，这就是作者在文中多处提及"始于文而卒于武"和"先德后刑"的原因。就全书"案（按）法而治"的宗旨看，此段话是个比较完美而又意味深长的开端。

《经法·君正》接续了《道法》的思路，对法治进行了一番论述。作者说："民富则有佴（耻），有佴（耻）则号令成俗而刑伐（罚）不犯。"①这里的刑伐即人定法，只有当民众知道耻时才会遵守号令和法律，出礼则入刑，"案（按）法而治"主要是对违法犯令者的刑事惩罚。这似乎与纯法家相似，实际不然，《黄帝四经》有其一套独特的治理逻辑链条，即"道——一——阴阳—名—形—德—法"，具有深厚的法理渊源和自然法基础。这种逻辑应该是申衍了老子"失道而后德，失德而后仁，失仁而后义，失义而后礼"的思路，只不过在其最后加了个"失礼而后法"而已。为何要加法？因为礼崩乐坏，天下大乱，原有的治理规范无以把控天下了，由此观之，《黄帝四经》的重法之旨也是应时之策，体现了强烈的现实关怀精神。本篇结尾，作者对法治又作了补充，其实这段话可直接接续《道法》首段。作者言："法度者，正之至也。而以法度治者，不可乱也。生法度者，不可乱也……文武之道，则天下宾矣。"②此段话先接续《道法》对法是人类社会的准绳的本质界定，言明法是正义的极致，强调了法的重要性。接着连续用了两个"不可乱"，其一为"以法度治者不可乱"，其二为"生法度者不可乱"，两者虽表达了两层意思，但逻辑上是递进关系，二者一起与第一句又构成了递进关系，最后与"文武之道"构成逻辑关系。此逻辑可表述如下：法是正义的象征，因此要实行法治；实行法治的不能乱，重在良法，因此要执道者生法；执道者怎样保证自己不失道，则要首先遵道垂德并注重德治，出礼入刑，文武并行则天下太平。

---

① 谷斌，张慧姝，郑开. 黄帝四经注译·道德经注译［M］. 北京：中国社会科学出版社，2004：15-16.

② 谷斌，张慧姝，郑开. 黄帝四经注译·道德经注译［M］. 北京：中国社会科学出版社，2004：16.

《经法·四度》中所论之法也是法性之法，是人定法。作者言："执道循理，必从本始，顺为经纪。禁伐当罪，必中天理。背约则窘（窘），达刑则伤。"①这里的"禁伐当罪"和"达刑则伤"是直接论及法治的，其余各句是从天道、天理的角度挖掘法治的理论根源，从而提升法治的神圣性和权威性，"法本道出，所以至公无私"。② 相关论述，在《经法·亡论》中也有出现，如"三曰刑无罪……伐当罪，见利而反，胃（谓）之达（猾）刑"。③ 这明显是接续了《四度》的思路。

《十大经·观》言："其明者以为法而微道是行。"④此处的法明显指的是法性之法，即"案（按）法而治"的载体，是有形的由执道者所制定之成文法，而道则以"微"即隐匿的状态存在于法中，默默引领着法的运行。可见作者对道在法治中的作用的重视，两者的关系犹如海中的岛屿，露出水面部分为法，其根在道。正如黑格尔所言："法律是自在的是法的东西而被设定在它的客观定在中……并作为法的东西和有效的东西予以公布。"⑤黑格尔所言"自在的是法的东西"即法的理念，相当于道，它是隐在的，只有当思想把它明确规定并表达出来时，它才是法，即人定的成文法，黑格尔将之称为"作为法律的法"，即《观》中所谓的"法性之法"。

自《道法》提出法治主题，期间经历了一个漫长的论证过程，直到《黄帝四经》的倒数第二篇《称》作出了总结，提出"案（按）法而治则不乱……世恒不可择（释）法而用我"⑥。看似简单的两句话，却是作者经过近一万字的前期论证后的结论，这个漫长论证的逻辑线索为：道——阴阳—名—形—德—法。从整部《黄帝四经》的主旨和文思看，此两句话有开花结果之效和画龙点睛之美，与首篇的《道法》遥相呼应，形成完备的逻辑连环，强化了"案（按）法而治"的主题。

---

① 谷斌、张慧姝、郑开. 黄帝四经注译·道德经注译[M]. 北京：中国社会科学出版社，2004：23.
② 许地山. 道教史[M]. 武汉：崇文书局，2015：39.
③ 谷斌、张慧姝、郑开. 黄帝四经注译·道德经注译[M]. 北京：中国社会科学出版社，2004：33-34.
④ 谷斌、张慧姝、郑开. 黄帝四经注译·道德经注译[M]. 北京：中国社会科学出版社，2004：43.
⑤ 黑格尔. 范扬、张企泰译. 法哲学原理[M]. 北京：商务印书馆，1961：218.
⑥ 谷斌、张慧姝、郑开. 黄帝四经注译·道德经注译[M]. 北京：中国社会科学出版社，2004：76-78.

致此，《黄帝四经》之法完整地体现了其三个层面的属性：道性—德性—法性，实现了从抽象的道到具体的人定法的完美过渡。道性和德性层面的法是法的自在形式，是自在的法，权利以简单而直接的形式存在其中，直到其经过执道者的制定，变成成文的人定法，即作为法律的法，人的权利才得到普遍的意志和智识的认可，并以文字的形式定格在制定法中。《黄帝四经》的神奇就在此，它展现了作为法律的法的完美生成过程及其属性和功用。作为伟大的理性哲学家及德国乃至西方理性哲学的集大成者，黑格尔也有相关论述："正象在市民社会中，自在的法变成了法律一样，我个人权利的定在，不久前还是直接的和抽象的，现在，在获得承认的意义上，达到了在实存的普遍的意志和知识中的定在。"①

《黄帝四经》智识的成熟、理性，文化气魄宏大、深远，使其能理性地面对"百家争鸣"，并以超越性的道的智慧吸收百家之长，建构自己成熟的法治思想体系，从而成就了一部神奇的经典之著。经过一番奇特的思想凝练，《黄帝四经》结晶了"隆礼重法"的思想奇葩，此者与中国合理治理模式的构建关系最为密切。之所以如此，是因为德与法是人类治理社会的最基本的两种方式，正如荀子所言的"治之经，礼与刑"。但人类历史上未必所有的民族都能在所有的历史时期将德与法能巧妙的结合并应用于社会治理，其原因在于德与法是既对立又统一相辅相成的一对范畴，要恰当利用这种辩证需要高度的智慧，然而《黄帝四经》做到了，堪称奇迹。

《黄帝四经》虽然没有直接表述"隆礼重法"的字眼，但其"文武并行""刑德并重"的思想无疑是"隆礼重法"的变相思想。值得注意的是虽然《黄帝四经》多处提及"先德后刑""始于文卒于武"等，貌似其隆礼重法偏重于隆礼，其实不然，这些词汇和思想只能说明《黄帝四经》非常注重"作为法律的法"的生成逻辑及法理基础，因为其法治理论是在"道——阴阳—名—形—德—法"的逻辑体系中展开的，何况其篇首和篇尾都强调了法治问题，加之结合历史背景，可以推断《黄帝四经》之"隆礼重法"具有"法主礼辅"实质。作为稷下学宫的经典力作，其思想对后世的影响是必然的，就"隆礼重法"而言，荀子

---

① 黑格尔. 范扬、张企泰译. 法哲学原理[M]. 北京：商务印书馆，1961：226.

和韩非子所受的影响即为典型。荀子言："至道大形：隆礼至法，则国有常。"①至即极致、最高、绝对之意，荀子虽这样说，但其基本立场还是儒家，因此其"隆礼重法"之实质是"礼主法辅"，与西周"德主刑辅"相类。韩非子曾言："明主之所导制其臣者，二柄而已矣。二柄者，刑、德也。何谓刑、德？曰：杀戮之谓刑，庆赏之谓德。为人臣者畏诛罚而利庆赏，故人主自用其刑、德，则群臣畏其威而归其利矣。"②刑德即礼法，韩非子看到了二者治理社会的基础性作用，可谓之"隆礼重法"，而且其实质也是"法主礼辅"，与《黄帝四经》相似，但由于二者之法的本质有所差异，所以"隆礼重法"思想也是有差异的。从以上这段话可以看出，韩非子虽门出荀子，而且受黄老思想影响也较大，但由于其历史处境和个人旨趣，其刑主要指刑杀，只是统治者治理天下的二柄之一，是典型的工具理性。可见，虽然韩非子喜好老子，"其本归于黄老"，但他并没有像《黄帝四经》那样将法纳入道体的逻辑体系中演绎，而是简单的将其作为一种统治工具。翻开《韩非子》一书，观其《解老》《喻老》《守道》《定法》等篇，没有将道、法联合起来论证，二者都是分开的，即前三篇只言道，《定法》只言法，这与《黄帝四经》"道生法"的逻辑大异其趣。

怎样评价《黄帝四经》"隆礼重法"和荀子"隆礼重法"思想呢？在此略述之。一代之治必有一代之学，一代之学未必有一代之治。这就是不同的学派或思想潮流有不一样的命运的原因。荀子"隆礼重法"实为"礼主法辅"，所以适合封建的农耕社会，这就是其为何能在汉武帝时代上升到政治意识形态主流的地位并且能长存近两千年的原因。而《黄帝四经》"隆礼重法"实为"法主礼辅"，比较适合商业社会，于封建的农耕社会不合适，所以其终究没能走上主流意识形态的高度。但是适合现当代中国社会，同时应该看到其对荀子和韩非子"隆礼重法"思想的影响，从而对其历史和现代价值给予应有的肯定。

① 荀况. 荀子[M]. 济南：山东友谊出版社，2001：311。
② 韩非子. 张觉点校. 韩非子[M]. 商君书·韩非子. 长沙：岳麓书社，1990：81。

第三章 法之神圣的保障：
道生法的逻辑

《黄帝四经》作为一部古代优秀的法学专著，思想深邃，思维缜密，具有很强的说服力，其中最重要的原因当在其注重道生法的逻辑，使其法出有源，治循其理，形成一套符合逻辑的法治理论体系，而不是肤浅的应时之策。《黄帝四经》如此重视法的道源性及其生成的逻辑，其目的是为其"案（按）法而治"的法治服务，企图通过这种严谨的逻辑推理，为其法寻求神圣的理论渊源，从而提升其法的神圣性和权威性。这种理论风格在战国时其他各家各派是很少见的，正因为此更体现了《黄帝四经》独特的思想魅力和特殊的历史价值。

《黄帝四经》法律生成的总体逻辑是因循之道，基本思路是推天道以明人事，逻辑链条是：道—名—形—法，同时阴阳辩证是刑德关系的先导。下面逐一分析之。

第一节 总体逻辑：因循之道

"因"，东汉许慎解作："因，就也，从口大。"①就者，将就顺从之意。循，许慎解作："循，行顺也。"②行顺即顺从沿袭之意，所以因和循皆为顺从

---

① 许慎. 徐铉校定. 说文解字[M]. 北京：中华书局，2013：125.
② 许慎. 徐铉校定. 说文解字[M]. 北京：中华书局，2013：37.

沿袭的意思。《黄帝四经》的因循之道是对老子因循之意的申衍。

一、老子的因循之意

老子为道之宗，其尚因循，黄老道在某方面沿袭了老子的因循风格，这也是《黄帝四经》的总体逻辑架构，尤其在法的生成方面更是如此。《黄帝四经》法之生成沿袭什么呢？沿袭的是道，有一套独特的逻辑链条。

史官出身的老子固然有因循的传统，难能可贵的是老子将这种因循之道上升到道的哲学高度，企图从更深刻和普遍的角度以因循之道来解析、改造世界。老子曰："我恒有三宝，持而宝之。一曰慈，二曰俭，三曰不敢为天下先。夫慈故能勇，俭故能广，不敢为天下先，故能成器长。"①老子三宝中的不敢为天下先是老子因循之道的典型体现。不敢为天下先，是静观玄览，等待时机，吸取别人的经验教训，以降低办事成本，才能最终成为万物之主。这就是因循之道，当然这种因循本身蕴含着甄别优劣的意识和能力。老子的因循超越了人类社会的范畴，将道作为因循的终极目标，这是作为史官的老子对经验的超越。有时老子将因循称为"法"，例如在《老子》第25章，他言道："人法地，地法天，天法道，道法自然。"②人因循地道，地因循天道，天因循道，道的本质为自然，老子用几个连环句构建了人、地、天、道和自然的内在因循逻辑，思维缜密，说理透彻，对《黄帝四经》产生了重大影响。相关因循之论，老子在《道德经》第10章、14章、16章、19章、22章、37章都有提及，这些章节提倡的因循之道主要是因循"道"。老子有时将道称为"一"。例如在第10章，老子曰："载营魄抱一，能无离乎？"③这里的"抱一"即因循道以修身。在第22章，老子言："是以圣人抱一为天下式。"④这里的"抱一"为因循道而治理天下，《黄帝四经》的"执道者生法""抱道执度（法）"等显然系沿袭了老子"抱一为天下式"的思想。大部分情况下，老子系直呼道，例如在第14章，老子曰："执古之道，以语今之有。以知古始，是谓道纪。"⑤此句中有

---

① 老子．汤漳平、王朝华译注．老子[M]．北京：中华书局，2014：263.
② 老子．汤漳平、王朝华译注．老子[M]．北京：中华书局，2014：95.
③ 谷斌，张慧姝，郑开．黄帝四经注译·道德经注译[M]．北京：中国社会科学出版社，2004：110.
④ 谷斌，张慧姝，郑开．黄帝四经注译·道德经注译[M]．北京：中国社会科学出版社，2004：124.
⑤ 谷斌，张慧姝，郑开．黄帝四经注译·道德经注译[M]．北京：中国社会科学出版社，2004：114.

两个道，前面的道指历史经验，这彰显了老子作为史官的历史意识，后面的道则为道体之道，是老子最高的哲学范畴，显然老子在此企图将历史的经验之道与抽象的哲学道体联系起来，以构建其道统或曰道纪。有时老子干脆将道字省略了，他似乎充分相信读者或听众能顺延其意，可见他对道的使用之频和用意之深，从而自然形成了浓厚的道意。例如老子在第 37 章言："道常无为而无不为。侯王若能守，万物将自化。"①此段话，第一句和第二句用句号分开，按通常语法，第二句的动词"守"后面应是其宾语"道"，但老子因相信人们能正常理解，所以惜字如金，省去了道字。

二、《黄帝四经》的因循之意

纵观《老子》，其最高哲学范畴为道，其最基本的逻辑手段是"因循"。这种因循的逻辑方法对黄老道影响很大，《黄帝四经》便是典型的以"因循"作为基本的逻辑方法的。纵观《黄帝四经》，因循之意频现，但用语却不一，概之有：因、循、守、执、顺、从、刑（形）、法、合、服、中。整部《黄帝四经》直接提及因循之意者计 14 篇，《黄帝四经》共 26 篇，涉及因循篇者占全书一半多，可见作者对因循之道的重视，可以这样说，因循之道在《黄帝四经》中与《老子》一样，是作为基本的逻辑手段存在的。下面结合文本剖析之。

《黄帝四经》首篇《道法》开篇即言："道生法……故执道者，生法弗敢犯也。"接着在第二自然段又言："故执道者之观于天下也，无执也，无处也，无为也，无私也。"该篇最后一自然段又言："故唯执【道】者能上明于天之反，而中达君臣之半。"②作为首篇，《道法》以"道生法"开篇，文中又三次提及"执道者"，表明作者对道及对其的因循高度重视。执道者即是因循道者，作者认为只有执道者才有资格制定法律，而且制定后不能废、不能犯，因为法律是因循道而制定的，具有神圣性和权威性。《道法》的这种文意及布局，为整部《黄帝四经》的因循之道奠定了基础。

---

① 谷斌，张慧姝，郑开. 黄帝四经注译·道德经注译[M]. 北京：中国社会科学出版社，2004：137.
② 谷斌，张慧姝，郑开. 黄帝四经注译·道德经注译[C]. 北京：中国社会科学出版社，2004：9-10.

《大分》言："主执度，臣循理者，其国霸昌。"①君主把控法度，臣下遵循道理，国家就会越发繁荣昌盛。可见法度与道是契合的，作者此言预设了良法的前提和基础，因此臣下循理即是遵循法度，反之亦然，遵循法度就是遵循理。这句话是对《道法》"执道者生法、弗敢废、弗敢犯"的引申，既然法律制定者都必须循道、不敢废法、不敢犯法，作为臣下就更应该遵循法度和道了。结合《称》篇"案（按）法而治"的观点，作者在此强调的是因循道和遵循法。韩非子继承了这种思想，并把其发展到极致，他说："故明主之国，无书简之文，以法为教；无先王之语，以吏为师；无私剑之捍，以斩首为勇。"②韩非子在此所言的以法为教即对法的绝对遵从，就像遵循道一样。这种思维即典型的因循之道。

《四度》中四次提及因循之道，所用字眼为顺、中、因，一篇中四次提及因循之道，而且一连用了三个不同的字眼，这在《黄帝四经》中比较少见。《四度》言："顺治其内，逆用于外，功成而伤。逆治其内，顺用其外，功成而亡……顺者，动也……顺为经纪。"③此段话强调了因循道的重要性，是人类社会活动的准则，因此在治理天下时，不仅要顺治其内，而且要顺治其外，这样方能彻底循道。虽然顺道与逆道都是以道为判断标准，但是在人事适用时，顺道方是正确选择。作者在此篇中提出了因循的新字眼——中，"禁伐当罪，必中天理"④，许慎对"中"解释为："中，内也，从口丨，上下通。"⑤这里的中即在道之内，并上下贯通其间。作者又言："因天时，伐天毁，胃（谓）之武。"⑥这里的因即因循，与循、顺同为《黄帝四经》最频繁的用以表达因循之道的字眼。作者在同一篇中分别用了顺、中、因表达因循之意，一方面出于文风之美，一方面出于文意之深。

《论》为《经法》的第6篇，其思路紧续第5篇的《四度》，对逆顺之道进行了进一步的探讨。作者言："不顺【四时之度】而民疾……逆顺各自命也，则存

① 谷斌，张慧姝，郑开. 黄帝四经注译·道德经注译[M]. 北京：中国社会科学出版社，2004：19.
② 韩非子. 张觉点校. 韩非子[M]. 商君书·韩非子. 长沙：岳麓书社，1990：285.
③ 谷斌，张慧姝，郑开. 黄帝四经注译·道德经注译[C]. 北京：中国社会科学出版社，2004：23。
④ 谷斌，张慧姝，郑开. 黄帝四经注译·道德经注译[C]. 北京：中国社会科学出版社，2004：23。
⑤ 许慎. 徐铉校定. 说文解字[M]. 北京：中华书局，2013：8.
⑥ 谷斌，张慧姝，郑开. 黄帝四经注译·道德经注译[M]. 北京：中国社会科学出版社，2004：24.

亡兴坏可知【也】……逆顺有理，则请（情）伪密矣。"①不顺四季规律（扰乱民时）百姓会心生怨恨，四时之度是道阴阳二分后的产物，因此顺四时之度即因循道，这是从比较具体的层面言因循之道。逆顺之命的标准都在道，看其对道因循程度即可判定天下存亡兴衰了，并可依据逆顺之理周密地考察这种兴亡迹象。作者在此将逆和顺并提，目的是强调顺道的重要性。

在《黄帝四经》中，表达因循之意时所用字眼最多的是"顺"字，而且常常与"逆"字连用，即"逆顺"，或在同一语境中以对比之意出现。作者作此安排，目的是为了凸显顺道的重要意义，是因循之法的妙用。接着《四度》《论》各篇，接下来的《论约》《观》《正乱》《姓争》《成法》等篇也是沿袭了逆顺之理来阐述因循之道。《经法·论约》曰："顺则生，理则成，逆则死……倍天之道，国乃无主。无主之国，逆顺相功（攻）……刑（形）名已定，逆顺有立（位），死生有分，存亡兴坏有处。"②顺道则生，逆道则死。君主或帝王如悖逆天道，则将得不到天下百姓的信服，不能统领天下，逆顺之道的准则也混乱了。只有按照道的衍生物刑名之理定好逆顺的标准，才能为赏罚兴亡定好准则。最后一句有两个地方值得注意：第一，作者将逆顺之标准定格在刑名上，而刑名是道的衍生物，所以其推理的逻辑其实是遵循《黄帝四经》"道——一—二（阴阳）—四时—刑（形）—名—德—法"的基本逻辑，表现了《黄帝四经》逻辑的严密、论说的严谨和文意的系统性。第二，最后一句的每个四分句的最后一个字"定""立""分""处"文意相近，表达了一串连贯的意思，同时从文序先后看，四者构成递进的逻辑关系。还需注意的是本篇也用了"循"字，"不循天常，不节民力，周迁而无功"，③循即因循、遵循之意，天常即天道。不遵循天道，不敬授民时乱用民力，进退动静都不会成功。

《十大经·成法》将法度与循名复一联系起来，从而将因循之道与具体法度联系起来，强化了《黄帝四经》的主题。力黑言："吾闻天下有成法，故曰不

① 谷斌，张慧姝，郑开. 黄帝四经注译·道德经注译[M]. 北京：中国社会科学出版社，2004：27-30.

② 谷斌，张慧姝，郑开. 黄帝四经注译·道德经注译[M]. 北京：中国社会科学出版社，2004：36.

③ 谷斌，张慧姝，郑开. 黄帝四经注译·道德经注译[M]. 北京：中国社会科学出版社，2004：36.

多，一言而止。循名复一，民无乱纪。"①力黑的意思是"我听说天下有既成的法度，无须用过多的语言描述它，一句话，遵循事物名形并且最终归于道，如此则百姓就不会违法乱纪了"。从语法结构和语义衔接看，"止"字后面应该是逗号才能使文意通畅，因为"一言"所指为"循名复一"，而止字后面的句号将此文意隔阻了。但是纵观各种版本的《黄帝四经》，止字后面皆如谷斌、张慧姝、郑开版，包括著名学者陈鼓应先生的《黄帝四经今注今译》和余明光先生的《黄帝四经与黄老思想》，有待进一步考证。如果止字后面为逗号，则循名复一在此充当了承前启后的语意衔接作用，使本段话语意更流畅，逻辑更连贯。不管语法有何不完善，但作者在此表达的意思是很明显的，即成法须循名复一，只有如此才能使天下百姓认真遵循而不违法乱纪。这是作者直接以因循之法对法的渊源、本质、功用进行解析，是《黄帝四经》法治理论的重要一环。

《十大经·顺道》是《黄帝四经》对因循之道进行专门论述的篇章，主要是力黑对黄帝问话的回答。力黑从静、柔、德、天时、地力、雌雄、战争等方面系统地对黄帝的问话进行了回答，最后用"顺之至也"进行总结。②顺之至即顺道之准则，力黑认为只要遵循安徐正静、柔节先定、好德不争、遵循天时、无夺民时、多行雌节这些道的属性，一定会战无不胜、攻无不克。这里的战争胜利和不失土地是因循道的参验之一，真正的好处不一而足。作者用"顺之至"作为文章的总结，也是强调循道的重要性，作者深知光有好的理念和理想远远不够，要顺利完成"道——一—二（阴阳）—四时—刑（形）—名—德—法"的任务，实现真正的"案（按）法而治"，必须以因循为手段，对"道生法"进行践行。《黄帝四经》这种既重理论又重实践的风格，可冠之以"知行合一"，体现了中华文化的乐道精神和忧患意识。

作为格言集锦的《称》中也论述了因循问题，共计两次。第一次作者言："因地以为资，因民以为师。弗因无犇也。"③因字在此除了因循、顺从之意

---

① 谷斌，张慧姝，郑开. 黄帝四经注译·道德经注译[M]. 北京：中国社会科学出版社，2004：62-63.
② 谷斌，张慧姝，郑开. 黄帝四经注译·道德经注译[M]. 北京：中国社会科学出版社，2004：72.
③ 谷斌，张慧姝，郑开. 黄帝四经注译·道德经注译[M]. 北京：中国社会科学出版社，2004：78.

外，还有依赖之意。如果不因顺地则无资养，不因顺百姓则不成师旅。因此不因顺则无以成事。这几句话是接续以上几句要因顺天道的文意，是对循道的展开论证，是对因循之道的具化，同时因民之意表明统治者要放下架子，客观地面对道，才能将道一以贯之。为了说明这个问题，作者后面又举了几个例子，其一为虎狼虽猛但可掮（循），其二为昆弟虽亲却可能不睦。这两个例子一正一反，说明因循之道在人事社会中应辩证的应用。只要因循道，难事会变容易，不因循道则易事会变难，事在人为，人为因道。与之前各章相比，《称》将因循之道放在日用伦常中进行论证，并且善于运用辩证的思维对因循之道进行解析，这标志着作者思维的深化和进步。

《道原》是《黄帝四经》的收官之篇，从其题名可知其主题是对道进行深入地论证，以期为万事万物寻找到道的根源，然后劝人尤其是统治者循道。因此对道进行一番论证后，作者总结道："服此道者，是胃（谓）能精。"①服字，许慎解作："服，用也。"②谷斌等解作"运用"，与许慎同。陈鼓应解作"掌握、执持"。除了以上之意，服在此还有因循的意思，即因顺大道方谓精明。当然其他几种解释也有道理，但是从道的神圣性来看，解作因循似乎更为妥当，因为如此神秘神圣的道除了对其遵循之外已无可奈何。所以老子有"人法地、地法天、天法道、道法自然"的慨叹。

三、因循的价值

许建良老师说："中国因循思想的源头应该在老子'辅万物之自然而不敢为'的'辅'，这是道家重视外在道这一哲学运思在实践方法上的自然选择，因循也成为道家实践哲学中的一个最为耀眼的星座。"③中国因循思想是否在老子"辅万物之自然而不敢为"的辅字我还不敢肯定，但是因循是老子思想的基本逻辑还是敢肯定的，《黄帝四经》因循思想系传承老子因循之道也是可以肯定的。因循之道是道家实践哲学的核心范畴，它是将道从抽象的超越世界衍化到具体的现实社会的法宝，所以作为以"案（按）法而治"为宗旨的《黄帝四经》

---

①　谷斌，张慧姝，郑开. 黄帝四经注译·道德经注译[M]. 北京：中国社会科学出版社，2004：89.
②　许慎. 徐铉校定. 说文解字[M]. 北京：中华书局，2013：173.
③　许建良. 法家因循的理论设定[J]. 湖南科技学院学报，2011(10)：25.

沿袭因循之道是必然的选择。《黄帝四经》因循的价值表现在以下几个方面。

各民族的法律固然有其共通的因素，这一点主要集中在自然法这一块，蕴含了一些关于正义、权利、规律等普遍的人类乃至宇宙精神，用庄子的话来说，即是"以道观之，万物齐一"①。但是这些普遍的规则在与具体的民族本土文化接轨时，会有一个碰撞、融合的过程，最终凝结成一个国家或民族的法律精神。孟德斯鸠对法律精神的界定是：一个民族的所有文化的总和。一个民族的文化因为地理、人口、气候、风俗、传统等方面的特征而各有差异，因此自然法在衍化为人定法时，会有一定的区别。孟德斯鸠在其《论法的精神》中开篇即言："从最广泛的意义来说，法是由事物的性质产生出来的必然关系。在这个意义上，一切存在物都有它们的法。上帝有他的法；物质世界有它的法；高于人类的'智灵们'有他们的法；兽类有它们的法；人类有他们的法。"②孟德斯鸠所言的"由事物的必然关系所产生出来的法"即自然法，它在不同的事物中有不同的表现。自然法贯注于人类时，也会因文化传统的差异而有别，所以在此要注意两个问题：第一，由道衍化为人定法时应该注意因循之道，不能脱离道的本质；第二，在中国法律现代化过程中学习吸收西方法律文化时应注意本土化，而本土化的准则即中国传统法律精神，在比较、融合、借鉴过程中也需应用因循的手段。

对于第一个问题，由道衍化为人定法时，"抱道执度""循名复一"是自始至终都应该坚持的原则。就如孟德斯鸠所言，法律是由事物的本质衍生出来的必然关系，人类社会的本质和必然关系即人权、正义等精神，这些精神是道贯注在人类社会中的。因此在人类社会中立法、司法、执法所坚持的原则即道，在万能的道面前，因循才是最虔诚的态度和最科学的方法。《黄帝四经》沿袭了老子因循之道，对如何因循道而生法、执法、司法等问题进行了深入而全面的论述，对我国当下法律现代化在本体论和实践层面都有重大启示，只有遵循道，中国法律现代化才不会走上歧途，才能产生良好的法治效果。

对于第二个问题，即法律本土化问题，也需要运用因循手段获得，一切

---

① 郭象注，成玄英疏. 庄子注疏[M]. 北京：中华书局，2011：313-318.
② 孟德斯鸠. 张雁深译. 论法的精神[M]. 北京：商务印书馆，1959：1.

都在道中默默运化，道在人类社会中的载体是历史，因此一切也都在历史中演化。例如许多学者认为《拿破仑法典》创建了以个人主义为标志的近代私法体系，改变了世界，"然而一个新近的研究表明，这只是后来一些自由主义法学家虚构出来的神话，'法国民法典并没有改变历史，而是历史改变了法国民法典'"①。日本法律现代化过程中，其法律框架是西方化的，但其社会运作却是本土的，因此日本的法律现代化是"没有现代的现代化"（棚濑孝雄语），是"另一种现代化"②。日本法律现代化的本土性值得我们学习、借鉴和反思，在中国要实现法律现代化，并且实现其良好的法治效果，必须像日本那样借重本土文化，在这种借重中难免运用因循之道。而古代法理学经典著作《黄帝四经》无疑在因循方面为我们作了很好的铺垫，许多东西甚至可以适用"拿来主义"，对构建符合中国实际的现代法律体系具有重大的启示意义。

第二节　基本思路：推天道以明人事

《黄帝四经》的主旨是"案（按）法而治"，显然是应时之作，是"道术将为天下合"的典范，与其他同时期的应时之作不同的是，《黄帝四经》有一套严密的逻辑体系，有深厚的理论渊源，有结构完整的论证系统，古代社会中法哲学作者无能出其右。从逻辑思路看，《黄帝四经》的整体思路架构是"推天道以明人事"，法治思想即为人事的集中表现，所以其开篇即言"道生法"，这是"推天道以明人事"的典范。

一、天道、地道与人道

《黄帝四经》"推天道以明人事"的逻辑涵括了天道、地道、人道，是对天、地、人的贯通，天道通过地道贯注于人道中。在此，地道充当了逻辑过渡的桥梁，作者的目的是论证"道生法"的过程、本质、功能，但如果没有地

---

① 苏力. 法治及其本土资源[M]. 北京：中国政法大学出版社，1996：5.
② 这句话是北川善太郎所言。见季卫东. 面向二十一世纪的法与社会[J]. 中国社会科学学报，1996（03）：107-108.

道的过渡，从天道到人道显得突兀。这种思维缜密、逻辑严整、论证有序等特点正是《黄帝四经》胜出其他作品的地方。

（一）天道

以天道始，从根源处挖掘法的本质、生成、功用，这是《黄帝四经》的优点，犹如大树，根深才能叶茂，从根源挖掘法的要素，此方法更为人信服、更有效用。《黄帝四经》从天道始的思想充分表现了作者的理性思维能力，是东周人文和理性精神的重大突破。这种"自天道始"的逻辑颇类西方理性主义精神，例如柏拉图对法律进行界定时是从法的理念开始，企图在法的理念中构建自然法，为此德国学者海因里希·罗门说："这种真正的法律、这种真正的正当，存在于理念的领域中，并永远如此。"①柏拉图创建了西方理性主义哲学体系，为西方自然法的传统奠定了理论基础。柏拉图的理念就相当于《黄帝四经》的"道"，它是万物之源。

天道是相对于地道而言的，是道一分为二之后的产物。老子曰："道生一，一生二，二生三，三生万物。"②这里的"二"可理解为天道、地道。广义的天道包含了地道，相当于老子所言的道，狭义的天道与地道相对，指作为万物本原的最高存在者。由于"天"字含义非常复杂，导致了"天之道"意义的相应多元。因此要彻底理解天道，必从"天"字入手。

1.《黄帝四经》之前的天之道

许慎在《说文解字》中对天解作："天，颠也，至高无上，从一、大。"③此解释主要从天的方位最高的角度进行解释，显然把天的含义大大缩小了。天字在周代及其以前都是中国人常用的、具有特殊意涵的范畴。商朝甲骨文中多有天的记载，中国最早的三本古籍——《周易》《尚书》《诗经》中更是从多角度对天进行演绎，具有十分丰富的内涵，尤其体现在《尚书》中。概言之《周易》之天用词主要有：天、天地、天下，其天之意涵主要指自然之天和社会之天。《周易》主要采天之象，用辩证的思维解释万物，文风简练，所以对天展开不多，但可以看出天在其理论体系中的重要性。第一卦即《乾》，乾统天，

---

① ［德］海因里希·罗门. 姚中秋译. 自然法的观念史和哲学［M］. 上海：三联出版社，2007：13.

② 谷斌，张慧姝，郑开. 黄帝四经注译·道德经注译［M］. 北京：中国社会科学出版社，2004：143.

③ 许慎. 徐铉校定. 说文解字［M］. 北京：中华书局，2013：1.

乃万物之原，《周易·乾》言："大哉乾元，万物资始，乃统天。"①天与地相辅相成，分别代表阳与阴，作者认为只有阴阳相交方能成就万物，《否》卦曰："则是天地不交而万物不通也，上下不交而天下无邦也，内阴而外阳，内柔而外刚。"②此卦认为天地阴阳交方能生万物，君臣上下交方能成国家，阴阳刚柔交方能成圣人。这些理念典型体现了《周易》的辩证法思想，构成了老子思想的基础。但是老子思想与《周易》所不同者，在于老子重女德坤道，而《周易》重男德阳道，提倡"天尊地卑"。儒家继承了《周易》乾道思想，与道家立场相反。

《尚书》中颇多政治内容，所以天的用语和含义甚至超过了《老子》和《黄帝四经》，可见西周之际的"天"是当时的核心范畴，同时天的抽象性为其意义的多元埋下了伏笔。《尚书》中天的用语有：天、天下、天秩、皇天、天命、天子、天时、天胤、天工、天叙、天讨、天罚、天道、天吏、天休、天位、天地等。《尚书》如此多的天字用语表明西周之际天字意义的含糊，所以可以从更多的角度对之进行解读。例如《皋陶谟》在一段话中一连用了 7 个"天"字："天工，人其代之：天叙有典，勑我五典五惇哉！天秩有礼，自我五礼有庸哉！同寅协恭和衷哉！天命有德，五服五章哉！天讨有罪，五刑五用哉！政事懋哉懋哉！天聪明，自我民聪明。天明畏，自我民明威。达于上下，敬哉有土！"③《尚书》的人本色彩非常浓厚，这种思想基调导致了其对天最后作了卑下的解释，而值得注意的是老子和《黄帝四经》则对天道之天进行了极致的推崇，这主要是自然之天，而《尚书》的卑下之天主要是之前历史上的人格或神格之天，所以两者出发点不同，结果也大异其趣。《泰誓》是周武王于公元前 1048 年伐纣之前在盟津大会诸侯时对诸侯作的动员讲话，所以其政治色彩浓厚，立意也较深远，武王曰："天视自我民视，天听自我民听。百姓有过，在予一人。"④武王在此表达浓厚的民本思想，就连武王和上天都要顺遂民意。当然这里也不排除武王为了鼓动百姓和军队奋力杀敌、浴血疆场，所以有其

---

① 周易[M]. 四书五经. 长沙：岳麓书社，1991：141.
② 周易[M]. 四书五经. 长沙：岳麓书社，1991：152.
③ 尚书[M]. 四书五经. 长沙：岳麓书社，1991：221-222.
④ 尚书[M]. 四书五经. 长沙：岳麓书社，1991：243.

特殊的政治用意在其中。

作为艺术形式存在的《诗经》天字出现得较少，但有一篇《天保》是专门讲述上天保佑之事的，文中一连用了3个"天保定尔"，《天保》出自《小雅》，是周王室直辖区域的正统音乐，所以有此祈福似的吟唱不足为怪。

老子和《黄帝四经》对《尚书》天的意义进行了总结和凝练，其中天字意义比较明确，所以关于天的用语反而少于《尚书》。

《老子》虽然承袭了古籍天字的意义和用语，这与其尚因循有关，在其思想体系中，他独创了"道"作为其思想体系的最高范畴。纵览《老子》81章，天字虽然频现，但其用语则是少有的几种，即天、天下、天地、天道、天古、天网，这组词汇从数量上讲比《尚书》少得多，从意义上看也不像《尚书》那样驳杂多元，但是有一点重大区别或曰突破，即老子之天有时蕴含了道的含义，这是被老子贯注了道的精神之天。在《周易》《尚书》《诗经》中作为最高范畴的"天"在《老子》中被"道"取代了。概之，老子在中国文化中的重大创举主要有二：其一，老子将其之前的长达几千年的父系氏族社会文化模式作了母性的改造，使中国文化接续了母系氏族社会的母性文化，实现了回归原始和自然的简单的深刻，对东周之际混乱的文化局面进行了大洗牌和大重整；第二，老子将其之前的哲学体系进行了大整合，用"道"取代"天"作为最高的哲学范畴，深化了中国哲学思想，同时为接续黄帝文明和开启"道术将为天下合"的历史局面奠定了理论基础。仅此两点，老子就足以在中国历史上永垂不朽，虽然其著仅5千余字，但可谓字字珠玑、价值连城。事实是，老子思想的重要性得到了历史证明。这也给我们一些启迪：一位思想家的思想必须要把握时代的脉搏，并且具有前瞻性，才能引领时代前进，与历史共沉浮。

2.《黄帝四经》中的天之道

《黄帝四经》接续了老子思想，继续把道作为最高哲学范畴，对天作了多元解析和应用，不同者在于其主旨是"案（按）法而治"，道和天是围绕这个主旨展开的。纵览《黄帝四经》，天字出现的频率极高，不亚于道字，其含义多元，是因为《黄帝四经》承袭了传统之天和老子之道天的结果。

概言之，《黄帝四经》天字的用语主要有：天、天子、天刑、天当、天极、天道、天德、天稽、天理、天常、天制、天地、天下、皇天、天功等。这个词汇目录对传统天之用语有继承也有创新，其中天、天子、天下、天地等是普遍意义上的天语，天道、天刑是继承了老子，天当、天极、天稽、天理、天常、天德是《黄帝四经》的创新语，其中几乎都是对天道变相的称谓或发展。由此看来，《黄帝四经》是以天道为核心的，其余用语都是围绕天道展开的。概言之，《黄帝四经》中天之意主要有以下五类：第一，自然之天；第二，宗教的神格之天；第三，社会的伦理之天；第四，法制之天，主要意思是天极；第五，哲学之天，主要含义即天道，有时指"阳"。下面分述之。

（1）自然之天

自然之天可说是天字最原始最普遍的含义，是中华文化最核心的范畴之一，其他的天之意都是在自然之天基础上创生的。作为中国古代重要经典的《黄帝四经》自然少不了自然之天的沿袭。作为自然之天的天字多与地字连用，如《道法》言："天地有恒常，万民有恒事，贵贱有恒立（位），蓄臣有恒道，使民有恒度。"①这里的天与地连用，明显是自然之天，后面才接着"有恒常"，如果自身包含了天道的意思，就用不着这几个字来解释了。天地的恒常之道对万民、贵贱、蓄臣、使民等人之道有奠基和引领作用，所以自然之天是一切天的基础，这与老子"人法地，地法天，天法道，道法自然"的逻辑是契合的。有时《黄帝四经》将天地分开在两个分句中，与天地意同，皆为自然之天。如《果童》曰："观天于上，视地于下，而稽之男女。夫天有干，地有恒常。"②这里由天地之常衍生为男女之稽，天与地呼应，后面作了"天有干，地有常"的补充说明，证明前面的天是自然之天，干系其规律。与此相同的用法在《道原》中也有，如"天弗能复（覆），地弗能载"。③

《黄帝四经》之天也有单用的，例如《三禁》曰："天有恒日，民自则之。"④这里的天单用而表达了自然之天的意思，太阳及其出没规律是自然之天的属性，作者将此天道过渡下引于社会伦用，即"民自则之"。

除了以上所引诸篇，《黄帝四经》中有自然之天意者还有：《国次》《君正》

① 谷斌，张慧姝，郑开. 黄帝四经注译·道德经注译[M]. 北京：中国社会科学出版社，2004：10.
② 谷斌，张慧姝，郑开. 黄帝四经注译·道德经注译[M]. 北京：中国社会科学出版社，2004：51.
③ 谷斌，张慧姝，郑开. 黄帝四经注译·道德经注译[M]. 北京：中国社会科学出版社，2004：88.
④ 谷斌，张慧姝，郑开. 黄帝四经注译·道德经注译[M]. 北京：中国社会科学出版社，2004：65.

《四度》《论》《论约》《名理》《观》《正乱》《姓争》《兵容》《成法》《前道》《顺道》《称》，加上以上各篇共计 18 篇，这在仅 26 篇的《黄帝四经》中所占的比率达69.23%。

（2）宗教的神格之天

宗教的神格之天是指将天看成是具有超能力的神，此神与人一样有其神格。神格之天具有宗教性，是人类面对无知世界的一种无奈选择。天的这种含义在《黄帝四经》之前经常被应用，但在老子那里较少，老子主要对古代之天作了理性化的改造。《黄帝四经》接续了老子的理性思想，其天主要指具有自然之性的自然之天和具有道性的道天。《国次》曰："过极失【当】，天将降央（殃）……阳窃者天夺【其光，阴窃】者土地芒（荒），土敝者天加之以兵。"①如果人们的行为超越了天道的极致，或对于阳窃、阴窃和土敝者，上天会惩罚他们，这里的天指具有超能的具有宗教色彩的上天。它像一位君主一样监视着一切，对于循道的人给予奖励，而对悖道之人施以惩罚。这显然是人间君主在宗教世界中的影像。因为天是"执一"②的超能存在。执一即执道，道本玄妙虚无，作者在此又创生了一个在天执道者，与人类社会的执道者（统治者）相呼应。在道家世界，道就是最高的存在，创生一种超能的执道者实无必要，但是在人间，因为道的运化需要人的助力，所以创生执道者是必要的。《黄帝四经》对这一点应该是深有洞察的，因此创生一个全能的执道者，应该是为了说理的方便。

《姓争》曰："莫循天德，谋相复（覆）顷（倾）。"③这里认为天有德，显然是人格化的天，具有宗教的神格，正因为它有神格，所以能行"天赏""天刑""天信"，像君王一样统治监督着世界。"皇天"的称谓也很明显地表达了神格天的含义，例如《成法》言："昔者皇天使冯（凤）下道一言而止。"④过去天皇派凤凰为使者下凡，只传达了一句话。这里将天称为皇天，显然是神格化的宗教之天。

① 谷斌，张慧姝，郑开. 黄帝四经注译·道德经注译[M]. 北京：中国社会科学出版社，2004：12-13.
② 谷斌，张慧姝，郑开. 黄帝四经注译·道德经注译[M]. 北京：中国社会科学出版社，2004：28.
③ 谷斌，张慧姝，郑开. 黄帝四经注译·道德经注译[M]. 北京：中国社会科学出版社，2004：56.
④ 谷斌，张慧姝，郑开. 黄帝四经注译·道德经注译[M]. 北京：中国社会科学出版社，2004：63.

除了以上四篇，具有神格的宗教之天意者在《大分》《四度》《亡论》《论约》《名理》《立命》《观》《正乱》《称》中也有应用，合计 13 篇，占《黄帝四经》总篇数的一半。

（3）社会的伦理之天

《黄帝四经》中社会伦理之天的最常用语词是"天下"，在其首篇《道法》中，作者一连用了 6 个"天下"贯穿其中，再通览《黄帝四经》，"天下"的用语较之其他关于天的称谓最多，由此观之，"天下"是非常重要的范畴。为何天下应用这么频繁呢？我想这应该跟《黄帝四经》的"案（按）法而治"有关，案法而治的对象即天下，目的是使天下太平，所以"天下"是《黄帝四经》强烈的现实关怀的表现，是天字颇"接地气"的用语。概言之，"天下"主要指属于人类社会的一切。

《道法》的 6 个"天下"，一个在首段，一个在文末，前后呼应，形成一个"为天下"的连环。首段言："故执道者，生法弗敢犯殹（也），法立弗敢废【也】。□能自引以绳，然后见知天下而不惑矣。"①只要执道者做到不违法和不荒废所生之法，自己带头遵循之，天下百姓都会有明确的言行标准了。这个标准与《道法》文末的"可以为天下正"②的意思相类，都是人类社会言行准则的意思。可见"天下"的出场便与"道法"紧密联系起来，因为道法为"天下"之道法。

关于天的社会伦理含义还有一个比较特殊而少见的称谓——天子。《称》言："不受禄者，天子弗臣也……天子之地方千里，诸侯百里。"③这里的天子显然系指周天子，与诸侯的君主不同。天子的原意是天之子，即皇天之子，是皇天派遣下凡治理人间的使者。

除了以上两篇，还有以下诸篇出现了社会伦理之天的用语：《君正》《大分》《四度》《论》《亡论》《论约》《名理》《立命》《观》《五正》《果童》《正乱》《成法》《本伐》《前道》《顺道》《道原》，算上以上两篇合计 19 篇，占《黄帝四经》总 26 篇的 73.07%。用语如此之繁，比例如此之高，一方面与《黄帝四经》的

---

①　谷斌，张慧姝，郑开．黄帝四经注译·道德经注译［M］．北京：中国社会科学出版社，2004：9.

②　谷斌，张慧姝，郑开．黄帝四经注译·道德经注译［M］．北京：中国社会科学出版社，2004：11.

③　谷斌，张慧姝，郑开．黄帝四经注译·道德经注译［M］．北京：中国社会科学出版社，2004：77.

政治用意有关，另一方面是"天"的社会伦理含义在之前就是一个被普遍应用的范畴。

（4）法治之天

法治之道天是《黄帝四经》之天的主要意涵，与此相关的称谓也最多，如：天刑、天德、天当、天极、天稽、天常、天制、天下正等，这些都是对天道的变相称谓或曰衍生性称谓，与天道相比似乎与人类社会尤其"案（按）法而治"更贴近，更接地气，因为理、德、当、极、稽、常、制的政治意味比道更具体。

法治之道是《黄帝四经》"道生法"逻辑中的重要中介，道究竟如何生法？以何为标准？作者创生法治之天就是为了解决这个问题。于是《道法》在对道生法进行一番论证后很自然地过渡到道法的标准问题，作者曰："无私者知（智），至知（智）者为天下稽。"①此处的稽即极，天下稽即天下极，是天极的简称，即天下的楷模。此楷模无私、聪明至极，能循道而为，能参验"天当"，所以是天下学习的榜样，这就是《道法》所言的"执道者"。他们就像一个国家的度量标准，能给国家带来长治久安。天极即"天当"，是上天为天下所定的言行准则，是法的前提和基础。

《国次》三次提及天极，作者言："不尽天极，衰者复昌……先屈后信（伸），必尽天极而勿擅天功……故唯聖（圣）人能尽天极，能用天当。"②只要没有完全丧失天极，衰败的国家还会慢慢昌盛起来，先屈后伸，彻底遵循天极而不擅夺天功，这似乎只有圣人能做到。所谓圣人与儒家所言的道德君子有一定区别，道家主要指"执道者"，只有他才能为"天下正"。

《论约》谈到"天刑"，是对违犯天极的惩罚，是遵循天极的保障措施。从法制建构的角度看，作者考虑周全，在建构人间法制时以上天之完备法制作为基础，从而提升人间法制的神圣性和权威性，也是"推天道以明人事"的具体举措。作者言："不循天常，不节民力……不有人戮（戮），必有天刑。"③天常即天极，如果违犯天极，即使没有别的国家来攻伐也一定会遭到上天的惩

---

① 谷斌，张慧姝，郑开. 黄帝四经注译·道德经注译[M]. 北京：中国社会科学出版社，2004：10.
② 谷斌，张慧姝，郑开. 黄帝四经注译·道德经注译[M]. 北京：中国社会科学出版社，2004：12.
③ 谷斌，张慧姝，郑开. 黄帝四经注译·道德经注译[M]. 北京：中国社会科学出版社，2004：36.

罚。与天刑相应，如果不在人间遵循法律，就会遭到法律的惩罚，所以要"案（按）法而治"，"不达刑"，就像遵循天极那样。《观》也有天刑的提法，作者言："不达天刑，不襦不传。"①即不违背天刑和盟约，天刑即天法，这里与《论约》的"天刑"有点区别，前者为天的惩罚，为动词，后者为天的法律，为名词，两者一动一名，比较全面地说明了法制之天的结构，为"天下"的"案（按）法而治"奠定了理论基础。天刑在《正乱》《兵容》里也有出现。

值得一提的是《姓争》，提出了天制和天德两个新概念。天制即天的制度，即天极，但比天极更具体，更具政治意味，更"接地气"。天德则与天刑相对，是刑德的阴阳之用。作者言："天德皇皇，非刑不行。"②天德虽然浩大辉煌，但还需要天刑的保障，这为人间的刑德并用提供了理论基础，是"天道推明人事"的又一途径和典范。《称》也有天制的应用。

（5）哲学之天

哲学之天是法治之天的基础，也是《黄帝四经》承袭老子思想的主要之处。老子对中华文化最大的贡献就是用道代天作为中国最高的文化范畴，大大提升了中华文化的理性水平，强化了中国人的理性精神，为道家文化的法学化即黄老之学的诞生奠定了理论基础。因为中西文化的最大差异即在理与礼，这种差异导致了中西现代化和法治水平的差距。在老子的思想世界，天主要以哲学化的形式存在，常与道连用，一般作"天道"（天理）解。《黄帝四经》承袭了老子"天道"思想，并以之为基础构建自己的法治文化体系。所以哲学之天是《黄帝四经》重要的思想意涵，是其"推天道以明人事"的逻辑前提。

哲学之天在《黄帝四经》中的用语主要有天道、天时，有时与地连用表示阳的含义。道的本意是路，所以许慎解作："道，所行道也，从辵从。一达谓之道。"③段玉裁在《说文解字注》中说："所行道也。毛传每云行道也。道者人所行。故亦谓之行。道之引伸为道理。亦为引道。从辵首。首者，行所达也。首亦声徒皓切。古音在三部。一达谓之道。"许慎主要从本义角度对道进行解读，段玉裁对道作了引申义的解释，即道理。人类遵循道理就像顺着道路行

①　谷斌，张慧姝，郑开. 黄帝四经注译·道德经注译[M]. 北京：中国社会科学出版社，2004：46.
②　谷斌，张慧姝，郑开. 黄帝四经注译·道德经注译[M]. 北京：中国社会科学出版社，2004：57.
③　许慎著. 徐铉校定. 说文解字[M]. 北京：中华书局，2013：36.

走一样，只有这样方能到达目的地。天道可作以下几种理解：第一，先天之道，具有超验性质，类似于老子的最高哲学范畴的道，它在某种程度上包含了地道，是万物之源。第二，与地道、人道相区别的范畴，可理解为"天之道"。第一种含义在第二章中已阐述过了，兹不赘述，现主要针对第二个含义剖析之。

《道法》言："故唯执【道】者能上明于天之反，而中达君臣之半，当密察于万物之所终始，而弗为主。"①这里的天指天道，天之反即天道之往复循环的规律。执道者即制定法律的人，其作为制法的资格就是能循道，所以上能明达天道之往复循环之规律，中能通晓君臣之道，下能精察万物之生灭变化，不自作主张，而是彻底循道而为。执道者的这种能力和精神就是理性的能力和精神，法律是理性的化身，所以执道者与法律具有天然的亲缘关系，这就是作者一再强调"执道者生法"的原因。

《四度》言："天道不远，入与处，出与反……执道循理，必从本始，顺为经纪，禁伐当罪，必中天理。"②天道为天之理，它虽看不见摸不着，但却与人的一切活动紧密伴随，将之应用于人类社会，可以之为标准制定法度，是人类社会法度的本原。这段话表达了"推天道以明人事"的意涵。郑国子产曾言："天道远，人道迩，非所及也。何以知之？"③这是子产对星占家裨灶预言将发生火灾的回答，意思是天道悠远，人道近切，二者没有什么关系，依据天道揣测推断人事是不可靠的。子产与叔向同时，比孔子稍长，应该生活于春秋末年。那时理性和人文精神崛起，子产以此话反对裨灶的天人感应的迷信思想可以理解，但是他将天道一棍子打死，与人道绝缘，这又犯了矫枉过正的错误。《黄帝四经》"以天道推明人事"的逻辑修正了这个错误，看到了天道与人道中的规律性和一致性，这就是道的贯通，具体而言即天道与法度都是理性精神的彰显，在理性上可以贯通一体。

《十大经·观》中除了天道，还提到了天时，天时是天道的具体表现形式

---

① 谷斌，张慧姝，郑开．黄帝四经注译·道德经注译[M]．北京：中国社会科学出版社，2004：10-11．

② 谷斌，张慧姝，郑开．黄帝四经注译·道德经注译[M]．北京：中国社会科学出版社，2004：23．

③ 左丘明．杨伯峻注．春秋左传[M]．北京：中华书局，1981：1395．

之一，也属于天道的范畴，但比天道具体、更接近人道，作者就是通过创生像天时和地道等范畴一步步从天道过渡到人道的。作者曰："不达天刑，不襦不传。当天时，与之皆断。当断不断，反受其乱。"①此段话的意思是不减少天之刑罚，不违背盟约。若事情的发展合于天时，就应顺应天道作出及时地决断，当断不断，反受其乱。这里的天时是天道的具体表现，是哲学的逻辑之天的具现。

值得一提的是，《黄帝四经》不仅提到了天道，还论证了天道与作为主体的人的关系。概之，人事要遵循天道，但人一旦把握了天道之后就取得了主动权，积极利用天道改造人类社会，天道这时反为客了。《十大经·姓争》言："天道环（还）于人，反为之客。"②此句话的意思是天道之原则体现于人事，人们只要遵循天道，把握天时，因势利导，就会取得主动，反客为主。可以从以下两个方面来深化理解这句话：其一，作者提出反客为主的观念，顺应了西周以来人本主义的历史潮流，也是中国理性精神觉醒的体现。关于人本主义古籍中多有体现，尤其《尚书》，例如"天听自我民听、天视自我民视"等。《黄帝四经》的"反客为主"的思想显然沿袭了这种人本和理性精神。其二，《黄帝四经》"反客为主"的思想体现了天道与人的辩证关系，人只要充分发挥其主观能动性，就能作为主人应用道来认识和改造世界。这种思想具有创造性的辩证意涵，超越了形而上学的狭隘和呆板，在方法论上是一大突破。这与马克思的辩证主体精神极为相似。作者的这一理论创举为"天道推明人事"寻找到了妥帖的方法路径。

哲学之天有时具有阳的意涵。如《称》曰："诸阳者法天，天贵正。"③《道原》曰："天地阴阳，【四】时日月。"④除了以上各篇提及哲学之天外，《兵容》《三禁》《前道》《顺道》也有相关论述。

综上所述，《黄帝四经》中"天"的 5 种意涵，法治之天是创新、是目标，也是其天意的核心内涵。哲学之天主要承袭了老子的天道之意，它是法制之

---

①　谷斌，张慧姝，郑开. 黄帝四经注译·道德经注译[M]. 北京：中国社会科学出版社，2004：46.
②　谷斌，张慧姝，郑开. 黄帝四经注译·道德经注译[M]. 北京：中国社会科学出版社，2004：57.
③　谷斌，张慧姝，郑开. 黄帝四经注译·道德经注译[M]. 北京：中国社会科学出版社，2004：83.
④　谷斌，张慧姝，郑开. 黄帝四经注译·道德经注译[M]. 北京：中国社会科学出版社，2004：88.

天的逻辑基础，都是理性的化身。宗教、伦理、自然之天与传统意义差别不大，主要是沿袭旧义。要之，以上诸"天"意中，宗教的神格之天是最不重要的，因为这种天意主要流行于周朝之前，与周之际的人本主义和理性主义思潮不相协，更与《黄帝四经》的理性和逻辑精神不类，可以说《黄帝四经》提及宗教的神格之天主要出于语用习惯。不管怎样，作者使用这些天意，目的都是为"推天道以明人事"服务的。

2.《黄帝四经》中的地之道

天之道有时会涵盖地之道，但是两者的内涵和外延还是有一定的差别，因此在此笔者还是要将二者分开阐述。不唯笔者此意，其实《黄帝四经》和《老子》有时也是将二者区别开来的，因此笔者将地之道、天之道分开来阐述也有因循圣贤的意味。从逻辑上说，将两者分开比较符合逻辑规律，因为毕竟"天道远、人道迩"，要从天道一下子过渡到人道跨度太大，需要地道作为逻辑桥梁。

（1）老子天、地、人的意涵

在《老子》第25章，老子言："道大，天大，地大，王亦大，域中有四大，而王居其一。人法地，地法天，天法道，道法自然。"[①]此段话包含了以下核心范畴：人，王，地，天，道，自然，它们的逻辑关系可表述为：人→王→地→天→道→自然[②]，在这个逻辑链条中，人处于最低端，以上的王、地、天、道、自然都是其学习因循的对象。同时，从这个逻辑链条中很明显地看出天、地、人的分隔，地之道是天之道和人之道的过渡。王是人的典范，其类与人同属，而自然为道的属性，并非一个确切的实体，所以这个逻辑链条可简化为：人→地→天→道，严格说，道也不是一个确切的实体，但是在老子的思想世界中是一个思想实体，很像柏拉图的理念，柏拉图不仅认为理念是客观存在的，而且是先验存在的，是万物之源，这与老子的"道"一样。老子对中华民族所作的最伟大贡献即创生了"道"的哲学体系，这深化了中国人的理性思维，足可与"文化轴心时代"的任何一民族的文化创举媲美，也是对中华文

① 谷斌，张慧姝，郑开. 黄帝四经注译·道德经注译[M]. 北京：中国社会科学出版社，2004：127.
② 此处的自然非物质之自然，是指道的自然而然的属性。

化具有深意的整合和开创，为"道术将为天下合"奠定了理论和逻辑基础。

(2)《黄帝四经》中的地之道

关于地之道，《黄帝四经》沿袭了老子意。不同者，《黄帝四经》对地之道与天之道和人之道的内在逻辑关联及其与"案(按)法而治"的关系进行了深入的剖析，对老子的"微言大义"进行了申衍。

严格而言，地之道是指与人有关联的地的各种要素及其属性，如气候、地理环境、土壤、国土的大小等。孟子在《公孙丑下》开篇即言："天时不如地利，地利不如人和。"①孟子在此所言的地利即与人有关②的地之道。西方的一些思想家也高度重视地之道与人类社会的关系，甚至形成"地理环境决定论"。西方的地理环境决定论起源于希波克拉底，他认为气候对人类特性会产生重大影响。亚里士多德接续了希波克拉底的思想，认为气候和地理环境对民族特性会产生决定性影响，如希腊民族所处地理位置在寒带和热带之间，所以希腊人是全人类最优秀的民族，是天生的人类领袖。16 世纪的法国思想家让·布丹(Jean Bodin, 1530—1596)在 1677 年发表的《论共和国》中论证了自然环境与民族差异进而与政治组织形式的关系。法国启蒙思想家孟德斯鸠在《论法的精神》中对"地理环境决定论"进行了充分的论证，认为地理环境对一个民族的生理、心理、性格、风俗习惯、气质、信仰、政体等产生影响，进而在此基础上深入论证了法的精神其实是一个国家或民族文化的总和，而其起点即地理环境。值得注意的是，孟德斯鸠在《论法的精神》中专辟四节深入阐述地理环境与中国人的性格、气质、品德以及这些因素与中国礼法的关系。③ 从孟德斯鸠以上的论述看，他只看到了儒家对中国传统法律的影响，没有看到道家的影响，因此所论存在严重不足。而《黄帝四经》从中华文化传统的内部挖掘演绎道法的生成、性质和功用，其思其述是比较贴切的。

由于地是天的衍生物，所以地通常与天连用。例如《道法》言："天地之恒常，四时、晦明、生杀、輮(柔)刚。"④这里列举了天地恒常的四个要素：四

---

① 孟子. 孟子[M]. 四书五经. 长沙：岳麓书社，1991：79.

② 具体而言指与战争有关。

③ 孟德斯鸠. 张雁深译. 论法的精神[M]. 北京：商务印书馆，1959：270-382.

④ 谷斌，张慧妹，郑开. 黄帝四经注译·道德经注译[M]. 北京：中国社会科学出版社，2004：10.

时、晦明、生杀、柔刚，但是没有展开论述，从《黄帝四经》及其历史背景的语境看，四时应指的是春、夏、秋、冬，晦明指的是明暗，象阴阳、男女，生杀指的是春生夏长秋收冬藏，柔刚指的是男女。以上诸要素是地之道的典型体现，与人类社会存在着千丝万缕的联系，是天之道到人之道的过渡。春夏秋冬不仅与百姓的农业生产有紧密联系，而且与政府的庆赏刑罚有关系，春生夏长，万物复苏、蓬勃生长，宜赏不宜罚。同时统治者也应该"敬授民时"，不应该在百姓春夏秋的农忙季节征兵役、徭役，这样会破坏百姓生产，是悖道之举。相对于天之道，地之道为阴、晦、柔，因此天下之人尤其统治者应遵循地之道，立身行事只有守雌贵柔，才能和谐社会。

《国次》言："天地无私，四时不息。"①这里所言的"四时不息"也是与人类社会的生产和生活紧密相关的，大体而言也属地之道。地之道是天之道的衍生物，二者都是最高哲学范畴、世界的本原——道的衍生物，有着道无为而自然的属性，所以言"天地无私"，四时自然而"无息"。

《黄帝四经》创生地之道目的是作为天之道过渡到人之道的桥梁，因此其有时也提及地之道与人之道的关系，彰显"推天道以明人事"的逻辑。《君正》言："无父之行，不得子之用。无母之德，不能尽民之力。父母之行备，则天地之德也。"②尽父之行以化生万物，尽母之德以蓄养万物、归服民心，这种父母之德，是天地之道的彰显。值得注意的是，此段话提到了母德能尽民之力，而母德是地之道的象征，因此地之道与人之道具有内在的关联。

有时《黄帝四经》将天、地、人连用，意在强调地之道作为天之道与人之道的过渡。例如《立命》言："吾受命于天，定立(位)于地，成名于人……吾畏天爱地亲【民】，□无命，执虚信。"③相似表述还体现在《果童》《姓争》《前道》《行守》《称》诸篇中。

(3)《黄帝四经》中的人之道

人之道是《黄帝四经》的理论归属，这与其"案(按)法而治"的主旨是切合的。人之道不是凭空而生，而是在天之道和地之道的基础上衍生的，三者存

---

① 谷斌，张慧姝，郑开. 黄帝四经注译·道德经注译[M]. 北京：中国社会科学出版社，2004：12.
② 谷斌，张慧姝，郑开. 黄帝四经注译·道德经注译[M]. 北京：中国社会科学出版社，2004：16.
③ 谷斌，张慧姝，郑开. 黄帝四经注译·道德经注译[M]. 北京：中国社会科学出版社，2004：41.

在着内在的逻辑关联。先秦各家对天、地、人三者的关系都比较重视，但深入论证三者内在逻辑关系的却较少，这一点《黄帝四经》做得很到位，体现了其独特的思想劲道。

天地人三者的关联，许慎从文字学的角度作了概述："王，天下所归往也，董仲舒曰：古之造文者，三畫（画）而连其中，谓之王，三者天地人也，而参通之者王也。孔子曰：一贯三为王。凡王之属皆从王。"①许慎在《说文解字》中对一般字的解释都很简短，但是对王字却用了这么长的篇幅，还援引了孔子和董子的话，说明他对王字的重视。王字的重要性主要表现其是天地人三者的联合体，这很好地概括了中国文化的象征性意义。中国文化的象征就是天地人的和谐。

《黄帝四经》的人之道有个显著特征，即其道是天、地之道的衍生，所以常常与天、地二者并提。《黄帝四经》的人之道核心在"案（按）法而治"，其法的逻辑和理论基础为天、地之道，是从天地之道中提炼出的道之法，这铸就了其神圣、权威、合理等特性。在道与法之间，作者创生了一个执道者，是因为道生之法终究要通过人起作用。

《道法》开篇所言，为人之道在全书的展开作了铺垫。作者言："道生法。法者，引得失以绳，而明曲直者也。故执道者，生法弗敢犯也，法立弗敢废也。□能自引以绳，然后见知天下而不惑矣。"②此段话里包含了比较丰富的法治之意。首先，法治之法是道生，为法及法治奠定了神圣和合法的基础。其次，道生法是通过执道者完成，系法出有门，进一步加强了法的合法性。第三，执道者制定法律后要率先严格遵守，不能随意废弃。用亚里士多德的法治标准看，前两点保证了良法的要求，第三点保证了公开和普遍遵守的要求，虽然有时空的间隔，但东西方的法治之意基本相同，说明道家所言的"道通为一"具有相当的说服力。《黄帝四经》首篇开言的法治思想成为全书的逻辑基调。接着作者对人之道展开了论述。其基本思路是：道—名—形—法。作者言："是故天下有事，无不自为刑（形）名声号矣。刑（形）名已立，声号已建，

---

① 许慎.徐铉校定.说文解字[M].北京：中华书局，2013：3.
② 谷斌，张慧姝，郑开.黄帝四经注译·道德经注译[M].北京：中国社会科学出版社，2004：9.

则无所逃迹匿正矣。"①刑(形)名是道之衍生，声号是刑(形)名之衍生，声号即法，所以法根源于道。在法的产生过程中，执道者需做到无执、无处、无为、无私。

当然人之道除了作为核心的法治外，还具有其他的形式。《道法》展开言："天地有恒常，万民有恒事，贵贱有恒立(位)，蓄臣有恒道，使民有恒度。天地有恒常，四时、晦明、生杀、輮(柔)刚。万民之恒事，男农、女工。贵贱之恒立(位)，贤不(宵)肖不相放(妨)。蓄臣之恒道，任能毋过其所长。使民之恒度，去私而立公。"②此段话所言的"恒事""恒位""恒道""恒度"都是人之道，它们都根源于天之道的"恒常"。

人之道作为《黄帝四经》的理论归属几乎遍布于其每篇之中，其内容与其他诸章节多有重合，在此不予赘述。

二、推天道以明人事

"'推天道以明人事'是编纂《四库全书总目提要》的清代学者在概括周易思想之宗旨时提出的一个命题：'《易》之为书，推天道以明人事也。'"③虽然"推天道以明人事"的用语晚出于清，但其意当为中华传统文化之基础，其推明的逻辑在中国最早古籍《周易》《尚书》《诗经》中皆有体现，尤其是前两者。作为重道的黄老力作，《黄帝四经》继承了前贤古圣的智慧，沿袭了其论理说事的逻辑。

作为《黄帝四经》的首篇，其意于全书主旨颇为重要，因此全书主旨领衔之意随处可见，就"推天道以明人事"而言，《道法》首尾两段前后呼应，前者提出主题，后者作总结，中间诸段落即论证过程。《道法》开篇言："道生法……故执道者，生法弗敢犯也，法立弗敢废也。□能自引以绳，然后见知天下而不惑矣。"④此段话提出了"天道推明人事"的主题，仅提出了"道生法"的命题，至于怎么生、其中要经历些什么逻辑过程等问题留待下文阐述。接续

---

① 谷斌，张慧姝，郑开. 黄帝四经注译·道德经注译[M]. 北京：中国社会科学出版社，2004：9.
② 谷斌，张慧姝，郑开. 黄帝四经注译·道德经注译[M]. 北京：中国社会科学出版社，2004：10.
③ 施炎平. 周易与中国古典管理[J]. 周易研究，2011 年 12 月第 6 期，P18。
④ 谷斌，张慧姝，郑开. 黄帝四经注译·道德经注译[M]. 北京：中国社会科学出版社，2004：9.

首段"道生法"的主题，作者创生了"道—名—刑（形）—法"的逻辑，强调法创生的逻辑性和合法性。作者对执道者提出了具体的要求，即无执、无处、无为、无私。末段作者总结道："故唯执【道】者能上明于天之反，而中达君臣之半，当密察于万物之所终始，而弗为主。故能至素至精，恬（浩）弥无刑（形），然后可以为天下正。"①此段话是对整篇《道法》"推天道以明人事"的总结，同时又用了"天—地—人"的模式，强化了推明逻辑。最后的"可以为天下正"是总结，同时点明了"案（按）法而治"的主题。概览全文，作者精心构架的"总分总"结构，对强化主题具有很大的作用。

《黄帝四经》"推天道以明人事"的标准为"天当"。天当是天之当，与人类社会的权衡相类。《道法》言："称以权衡，参以天当，天下有事，必有巧验……故曰：度量已具，则治而制之矣。"②作者在此把天当比喻成度量之具，即人类社会的法度准则。这里的天当，实为道的准则化身，是道生法的标准，也是"推天道以明人事"的准则。《国次》言："过极失【当】，天将降央（殃）……故唯圣（圣）人能尽天极，能用天当。"如果不遵循天极或天当，就会遭受上天的惩罚，但是只有具备圣人之德性的人才能遵循天极、天当，这一点与"执道者生法"是契合的。《黄帝四经》还有多篇关于天极或天当的论述，旨在强调道作为法的准则作用，天极或天当实为道"接地气"的称谓，也是"推天道以明人事"的一个重要步骤。

文武并行为"推天道以明人事"的表现形式，这一点，《黄帝四经》多次提及。《君正》言："天有死生之时，国有死生之正（政）。因天之生也以养生，胃（谓）之文，因天之杀也以伐死，胃（谓）之武。【文】武并行，则天下从矣。"③由天之时到国之政，这是典型的"推天道以明人事"的逻辑。值得注意的是，此段话提出了文武并行的表现形式，同时又是这种推明逻辑的结果。文武并行的逻辑为下文刑德并用的功用奠定了理论基础。正如《观》所言："而正之以刑与德。春夏为德，秋冬为刑。先德后刑以养生。"④因此刑德并用是文

---

① 谷斌，张慧姝，郑开. 黄帝四经注译·道德经注译[M]. 北京：中国社会科学出版社，2004：10-11.

② 谷斌，张慧姝，郑开. 黄帝四经注译·道德经注译[M]. 北京：中国社会科学出版社，2004：10.

③ 谷斌，张慧姝，郑开. 黄帝四经注译·道德经注译[M]. 北京：中国社会科学出版社，2004：15.

④ 谷斌，张慧姝，郑开. 黄帝四经注译·道德经注译[M]. 北京：中国社会科学出版社，2004：44.

武并行的衍生，二者同为"推天道以明人事"的表现形式。

有时作者为了简洁明了地表达"推天道以明人事"的逻辑，常将天、地、人三者连用，构建了"天—地—人"的简明逻辑，此逻辑系"道—名—刑（形）—法"逻辑的简化，也是作者对传统"王"字天、地、人意涵的承袭。例如《果童》言："观天于上，视地于下，而稽之男女。"①此即将天地之道作为参验人事之准则。这里的男女有两层含义：其一即阴阳，影射上文之天地；其二喻指人间之事。又如《兵容》也言："兵不刑天，兵不可动。不法地，兵不可昔（措）。刑法不人，兵不可成。"②《左传》刘子曰："国之大事，在祀与戎。"③戎即兵，兵与祀是人类社会最重要的事情，所以作者将兵之事纳入"推天道以明人事"的逻辑中进行重点阐述。

天、地、人三者的外延和内涵不同，三者关系通常是递进和包含关系，以此方能实践"推天道以明人事"的逻辑。例如《三禁》曰："行非恒者，天禁之。爽事，地禁之。失令者，君禁之。三者既修，国家几矣。"④恒者，规范；爽事，乱农时；失令，号令不行。恒者是天的属性，四时是地的属性，法令是王的属性，天、地、王三者的外延与内涵递缩，三者是层层包含关系，即天包地、地包王（人），恒包时、时包令，要"上知天时，下知地利，中知人事"，⑤由此完成"推天道以明人事"的逻辑使命。

《黄帝四经》常用天地之道来说明具体的人事，如《行守》言："天亚（恶）高，地亚（恶）广，人亚（恶）荷（苛）。"⑥在此，高、广、苛具有的共同特征是过分，作者用高、广来隐喻苛政的不恰当。《称》也言："天制寒暑，地制高下，人制取予。取予当，立为□王。"⑦天定寒暑，地掌高下，人司取予，取予得当，即顺道而为，可王天下。这里用天的寒暑、地的高下之道比喻人取舍的程度，只有取舍合理，符合天的寒暑和地的高下之道了，才能得民心，治

① 谷斌，张慧姝，郑开. 黄帝四经注译·道德经注译[M]. 北京：中国社会科学出版社，2004：51
② 谷斌，张慧姝，郑开. 黄帝四经注译·道德经注译[M]. 北京：中国社会科学出版社，2004：61.
③ 左丘明. 杨伯峻注. 左传[M]. 北京：中华书局，1981：681.
④ 谷斌，张慧姝，郑开. 黄帝四经注译·道德经注译[M]. 北京：中国社会科学出版社，2004：64-65.
⑤ 谷斌，张慧姝，郑开. 黄帝四经注译·道德经注译[M]. 北京：中国社会科学出版社，2004：68.
⑥ 谷斌，张慧姝，郑开. 黄帝四经注译·道德经注译[M]. 北京：中国社会科学出版社，2004：70.
⑦ 谷斌，张慧姝，郑开. 黄帝四经注译·道德经注译[M]. 北京：中国社会科学出版社，2004：77.

天下。

《黄帝四经》"推天道以明人事"还表现在从天地阴阳之道推明刑德之道，作者认为法要坚持天阳刚之雄道，君要遵循地阴柔之雌道。《称》曰："天阳地阴……诸阳者法天，天贵正，过正曰诡……诸阴者法地，地【之】德安徐正静，柔节先定，善予不争。此地之度而雌之节也。"①作者认为，法度应该像天一样刚正不阿，充满阳气，在做人和施政方面应该像地节一样安徐正静、柔节先定、善予不争，即多施仁政。通过刑德二柄和谐并用，就像天地的寒暑、高下和谐一样，没有治理不好的天下。

从宏观角度言，《黄帝四经》"推天道以明人事"就是道之用，道最大的用在作者看来就是"案（按）法而治"，因此整部《黄帝四经》就是围绕这个主旨展开的，整部书都是按"推天道以明人事"的宏观逻辑布局的。这个推断逻辑的标准和起点是天道，表现和归属是人事。无论东西方，这种思维是文明起源的逻辑基础。作为首要原则的天道是很重要的，它决定了人类文明的走向与好坏。正如苏格拉底对克拉底鲁所说的："这就是为什么每个人都应当着重思考他的第一原则——看它们是否正确地建立起来。"②苏格拉底在此所言的第一原则及柏拉图的"型""理念"，它们之中包含着客观的法则，是万物之源。这个第一原则、型、理念即《黄帝四经》的道，道用的逻辑是"道生一，一生二，二生三，三生万物"，此万物包含人事，此逻辑即"天道推明人事"。

第三节　"二"的辩证之用：阴阳刑德

在道家文化中，二是一之子，一是道之子，二即为道之孙了，因此二蕴含了道性。《周易》将"二"化简为阴阳，因此"易、简而天下之理得矣"③，这个易简风格启示了老子创道，而其所蕴含的阴阳、刑德之理也成为百家申衍

---

① 谷斌，张慧妹，郑开．黄帝四经注译·道德经注译［M］．北京：中国社会科学出版社，2004：82-83.

② 柏拉图．王晓朝译．克拉底鲁篇［M］．柏拉图全集．北京：人民出版社，2003：128.

③ 陈成国点校．周易·系辞上［M］．四书五经．长沙：岳麓书社，2003：195.

论约天下的理论基础，《黄帝四经》作为黄老力作自不待言。

一、"二"的意涵

"二"字在中华文化世界中是颇有意思的，其最大的文化价值当在其所蕴含的辩证意涵。许慎解"二"曰："二，地之数也。从偶一。凡二之属皆从二。"①许慎此解其意源于《周易》，《周易·系辞上》曰："天一，地二；天三，地四。"②而《系辞》言"天一，地二"，是接续其"天尊地卑，乾坤定矣"③的主旨。作为中国最古老的典籍之一，《周易》最大的特征即用阴（－－）阳（—）二爻来描述论证万物，这是对其之前中华辩证文化的总结。《系辞上》曰："一阴一阳之谓道。继之者善也，成之者性也。仁者见之谓之仁，知者见之谓之知。百姓日用而不知，故君子之道鲜矣。"④《易传》传说系孔子所作，书中颇多"子曰"，类似《论语》中的孔子语气，这似乎颇具信服力，而且观其大体，其对《易经》的解读是典型的儒家礼德风格，这些似乎与《论语》中载孔子"五十以学易"⑤皆相契合，因此《易传》至少为孔子后学所作是可以肯定的。《易传》的一大理论贡献是用老子之"道"概括《易经》思想，⑥ 并将之引入儒家德治仁政的世界，对《易经》的阴阳辩证思想作了"接地气"的申衍。

老子曰："道生一，一生二，二生三，三生万物。万物负阴而抱阳，冲气以为和。"⑦史书曾记载老子离开其师商容后赴京城从博士学百家，其中包括《易》。作为熟读史书的守藏史，老子创立道家学派与《易经》肯定具有紧密的

① 许慎. 徐铉校定. 说文解字[M]. 北京：中华书局，2013：287.
② 陈戍国点校. 周易·系辞上[M]. 四书五经. 长沙：岳麓书社，2003：198.
③ 孔子. 陈戍国点校. 论语·颜渊[M]. 四书五经. 长沙：岳麓书社，2003：195.
④ 陈戍国点校. 周易·系辞上[M]. 四书五经. 长沙：岳麓书社，2003：196.
⑤ 原文为："加我数年，五十以学（易），可以无大过矣。"见孔子. 陈戍国点校. 论语·述而[M]. 四书五经. 长沙：岳麓书社，2003：29.
⑥ 这与《史记》所载孔子曾问礼于老子也具有历史的暗合，太史公载曰："孔子适周，将问礼于老子。老子曰：'子所言者，其人与骨皆已朽矣，独其言在耳……去子之骄气与多欲，态色与淫志，是皆无益于子之身。吾所以告子，若是而已。'孔子去，谓弟子曰：'……至于龙，吾不能知，其乘风云而上天？吾今日见老子，其犹龙邪!'见司马迁. 史记·老子韩非列传第三[M]. 长沙：岳麓书社，2001：388.
⑦ 谷斌、张慧姝，郑开. 黄帝四经注译·道德经注译[M]. 北京：中国社会科学出版社，2004：143.

逻辑关联。老子之"道"与《易经》的"乾元"相类，《易经》曰："大哉乾元，万物资始，乃统天。"①可以肯定的是老子最高哲学范畴——道正是在《易经》阴（－－）阳（—）辩证思想基础上创立的，老子用"道"整合了中国古代文化，提升了中国的理性思维。

综上所诉，"二"至少蕴含了以下几个意义：第一，二是道生一之后的再生物，其存在为中国辩证的思维和文化提供了理论基础，进而为三生万物提供了理论平台，使"以道观物"成为可能；第二，广义之二为中国天地阴阳文化的化身，狭义之二指称地，为阴的象征，与天阳构成阴阳之合，阴阳又为刑德奠定了基础，使"以道观人"成为可能；第三，二所蕴含的辩证意涵是中国历史发展的原始驱动力，辩证法所凝结的"和"字是中国历史和文化的象征。作为道家入世之力作的《黄帝四经》除了其他的逻辑外，对阴阳刑德的辩证逻辑也是其非常注重的，其目的是实现"案（按）法而治"下的和谐社会。

二、阴阳刑德的辩证之用

就传世文献看，中国古籍中最早将刑、德连用者当为《尚书·吕刑》，《吕刑》在批判苗民时言："上帝监民，罔有馨香德，刑发惟闻腥。"②孔颖达疏：苗民自谓是德刑者，发闻于外，惟乃皆是腥臭。这段话的意思是上帝在考察苗民时，没有发现馨香的德政，刑法所散发的只有腥臭的气味。《吕刑》接着说："惟敬五刑，以成三德……朕敬于刑，有德惟刑。"③这两句话对德与刑的辩证关系进行了阐述，二者是相反相成的对立统一关系，即"敬刑"就是"成德"，是对百姓的恩惠，良好的德政仁治需要刑罚来维护，而刑罚又不可过苛，需要德来规范匡扶，否则就会像苗民之刑罚那样散发出腥臭的气味。西周初年的统治者能有如此的刑德辩证认识，实属难能可贵，同时也为后学如《黄帝四经》、荀子、董子等的"隆礼重法"思想奠定了思想基础。

阴阳刑德是对"二"的申衍，二、阴阳、刑德三者呈递进的逻辑关系，内涵、外延顺次减小，具象性渐次增加。在《老子》中二、阴阳虽然占据非常重

---

① 陈戍国点校. 周易·乾[M]. 四书五经. 长沙：岳麓书社，2003：141.
② 罗志野英译. 周秉钧今译. 尚书[M]. 长沙：湖南出版社，1997：266.
③ 罗志野英译. 周秉钧今译. 尚书·吕刑[M]. 长沙：湖南出版社，1997：270-278.

要的理论地位，但二者出现的频率很低，这似乎与其理论铺设不相符合，通观《老子》，提及二和阴阳者仅第 42 章，老子曰："道生一，一生二，二生三，三生万物。万物负阴而抱阳，冲气以为和。"①是不是就据此可断定老子对二和阴阳不重视了呢？答案是否定的，因为虽然老子很少提及二和阴阳，但是其二和阴阳之意却是很浓厚的，他巧妙地用天地代替了二者的出场，正如笔者此前所述，天地在《老子》中出现的频率极高。从语义角度看，二、阴阳的语意抽象性和逻辑性都要比天地强，位阶当在天地之上，所以老子用高度抽象和哲理的二来参与道体之用的逻辑演绎：道生一，一生二，二生三，三生万物。阴阳是阴气和阳气的简称，三是阴阳之气及其和气的混合之气，象征矛盾的和谐，天地是阴阳的具象。老子创生这些对偶范畴，目的是说明道通过辩证法衍化天地万物。正如老子言："反者道之动，弱者道之用。"②辩证思维是老子基本思维，辩证法是老子创生和架构其哲学体系的基本方法，整部《老子》就是以此方法展开的，比如以弱用道，以达"柔弱胜刚强"的目的，最终达"无为而无不为"的目的。

德字在老子思想世界中占有重要的地位，老子曰："故失道而后德，失德而后仁，失仁而后义，失义而后礼。"③以此观之，德在老子思想世界中是仅次于道的重要范畴，老子"尊道而贵德"，其所贵之德是无为的"玄德"。但对于刑（法），老子持反对态度，认为"法令滋章，盗贼多有"④，所以此处法字是《老子》唯一提及的地方，这是与其"兵者不祥之器，非君子之器"⑤的"以弱用道"的思想相契合的。治之经，礼与刑，老子对礼刑都是持否定态度的，这就不难解释为何老子没有将刑德作为阴阳的衍化物而加以论证了。这个理论任务落在了《黄帝四经》身上。

由于时代背景和任务不同，《黄帝四经》在承袭老子思想的同时作了一些

---

① 谷斌，张慧姝，郑开. 黄帝四经注译·道德经注译[M]. 北京：中国社会科学出版社，2004：143.

② 谷斌，张慧姝，郑开. 黄帝四经注译·道德经注译[M]. 北京：中国社会科学出版社，2004：141.

③ 王夫之衍，王孝鱼疏证. 老子衍疏证[M]. 北京：中华书局，2014：131.

④ 王夫之衍，王孝鱼疏证. 老子衍疏证[M]. 北京：中华书局，2014：200.

⑤ 王夫之衍，王孝鱼疏证. 老子衍疏证[M]. 北京：中华书局，2014：106.

变通，阴阳刑德思想即为典型代表。

阴阳作为一个学派始于战国齐的邹衍，但阴阳思想在中国却有悠久的历史，《易经》的基本逻辑就是阴阳辩证思维。但是包括《易经》《老子》在内的古代阴阳思想多仅从自然角度对阴阳进行解读和应用，《黄帝四经》继承了前贤的阴阳思想并作了发展，将之用来解释和应用于社会，这是个重大的理论突破。正如李夏所言："(《黄帝四经》)将阴阳思想运用于社会伦理，把'阴阳'作为一个基本因素由自然界扩大化到社会、政治、人事、秩序的安排，作为一种等级性的合理说明。"①更有甚者，《黄帝四经》还从阴阳思想中申衍出刑德理论，通过刑德的辩证关系来探讨社会治理问题。战国时期的《尉缭子》曾载梁惠王"黄帝刑德，可以百胜"②之语，这说明黄老学很注重刑德思想，作为黄老学的代表作，《黄帝四经》对这一思想立场进行了继承和发展，成为其具有独特学术风格的典型代表。《黄帝四经》为何能突破老子排法思想而提出刑德并用思想呢？我想理由大概有以下几点：首先，老子虽然说"法令滋章，盗贼多有"，他只是批判法律"滋章"，即法律多了，而不是彻底否定法律的作用，因为在整个老子的思想世界中，道才是他推崇的对象，也是其追求的理想，德、仁、义、礼、法虽然在理论上批判，但在现实中却是不可或缺的，这点我想深谙人事智慧超绝卓伦的老子应该是懂得的。作为黄老学的代表作，《黄帝四经》在继承老子道的思想同时，将法作了道化的改造，变成道法，将法纳入道的逻辑范畴，这是非常巧妙的理论创设，其立场要远远高于商鞅之流的纯法家。其次，《黄帝四经》因为以老子的"道"作为理论基础，所以具有道之宏阔高远的理论视野和智识立场，又恰逢战国中后期"道术将为天下合"的历史趋势，于是借助稷下学宫的学术平台，将作为治理方式的刑与德进行了创造性的整合。这就是为何老子批判刑德③，而《黄帝四经》提倡"刑德并用"的原因。

治之经，礼与刑，作为君主不得不察。《君正》篇即专门对刑德并用进行

---

① 李夏.《黄帝四经》阴阳思想研究[J]. 管子学刊，2006(01)：26.

② 尉缭子. 刘春生译. 尉缭子全译[M]. 贵阳：贵州人民出版社，1993：2.

③ 严格而言，老子也提倡德，所以其著为《道德经》，但是其德非儒家所昌之"下德"，他提倡的是由道衍化的"上德""玄德"。

了深入论证，作者接续《道法》《国次》将理论视野逐渐缩小最终定格在刑德的辩证之用上。《道法》主要讲"道法"，《国次》主要讲天当（天极）天地阴阳之理，这些范畴都比较宽泛抽象，《君正》将理论视角过渡到阴阳刑德，是对以上两篇思想的辩证发展。

《君正》开篇即言："一年从其俗，二年用其德，三年而民有得，四年而发号令，【五年而以刑正，六年而】民畏敬，七年而可以正（征）……二年用【其德】，民则力……五年以刑正，则民不幸。"①这里一连用了7个排比句论证君正之理。其中德与刑是一对辩证范畴，先用德，民则勉力用事，再用刑正，则民无侥幸逃避之心，德劝善，刑惩恶，实现了治国之二经的辩证结合。要达到的目的是"受赏无德，受罪无怨，当也"②，即刑德的恰当应用，就会让百姓受赏不用有感恩之心，受罚不会产生怨恨之情，这就是遵循了天当。从此段话可看出作者很推崇理性精神在治理中的价值，赏罚无德怨是理性精神贯彻的表现，同时理性精神也是与法治精神相契合的，这就与《黄帝四经》"案（按）法而治"的法治精神相吻合了。

在重视刑德并用的同时，《君正》提出了一个新思想：民富是德的基础，德是刑罚的基础，所以民富是刑德并用之基础。《君正》言："知地宜，须时而树，节民力以使，则财生。赋敛有度，则民富。民富则有佴（耻），有佴（耻）则号令成俗刑（罚）不犯，号令成俗而刑伐（罚）不犯则守固单（战）联（胜）之道也。"③从此段话看，富民的途径有二，首先要"知地宜、须时而树、节民力"，即统治者要引导百姓遵循天时地宜以耕种，在自然规律方面要有效益，同时要"节民力"，遵循自然规律，尊重百姓劳动，不随意征兵役、徭役，此可概之曰开源。其次统治者要"赋敛有度"，民才会积累更多财富，此可概之曰节流。节流之术，似乎受老子思想影响，老子曾言："民之饥，以其上食税之多也，是以饥。"④有了开源和节流，民富就有了保障，民富了才会尊礼重德，大家都尊礼重德了，刑罚就少了，国家既富且强，则王霸之业可图。关于经济

---

① 谷斌，张慧姝，郑开. 黄帝四经注译·道德经注译[M]. 北京：中国社会科学出版社，2004：14.
② 谷斌，张慧姝，郑开. 黄帝四经注译·道德经注译[M]. 北京：中国社会科学出版社，2004：15.
③ 谷斌，张慧姝，郑开. 黄帝四经注译·道德经注译[M]. 北京：中国社会科学出版社，2004：15-16.
④ 王夫子衍，王孝鱼疏证. 老子衍疏证[M]. 北京：中华书局，2014：261.

基础对于国家繁荣昌盛的重要性孔子和管子皆有论及。冉有问孔子："既庶矣，又何加焉?"孔子曰："富之。"冉有又问："既富矣，又何加焉?"孔子曰："教之。"①在此，孔子强调经济基础是百姓德性培养的基础，而德是刑的基础，即"礼乐不兴，则刑罚不中"。《管子·牧民》也言："仓廪实而知礼节，衣食足而知荣辱。"②两者虽然强调经济基础的重要性，但没有从天地之道的角度深挖国家富强之源。难能可贵的是，《黄帝四经》从天地之道探究道德和法律的基础，认为"知地宜、须天时"才是民富国强之本和刑德之基，这种思想是与"道生法"的逻辑相契合的，也体现了《黄帝四经》深邃的理性精神。

《黄帝四经》有时把刑德思想比喻成文武，文者，"因天之生以养生"，武者，"因天之杀以伐死"，德仁之政是因循天生养万物之道而惠泽百姓，刑罚则像上天惩罚违道者那样惩罚坏人。这种观点的理论意义在于将刑德思想上升到道的哲学高度，是《黄帝四经》独具魅力的"推天道以明人事"的方法论体现。《黄帝四经》提倡文武并行，目的是要达到"天下宾"的效果，《君正》结尾处总结道："审于行文武之道，则天下宾矣。"③

《四度》接续了《君正》的文武思想，言："参于天地，阖（合）于民心，文武并立，命之曰上同。"④此段话认为大行文武之道上要参天地之道，下要合民心，天地人三道要贯通，此之谓"上同"，即合于道。这进一步拓展了刑德辩证之用的内涵和外延。不仅此，作者还对刑德之用作了定性和定量的论述，《四度》言："因天时，伐天毁，胃（谓）之武。武刃而以文随其后，则有成功矣。用二文一武者王。"⑤此段话的前部分是定性描述，即刑德二者辩证为用，相辅相成，虽然作者只言"武刃而以文随其后"，但从语境和文意可以推出"文而以武刃随其后"。后半部分是定量描述，即"二文一武"，强调文德的基础性和刑法的修正及惩罚性作用，这就是《黄帝四经》所言的"始于文而卒于武，天地之道也"⑥。

① 孔子. 论语·子路[M]. 四书五经. 长沙：岳麓书社，1991：43.
② 管子. 江涛注. 管子新注[M]. 济南：齐鲁书社，2006：1.
③ 谷斌，张慧姝，郑开. 黄帝四经注译·道德经注译[M]. 北京：中国社会科学出版社，2004：16.
④ 谷斌，张慧姝，郑开. 黄帝四经注译·道德经注译[M]. 北京：中国社会科学出版社，2004：23.
⑤ 谷斌，张慧姝，郑开. 黄帝四经注译·道德经注译[M]. 北京：中国社会科学出版社，2004：25.
⑥ 谷斌，张慧姝，郑开. 黄帝四经注译·道德经注译[M]. 北京：中国社会科学出版社，2004：35.

关于刑德思想,《观》的论述比较集中,比较深入地申衍了刑德思想。作者将刑德比喻成春夏秋冬四季,德如春夏,生养万物,刑如秋冬,肃杀阴沉。对待百姓不应该像绳索那样刻意束缚他们,而应该像四季那样顺应天道而为。作者言:"不靡不黑,而正之以刑与德。春夏为德,秋冬为刑。先德后刑以养生。"①如果以《黄帝四经》的正奇观理解刑德,则德正刑奇,德养刑杀。所以作者言"先德后刑以养生",这里所言之刑显然是狭义层面上的法,即主要指刑法,乃义务本位上的法,以此观之,《黄帝四经》虽然主张"道生法",也构建了一套完整的道生法的逻辑体系,有自然法的基础和因素,有一定的权利意识,但不够彻底。如果作变通理解,刑德二者一并可看成是《黄帝四经》道生之"法"的一体两面,德是其法权利本位一面,这样理解,《黄帝四经》之法的意涵就完整了,就可以为"天下极"了。所以作者接着说:"凡谌(勘)之极,在刑与德。刑德皇皇,日月相望,以明其当,而盈□无匡。"②刑德二柄是平定天下的准则,它们就像天上的日月,相辅相成,辩证为用。

以上黄帝的话在《姓争》中再一次完整呈现,并且就刑德的辩证关系作了一番发挥,进一步从刑德两面论证道生之法的内在性质。作者言:"天德皇皇,非刑不行。缪缪(穆穆)天刑,非德必顷(倾)。刑德相养,逆顺若成。刑晦而德明,刑阴而德阳,刑微而德章。其明者以为法,而微道是行。"③通览《黄帝四经》,此段话是对法之刑德二维解析得最全面最深刻者。其全面和深刻主要可以从以下几个层面来理解:第一,刑德相养,二者辩证互用,紧密关联,二者关系和谐,应用得当,人类社会的规范秩序将自顺;第二,先德后刑,德养刑杀,德显刑隐,二者一样重要,是法的一体两面;第三,由刑德组成的法乃由道生,是道的体现。此三点构成一个连贯的逻辑链条,完美诠释了道法的内涵,包括其来源、性质、构成、功能、内在逻辑结构等。

在此,需要特别说明的是《黄帝四经》中的法、刑、德三个范畴。法包含了刑、德,法是道生之法,乃概称,其内涵和外延都比较大,包含了永恒法、自然法、人定法,而刑则是与德相对而言的范畴,是法的狭义称谓,主要指

---

① 谷斌,张慧姝,郑开. 黄帝四经注译·道德经注译[M]. 北京:中国社会科学出版社,2004:44.
② 谷斌,张慧姝,郑开. 黄帝四经注译·道德经注译[M]. 北京:中国社会科学出版社,2004:45.
③ 谷斌,张慧姝,郑开. 黄帝四经注译·道德经注译[M]. 北京:中国社会科学出版社,2004:57.

刑法。德虽然内涵比较丰富，但与刑并用时便只是道法的道德原则，相当于道法自然法部分，它与刑辩证地构成了道法的一体两面，当然这种囊括刑德的思想气度与其以道为本有关。由于古人好微言大义，所以作者在行文中并没有对这些范畴及其相互之间的关系作特别的说明，如果不认真阅读全著，不仔细推敲，没有一定的理论修为和逻辑思维能力，《黄帝四经》的这个思想诀窍很难为人所见。以道统法，以法统刑德，以刑德辩证为用，这便是《黄帝四经》的法治逻辑，其意在实现"案（按）法而治则不乱"①的法治目的，这也是其主旨所在。正如余明光先生在《黄帝四经与黄老思想》中言："从其内容分析它的思想，它的主旨是甚为清楚的，即这部书的思想主要在社会政治方面，而哲学思想却是次要的。"②从此段话看，余先生把握住了《黄帝四经》大的主旨方向，但可能由于专业所限，没有深入认识到其法治之主旨。以此观之，整部书的范畴、结构、功能、目的都集中在"法"字上了，以"法"观之，全书逻辑昭然若揭。

---

① 谷斌，张慧姝，郑开. 黄帝四经注译·道德经注译[M]. 北京：中国社会科学出版社，2004：76.
② 余明光. 黄帝四经与黄老思想[M]. 哈尔滨：黑龙江人民出版社，1989：21.

第四章　法的适用

以上各章是对《黄帝四经》之法的背景、来源、性质、逻辑关系等进行解析，本章将对其法的适用进行阐释。《黄帝四经》之法包括了不成文的自然法和成文的制定法，前者相当于其所言的德，后者则相当于其所言的刑。《黄帝四经》不仅在理论上打通了天、地、人，深化了中国古代之法的思想内涵，厘清了其正义之轨，为中国传统自然法理论树立了典范，为中华传统法律体系的完善做出了巨大的贡献。难得的是，它在法律适用方面也进行了一些探讨，树立了一些原则，如"法弗敢废""去私执法""当""无为""循名责实"（参验）"抱道执度"等。

第一节　"法弗敢废"

"法弗敢废"语出《黄帝四经》首篇《道法》，全句为"法立而弗敢废【也】"，如果再向前追溯，则知其法的主语是"执道者"，由此可进一步推进理解法的属性及来源。这其实就是《黄帝四经》之主旨——"案（按）法而治"的体现。此主旨，在《黄帝四经》首篇《道法》之首段得以较为完美地呈现："道生法。法者，引得失以绳，而名曲直者也。故执道者，生法弗敢犯殹（也），法立而弗敢废【也】。□能自引以绳，然后见知天下而不惑矣。"①此段话是对"法弗敢

---

① 谷斌，张慧姝，郑开. 黄帝四经注译·道德经注译[M]. 北京：中国社会科学出版社，2004：9.

废"的解答，主要有以下几个层面的原因：第一，法为道生，集神圣、客观、公正于一身；第二，法像绳墨一样，是是非非曲直的标准；第三，王侯为首的统治集团只有率先垂范遵纪守法才能号令天下。因此，作者提出（执道者）"生法弗敢犯""法立而弗敢废"作为"案（按）法而治"的重要法治原则之一，并且将之纳入道生法的整体逻辑体系中。下面从两个方面，结合文本解析这个法治原则。

一、"法弗敢废"的道体之因

"法弗敢废"的首要原因当在"道生法"，也即《黄帝四经》所言之法根源于道，而道是道家思想世界最高的哲学范畴，是世界的本原，无所能逃匿其迹，被赋予了神话般的神圣性，《黄帝四经》"案（按）法而治"之法治主旨都是在道的基础上展开的。正如余明光先生言："《四经》中的《道原》篇，集中地讨论了'道'的本原、性质和作用。它是《四经》的理论基础。全书自始至终都贯穿和渗透着'道'的思想，体现'道'的功能和作用。"①此言甚是。

在《黄帝四经》26 篇中，共计四篇冠以"道"之名，即《道法》《前道》《顺道》《道原》其中《道法》为首篇，《道原》为末篇，二者首尾呼应，为"法"建构了完善的"道"基。不管从题目的语法角度还是从整部《黄帝四经》的主旨看，首篇《道法》的中心思想当在"法"而非道，道只是修饰法的定语而已，也即，《黄帝四经》之法是道生的，其渊源、性质、结构、功能、执行等皆在道的范畴之内，所以《道法》除了言法以外还言道，是在道的范畴内言法的，法是目标和重心，道是为法服务的，二者紧密联系，辩证为用，可谓之曰"道为法之道，法为道之法"，此风格和逻辑结构定格了整部书的基调。为加强法的道基，作者又特意创作了《前道》《顺道》《道原》，对道法之道进行了深入的拓展和挖掘，尤其《道原》，作为收尾之作，既是对道的进一步挖掘梳理，又与首篇的《道法》遥相呼应，可谓意味深长的画龙点睛之笔。

首篇《道法》开篇即言："道生法。……故执道者，生法弗敢犯也，法立而

---

①　余明光. 黄帝四经与黄老思想［M］. 哈尔滨：黑龙江人民出版社，1989：21.

弗敢废【也】。"①此段话的主旨与整部《黄帝四经》相同，都是对"案（按）法而治"的解说。但其特殊之处在于其开篇即言"道生法""故执道者生法"，将法限定在道的轨道之上，既点明了"案（按）法而治"的主题，又定格了法治的道基，此两点为整部《黄帝四经》的主旨和逻辑开了个完美的头。

第二段开始，《道法》就对道展开了论证，直至倒数第二自然段，在论证中作者将"执道者"穿插其中，更有甚者在末尾一段以"执道者"开头，再一次强调"执道者生法"的重要性，同时也是对整篇《道法》的总结，强化了道在法治中的意义。值得注意的是，作者在对道的解析中，不是停留在为解析而解析，而是在"案（按）法而治"的主旨指导下进行的。所以作者为"道生法"创设了一些台阶，为此而创生或援引了一些范畴，如"刑名""无为""天当""恒度（常）""天下正"等。纵观《道法》，对道的纯粹解析主要集中在第二自然段，严格而言，第二自然段也非全部是纯粹解析道，前半部分是对道的纯粹解析，后半部分就过渡到"名形""无为"上了，所以此段也是作者为完成"案（按）法而治"的主旨而精心设计的。

第二段段首对道作了描述："虚无刑（形），其裻寂冥冥，万物之所从生。……见知之道，唯虚无有。虚无有，秋稿（毫）成之，必有刑（形）名。"②"虚无刑（形），其裻冥冥"是对道最纯粹的描述，下一句点出了"万物之所从生"，虽然也属于道的本质属性，但与前两句比就没有那么纯粹了，万物包含名、形、法，因此此句是作者精心创设的"以天道推人事"的过渡，所以才有后面"名形""无为""天当""恒度"等范畴出现，这些范畴为法的具化提供了铺垫。

《成法》是《黄帝四经》中将法的道之基紧密联系起来进行深入论证的典型。力黑回答黄帝曰："吾闻天下有成法，故曰不多，一言而止。循名复一，民无乱纪。"③力黑所认为的成法即循名复一，这个一就是道的化身。黄帝似乎对"一"还有疑惑，于是追问道："一者一而已乎？其亦有长乎？"力黑继续解释曰："一者，道其本也，胡为而无长？□□所失，莫能守一。一之解，察于

① 谷斌，张慧姝，郑开. 黄帝四经注译·道德经注译[M]. 北京：中国社会科学出版社，2004：9.
② 谷斌，张慧姝，郑开. 黄帝四经注译·道德经注译[M]. 北京：中国社会科学出版社，2004：9.
③ 谷斌，张慧姝，郑开. 黄帝四经注译·道德经注译[M]. 北京：中国社会科学出版社，2004：63-64.

天地。一之理，施于四海。……握一以知多，除民之所害，而寺（持）民之所宜。"①力黑认为一是道的化身，具有道的功能，守一就是守道。力黑的这种观点显然是承袭了老子"道生一，一生二，二生三，三生万物"的宇宙创生思想，道不仅为一之基而且为万物之源，法度当然也是由道所生，因此循名复一就是抱道执度，二者都是宇宙社会的既定之法，即成法。作者这里所言的成法虽指"一"，似乎是从不成文法或曰自然法层面来谈法的，对人定的成文法几乎没有谈及，但是根据其"握一以知多，除民之所害，而寺（持）民之所宜"的逻辑，不难推出自然法以下的人定法，因此其总体思路是一致的。

《前道》是《黄帝四经》专论法治之道基的篇章之一，前道的意思即以道为先。谁以道为先呢？王者、执道者、古之贤者，有时也被称为君子、圣人、国士等，总之是把握了道又能顺道而为的人。《前道》言："故王者不以幸治国，治国固有前道，上知天时，下知地利，中知人事……道有原而无端，用者实，弗用者蘆……古之贤者，道是之行。"②王者不自以为是的以侥幸心理治国，而是建立在道的基础之上，遵循了道，就能上知天时，下知地利，中知人事，既能遵循自然法的原理，又能因顺民情制定和执行人定法，实现"案（按）法而治"的法治目标。

《称》篇的题意是合道，其中当然包括法治之合道原则。《称》开篇即点出主题："道无始而有应。其未来也，无之；其已来也，如之。"③此段话说明了称的本质即合道，因为虽然道无端始，但是万物却化生于道，未化之时一切皆无，既化之后，则顺道而行。此段话位居首段，意义也可谓首义，即它点出了《称》的主题。虽然《称》为格言警句之集锦，但有了此主题，可将全部的格言警句串联起来。可见作者的思维是清晰的，用意颇深。有了这样的主题铺垫，法治的道之基就理所当然了，所以作者在第五自然段对法治进行了专论："有义（仪）而义（仪）则不过，侍（恃）表而望则不惑，案（按）法而治则不

---

① 谷斌，张慧姝，郑开. 黄帝四经注译·道德经注译[M]. 北京：中国社会科学出版社，2004：63.

② 谷斌，张慧姝，郑开. 黄帝四经注译·道德经注译[M]. 北京：中国社会科学出版社，2004：68-69.

③ 谷斌，张慧姝，郑开. 黄帝四经注译·道德经注译[M]. 北京：中国社会科学出版社，2004：76.

乱。"①仪、表、法都是合道之称，作者在此提及仪、表，一方面将法比喻成仪、表，另一方面则是通过排比句的气势强调法合道的意义。

《道原》为《黄帝四经》的收官之作，对整部书的理论从道的角度作了总结，强调了法治的道基意义，与首篇《道法》前后呼应，形成完整的逻辑链条。道原的意思是道为万物之本原，作者除了对道体进行一番描述外，还对道所生之物及其逻辑进行了总结，如天地万物、阴阳、名形、法度等。作者以对道体的解析为首，以阴阳、名形之理为中，以"抱道执度"为尾，呈现了完整的"道生法"的逻辑，彰显了"案（按）法而治"的主题。作者言："恒无之初，迥同大虚。虚同为一，恒一而止。……一者其号也，虚其舍也，无为其素也，和其用也。"②作者在首段主要对道进行了描述，从对其纯粹的道体描述过渡到道用，为"抱道执度"的法治之理作铺垫。对道的阴阳、名形之理进行一番描述后，之后段作者得出这样的结论："夫为一而不化。得道之本，握少以知多；得事之要，操正以政（正）畸（奇）。前知大古，后□精明。抱道执度，天下可一也。观之大古，周其所以。索之未无，得之所以。"③"抱道执度，天下可一"点出了《道原》的主旨，也是整部《黄帝四经》的主旨，此句话可谓画龙点睛，将整部《黄帝四经》的主旨点活了，与首篇《道法》的"道生法""法弗敢废"的法治思想前后呼应，同时也是对中间各篇的法治论证过程的总结，也契合了《黄帝四经》"推天道以知人事"的逻辑用意，正如余明光先生言："黄学的'道论'是为它的政治思想服务的，所以黄学思想的重点在于政治。从《四经》中可以看到黄学文武并用、刑德并举的治国方略；以法为符、皆断于法的政策原则；也可以看到无执无处、无为而治的政治理想；和以民为本的保民、爱民指导思想。"④

二、"法弗敢废"所蕴含的法之神圣性

《黄帝四经》的主旨为"案（按）法而治"，极力推崇法治，其理论特色在于

---

① 谷斌，张慧姝，郑开. 黄帝四经注译·道德经注译[M]. 北京：中国社会科学出版社，2004：76.
② 谷斌，张慧姝，郑开. 黄帝四经注译·道德经注译[M]. 北京：中国社会科学出版社，2004：88.
③ 谷斌，张慧姝，郑开. 黄帝四经注译·道德经注译[M]. 北京：中国社会科学出版社，2004：89.
④ 余明光. 黄帝四经与黄老思想[M]. 哈尔滨：黑龙江人民出版社，1989：32.

"以道说法"，将天、地、人三才贯通于道，提升了法的品味。在《黄帝四经》看来，法是神圣的，这种神圣性首先体现在"道生法"中，其次体现在"执道者生法"中，再次体现在法本身所蕴含的正义性中。如果对这三个问题加以比较分辨，其实是一个问题的三个层面，其总皆归"道"。道的神圣性赋予了其所生之法的神圣性，但道终究只能赋予法神圣的性质，这相当于自然法，成文法还需统治者具体参与制定和执行，为确保所定之法的神圣性，所以《黄帝四经》强调"执道者生法"，这构成了其法神圣性的第二个层面，也是其法从不成文的自然法具化为成文的人定法的关键。为确保其所建构的法治理想得以顺利实现，《黄帝四经》对人定法的制定者限定于"执道者"。另外，法的神圣性还表现在法"引得失以绳"的正义性，这构成了法神圣性的第三个层面。关于第一个层面，前文已经论及，此不赘述。以下对第二尤其第三层面的法之神圣性进行论述。

"法弗敢废"语出《道法》首段，此句全句为："故执道者，生法弗敢犯也，法立而弗敢废【也】。"①这句话强调了应由"执道者生法"，执道者生法之后，不能随意废弃，也不能违犯，彰显了法的神圣性。当然在逻辑衔接上，此句是接续前两句"道生法"和"法者，引得失以绳，而明曲直者也"的。前一句是从法的渊源角度对法之神圣性的直接规定，后一句将法比喻成绳墨而为得失曲直之标准的角度阐明法的神圣性，也是对法之概念的界定。有了法源和概念界定，作者才提出"执道者生法"，而且生法之后不能随意废弃和违犯，以确保法的神圣性。紧接着作者提出了法治的理想和效果，即"□能自引以绳，然后见知天下而不惑矣"。前半句的空缺当为"王"，其实就是上句所言的"执道者"，因为系"执道者生法"，所以才有"自引以绳"的说法。作者的用意在于通过统治者率先遵法而实践法的神圣性，为天下之榜样，以起"君子之德风"的法治天下效应。《黄帝四经》在首段的法治之论，强调了法治的重要性，也为整部书法治思想的展开提供了逻辑框架和价值目标。

《道法》首段对法进行了正面描述，强调了法的正义性。作者曰："法者，

---

① 谷斌，张慧姝，郑开．黄帝四经注译·道德经注译[M]．北京：中国社会科学出版社，2004：9．

引得失以绳，而明曲直者也。"①《黄帝四经》将法比喻成绳墨，绳墨是匠人用来测量曲直的工具，那么法就是君王用来判断是非曲直的工具，这个比喻突出地形容了法的公正性，法的这种公正性源于道。相关论述，在黄老学派的其他著作中也有体现，如《管子·七法》言："尺寸也、绳墨也、规矩也、衡石也、斗斛也、角量也，谓之法。"②《管子》不仅沿袭了《黄帝四经》绳墨的说法，还将几乎所有的度量之具都搬出来形容法，可见其对法的公正性是非常重视的。但与后者相比，《管子》很少将法的公正性溯源于道，在其所有的86篇文章中，没有一篇是直接以"道"命名的。这说明《管子》虽然承袭了《黄帝四经》法治思想，但"拿来主义"的倾向比较严重，没有从道的角度对法进行系统的论证，功利主义色彩比较浓厚。③《黄帝四经》有时将法之正义的神圣性述诸于天当，天当就像人类社会的权衡，是法律的准则，而天当的本质就是天道。作者言："称以权衡，参以天当，天下有事，必有巧验。事如木，多如仓粟。斗石已具，尺寸已陈，则无所逃其神。故曰度量已具，则治而制之矣。"④作者在此将法称为度量，是治国之斗石和尺寸。法度治国就像权衡称量，天道规范万物，天下之事必参以法度方知是非曲直，由此而实现"治而制之"的长治久安。此段话从两个层面论证了法的神圣性：第一，法参以天当，源于道；第二，法为国之度量之具，即斗石、尺寸，正义性乃其本质。

《君正》对法的正义性进行了直接论证，作者言："法度者，正之至也。而以法度治者，不可乱也。而生法度者，不可乱也。"⑤作者这里直接言法乃"正之至"，对法的正义性进行了正面的直接界定。正因为其本质的正义性，所以可以为天下正，用以治国就可长治久安，这实际是对法治的高度肯定。作者的巧妙之处在于，他不是干巴巴地仅从道的抽象理论出发论证法的神圣性，而是将天道、地道、人道结合起来，将社会的长治久安和人们的长久福祉结合起来，将天道落实应用于实际，这样不但更能说明和实践法的神圣性，又

---

① 谷斌，张慧姝，郑开. 黄帝四经注译·道德经注译[M]. 北京：中国社会科学出版社，2004：9.
② 管子著，江涛注. 管子新注[M]. 济南：齐鲁书社，2006：44.
③ 以此观之，《黄帝四经》作为中国古代最上乘的法理学著作是没有问题的。
④ 谷斌，张慧姝，郑开. 黄帝四经注译·道德经注译[M]. 北京：中国社会科学出版社，2004：10.
⑤ 谷斌，张慧姝，郑开. 黄帝四经注译·道德经注译[M]. 北京：中国社会科学出版社，2004：16.

契合了其"推天道以明人事"的逻辑和"案（按）法而治"的主旨。值得注意的是，作者在强调以法治国不可乱的同时，又提出生法度者不可乱，即执道者不可乱，从法的渊源上确保了法治的牢固之基。

《亡论》言："抹（昧）利，襦传，达（猾）刑，为乱首，为怨媒，此五者，祸皆反自及也。"①作者在此将"达（猾）刑"作为"五乱"之一，可见其对法治重要性的高度重视，法的神圣性于此可见一斑。"达"通"猾"，即出入法律的意思，作者认为不遵守法律会祸及己身。这里的主语是国或国君，"达刑"是与题名"亡论"和开首语"犯禁绝理，天诛必至"相关联的，是对后者的申衍与具化。除了"五乱"，"三不辜"也涉及法治问题，即"刑无罪"也是"三不辜"之一，与"杀贤""杀服民"罪恶同等。"刑无罪"即滥杀无辜。②作者在此将"刑无罪"作为"三不辜"之一，并且是在"亡论"的大前提下出现，可见法治之重要性。"刑无罪"强调的是"罚当其罪"的法治原则，其隐含着"法无明文规定不为罪"的现代法治意涵。"罚当其罪"原则要求断罪量刑要严格遵循法律规定，其内涵和意义在于：第一，严格遵守法律规定，不得随意出入人罪，体现了对法之神圣性的尊重；第二，"罚当其罪"原则的执行者必须是"执道者"，否则此原则很难贯彻，只有执道者才能严格遵循"道法"，从而保全了法的神圣性。

《观》记载了黄帝对法的神圣性的认识："群群□□□□□□为一囷，无晦无明，未有阴阳。阴阳未定，吾未有以名。今始判为两，分为阴阳。离为〇四【时】，□□□□□□□□□□□因以为常，其明者以为法而微道是行。"③黄帝在此描绘了一幅清晰的道生法的逻辑图景：道—阴阳—四时—法。最后一句话点明了法与道的逻辑关联：法为道之显，道为法之隐，这是对此前道生法逻辑的总结。黄帝在此的用意是为了论证法的神圣性、客观性、公正性，这一切皆源于其"道性"，法有了"道性"，方可"谨守吾正名，毋失吾恒刑，

① 谷斌，张慧姝，郑开.黄帝四经注译·道德经注译[M].北京：中国社会科学出版社，2004：32.
② 谷斌，张慧姝，郑开.黄帝四经注译·道德经注译[M].北京：中国社会科学出版社，2004：33.
③ 谷斌，张慧姝，郑开.黄帝四经注译·道德经注译[M].北京：中国社会科学出版社，2004：43.

以示后人"①，从而实现法治，出现"案法而治则不乱"②的和谐局面。

总之，《黄帝四经》提出"法弗敢废"的思想，其目的是强调道法的神圣性，最终目的是实现其"案（按）法而治"的法治理想。法治的前提是法，所以"法弗敢废"，而且此不废之道法是评判社会是非的标准，正如《名理》言："是非有分，以法断之。虚静谨听，以法为符。"③

第二节　当：得道之法

《吕览·无义》言："当，应也。"《吕览·大乐》言："当，合也。"《管子·宙合》曰："应变不失之谓当。"④综上所述，结合《黄帝四经》，当之意为"应合而不失道"。当字在《黄帝四经》中通常与"天"连用为"天当"，与"天极""天稽"等词意义相当。但是若做深入分析，"天当"的意义更复杂，内涵更丰富，已超越了纯粹作为规范准则的"天极"或"天稽"的意义，也即"天当"不仅是名称性的规范准则，而且具有"去私执法"和"不达（猾）刑"的动词意涵，这是对名词性准则意涵的延伸。当的动词还表现在"当罪""失当"等。"去私执法"和"不达（猾）刑"的内在意涵是要求执法者必须是"执道者"，才能确保"道法"之"当"。

一、《黄帝四经》之法"当"的意涵

《黄帝四经》全著虽仅1万余字，但有个显著的特征，即一些核心范畴被频繁地使用，如道、名、形、德、法、因循、当等。认真考察这些范畴，发现它们存在着内在的逻辑关联，并非作者随意使用的词汇。这种逻辑关联可用如下图式表达：道→名→刑→德→法＝因循＝当，用《黄帝四经》原文可概括

---

① 谷斌，张慧姝，郑开. 黄帝四经注译·道德经注译[M]. 北京：中国社会科学出版社，2004：55. 此处的"吾"指黄帝。

② 谷斌，张慧姝，郑开. 黄帝四经注译·道德经注译[M]. 北京：中国社会科学出版社，2004：76.

③ 谷斌，张慧姝，郑开. 黄帝四经注译·道德经注译[M]. 北京：中国社会科学出版社，2004：38.

④ 以上所引，见陈鼓应黄帝四经今注今译[M]. 北京：商务印书馆，2007：230.

为"道生法"，即这个图式就是"道生法"的逻辑表达，也是整部《黄帝四经》的逻辑链条，作者所精心构建的这个逻辑框架其目的在于为"案（按）法而治"的主旨服务。以此观之，作为黄老道家经典著作的《黄帝四经》对老子之道的深刻领悟和应用堪称神妙，对道的体系性、客观性、逻辑性、公正性等意涵发掘至深。正是如此，所以整部《黄帝四经》才表现出浑然一体、逻辑清晰、论说力强的特色，作为一部法哲学著作，古代无出其右者。

通观全著，当字共在 12 篇中出现，出现率占全书 26 篇的 46.2%，就一部仅 1 万余字的著作而言，这个比率是较高的。我们要追问的是：作者为何这样频繁地提到"当"？回答这个问题还得回到以上图式：道→名→刑→德→法＝因循＝当，当＝因循，因循是"道→名→形→德→法"的内在逻辑，"当"即为因循的准则，这些关系共同阐释着"道生法"和"案（按）法而治"的宗旨。"当"是法因循德、形、名、道的准则，也是对执道者提出的严格要求，所以其既有名词的内涵也具有动词的意涵。

当字在《黄帝四经》中的用法概之有：当、天当、当名、当时、当罪、失当、不当。其内在逻辑可以下述图式表达：当→天当→（当名＋当时＋当罪↔失当＋不当）。在这些范畴中，当为总称，是后面一系列词汇的前提和基础。在当所衍生的这些词汇中，除了"天当"为名词性外，其余皆为动词，词性不同，意也异数。天当即天极（天之稽），是"当"之最高准则，当名、当时、当罪皆是在"天当"基础上衍生开来的。失当、不当是当名、当时、当罪的反面，二者构成了当之一体两面。

细究之，"当"在《黄帝四经》的逻辑体系中是不可或缺的，因为它是评判因循之道的标准，只有把握了"当"，才能使立法、司法、执法不脱离道之度。当的名词性含义主要是准则，是静态的规范范畴，动词性含义为"符合准则"，内中蕴含了人尤其是统治者的主观因素，特别是在人定法领域，离不开执道者的参与，否则法治便是空谈。因此，动词性之"当"其实是"执道者"恰当把握道的过程，是实现"推天道以明人事"的具体环节。

《道法》首段提出了"道生法""法弗敢犯""法弗敢废"的观点，接下来就是对此观点的论证，论证中，作者提出了"天当"范畴。天当就是天极或天稽，是作为规范层面的道，可理解为自然法或不成文法，是成文的人定法之基础，它也可隐含在人定法中，成为成文法的准则。作者言："称以权衡，参以天当，天下有事，必有巧验。事如直木，多如仓粟。斗石已具，尺寸已陈，则无所逃其神。故曰：度量已具，则治而制之矣。"①天当就像权衡、斗石等度量工具，是国家的治之具。这里言的天当，是人定法的前提与基础，是"道"层面上的法，是评判是非得失的参验标准，只要能遵循"天当"，就可以"为天下正"。天当直接出于道，是当的最高和最基本层面的含义，也是《黄帝四经》之法的高层面存在形式。所以作者在首篇接着法而提出天当范畴，是有充分的逻辑预设的，即为全著从"当"的角度展开对法的论证提供逻辑基础。

《国次》对天极、天当、天功进行了论述，这些范畴构成了"国次"的规范基础。这种思路是继首篇《道法》对法治理论的基础性阐释，系从宏观角度对法治进行解读。作者言："故唯聖（圣）人能尽天极，能用天当。"②这里的圣人与儒家的道德圣人不同，系指得道又能守道、用道的智者，显然超越了前者。作者一再强调"人"在法治中的意义，显然是对人的主观随意性和人性恶的一面的洞察和防范，以保证"道生法"和"案（按）法而治"的顺利。只有圣人（执道者）充分参与立法、司法、执法的过程，才能不"过极失当"，成就"天功"。③《黄帝四经》一再强调"执道者"在法治中的意义，是对人的主观能动性的肯定，是对老子"不敢为天下先"的突破和发展，正如《黄帝四经》所言："作争者凶，不争亦毋（无）以成功。"④

当的本意是恰当、合当，是对一切合道行为或现象的统称。道有不同层面，所以当也有相应的层面。比如上合天道谓之"天当"，下合人道谓之"当位""当罪""当时"等，但上合是下合的基础和准则。如《四度》言"外内皆顺，命曰天当"是强调内外皆要循道而为，这里的顺就是顺道，顺道即天当。如果不是全盘顺道，而只是"顺治其内，逆用于外"都会"功成而亡"而遭"天殃"，内外顺道才会得"天功"。⑤

《论》从名的角度对"当"进行了解析，认为"当"就是名实相符，这是对

① 谷斌，张慧姝，郑开. 黄帝四经注译·道德经注译[M]. 北京：中国社会科学出版社，2004：10.
② 谷斌，张慧姝，郑开. 黄帝四经注译·道德经注译[M]. 北京：中国社会科学出版社，2004：12.
③ 谷斌，张慧姝，郑开. 黄帝四经注译·道德经注译[M]. 北京：中国社会科学出版社，2004：13.
④ 谷斌，张慧姝，郑开. 黄帝四经注译·道德经注译[M]. 北京：中国社会科学出版社，2004：57.
⑤ 谷斌，张慧姝，郑开. 黄帝四经注译·道德经注译[M]. 北京：中国社会科学出版社，2004：23.

"天当"的衍生。作者言："七法各当其名，胃（谓）之物……三名察则尽知请（情）伪而【不】惑矣。有国将昌，当罪先亡。"①《亡论》谈到"伐当罪，见利而反，胃（谓）之达刑"，这种状况会出现"有国将亡，当【罪复】昌"的结果，这是强调"当"贯彻地不彻底就是达（猲）刑，是对天道的违背，于国不利。七法指明以正、适、信、极而反、必、顺正、有常，作者强调七法要当其名，即名实相符，如此方可使物顺道而存。三名指正名、奇名、无名，"三名察则事有应矣"。正名则君臣安位，奇名则法纪混乱，无名则国家覆灭。如果做到当名，就会使国家不断繁荣昌盛，讨伐有罪的国家必使其覆亡。《黄帝四经》将"当"与"名"结合起来论述，用心良苦，因为名是道生法逻辑轨道中的重要驿站，而且名本身蕴含着与"实"的契合问题，这种契合也是"当"的具体表现。所以"当"是整个"道生法"逻辑链条的准则，是检验不同层面的法合道与否的标准。

《观》将当上升到"天刑"高度，认为当就要合天时，否则就是违背"天刑"。作者言："天道已既，地物乃备……不达天刑，不襦不传。当天时，与之皆断。当断不断，反受其乱。"②此段话一连用了三个"天"——天道、天刑、天时。天刑即天法，是道法之维度，也可理解为自然法，为人定法之前提标准。不达天刑即不达天法，这样方称顺天道。怎样才能确保不达天刑呢？作者提出"当天时"的方法，要顺天时而断，否则反受其殃。天时也是天道的表现形式，所以《黄帝四经》之"当"，归根结底是对道之合，《管子·宙合》言"应变不失之谓当"，失字后面其实省略了"道"字，其意为"应变不失道就是当"，此意与《黄帝四经》同。

《姓争》从刑德角度对当进行了论证，解析了当在刑德辩证关系中所蕴含的和谐内涵。力黑曰："凡谌之极，在刑与德。刑德皇皇，日月相望，以明其当。望失其当，环（反）视（示）其央（殃）……过极失当，变故易常。德则无有，昔（措）刑不当。居则无法，动作爽名。是以戮受其刑。"③力黑所言大意

---

① 谷斌，张慧姝，郑开. 黄帝四经注译·道德经注译[M]. 北京：中国社会科学出版社，2004：28-30.

② 陈鼓应. 黄帝四经今注今译[M]. 北京：商务印书馆，2007：229.

③ 谷斌，张慧姝，郑开. 黄帝四经注译·道德经注译[M]. 北京：中国社会科学出版社，2004：57-58.

为：平定天下的准则是刑（法）与德，昭昭之刑德，相辅相成，就像日月交相辉映，各自发挥其最佳功用。如果不能相辅相成，就会各失其当，使天下遭殃。过极失当，无异于擅改风化原则。如果没有德作为原则和基础，刑罚就失去了准则。如果刑罚失去准则，静则无法可依，动则不能循名责实，就会遭受屠戮之刑。此段话论证了刑德辩证之用是当的典型表现，二者既要如日月那样各自为用，充分发挥自己的功能，又相互影响，刑失德则无措，德失刑则败名。本篇关于当的论述沿袭了前此各篇的思路，于宏观处着眼，于微观处着手，将理论的视角定格在刑德关系上，紧扣了《黄帝四经》"案（按）法而治"的主题。

如果说此前诸篇是从道的不同侧面解析当，《称》则是全面、系统地阐述当的"道法"之理，最终目的是指向"案（按）法而治"，这就是篇名《称》的意涵。许慎说文解字言："称，铨（衡量轻重）也，从禾，再声。春分而禾生，日夏至，昝景可度。禾有秒，秋分而秒定。律数，十二秒而当一分，十分而寸，其以为重。十二粟为一分，十二分为一铢，故诸程品皆从禾。"①称为权衡度量之意，即为权衡度量，必须追求准确，准确即当，因此称本身蕴含了当之意。所以《称》是作者用以对当进行系统总结的篇章，目的是为"案（按）法而治"的主旨寻求各个层面的准则，以合其道。

当的本质是合道为当，道生法，所以合法亦为当，前者是当的宏观之意，后者为当的微观具化之意，展现了当连环的意涵。《称》言："有义（仪）而义（仪）则不过，侍（恃）表而望则不惑，案法而治则不乱。"②仪、表皆为测量之具，其之测物，犹法之测人。测量要准确，其标准即"当"，因此案法而治的目的就是规范人之言行，使其符合道法的准则，如此则天下方能和谐。

综上所述，《黄帝四经》创设当这个范畴，目的是为其"道生法"和"案（按）法而治"保驾护航。"当"作为一个准则，在立法、执法、司法等各法治环节都承担着监督维护之责。"当"范畴的应用，展示了《黄帝四经》法治思维的完备性和深刻性。

---

① 许慎. 徐铉校定. 说文解字[M]. 北京：中华书局，2013：142.
② 谷斌，张慧姝，郑开. 黄帝四经注译·道德经注译[M]. 北京：中国社会科学出版社，2004：76.

二、如何确保法之"当"

《黄帝四经》"推天道以明人事"的基本逻辑，决定了其关注现实，切要功用，将道的根须深深扎进人类社会的土壤中。当是人类社会创生的概念，自然少不了人的因素，而人的主观性为法之"当"埋下了隐患，如果不加以提防，"案（按）法而治"的法治大业将付之东流。依据老子的思想，道法自然，自然即当，这是与人类的有无没有关系的。及至有了人类及其文明，当超越了自然的范畴，渗入了人类社会，其价值和功用都有了显著的变化，尤其关乎人类的福祉，这可能是《黄帝四经》高度重视当这个范畴的原因。因此其对人尤其统治者警惕极高，要求极严，认为统治者必须首先是"执道者"。下面从"去私执法"和"不达刑"两个方面对之进行阐述。

（一）去私执法

《黄帝四经》提出"去私执法"的目的是强调主观私意对法的歪曲，以至于犯"失当"的错误。为此，"去私"也是《黄帝四经》比较频繁使用的范畴。全著26篇中，论述"去私"者7篇，出现率占总篇数的26.9%，而且集中在前5篇，除了前5篇连续出现外，剩下两篇为第9篇《名理》和第12篇《前道》。"去私"的意思是"去除主观私意"，以达"心底无私天地宽"，从而彻底实现法的公正性。陈鼓应先生认为无私就是执法，他在《黄帝四经今注今译》中言："与'法'相关，无私就是执法，这是黄老学派和法家的一项重要政治主张。"①

《道法》首段提出"道生法"思想后，紧接着提出"执道者"的范畴，并且对其进行了"法弗敢废""法弗敢犯"的警戒。文章的第二段就接续了这种警戒，提出了"执道者""去私"的重要性。作者言："故执道者之观于天下也，无执也，无处也，无为也，无私也。"②此句话连续用了4个"无"，可见对老子道无之性领悟颇深。无执、无处、无为、无私是作者对执道者的描述，也是对执道者的要求。无执即不偏执，无处即功成而不居，无为即顺时而动不妄作为，无私即公正而去除私心。细究之，前三者也具有无私的意涵，所以归根

---

① 陈鼓应. 黄帝四经今注今译[M]. 北京：商务印书馆，2007：26.
② 陈鼓应. 黄帝四经今注今译[M]. 北京：商务印书馆，2007：10.

结底，执道者应该以"无私"示于天下，也即，无私才是"执道者"的本质特征。接下来，作者对"无私"进行了解读。作者言："无私者知（智），至知（智）者为天下稽。"①《黄帝四经》认为只有做到无私，才能有大智慧，最为明智的人方可为天下之楷模。无私的人断事客观公正，所以能明智处事，其本身即可为天下稽。作者在此实质是对执道者的赞誉，无论从人格魅力还是其顺道而为的智慧而言，执道者都能胜任"生法""执法"之重任，堪为"天下稽"。《四度》衍生了此意，言："去私而立公，人之稽也。"②接下来，《道法》对"去私"的目的进行揭示："使民之恒度，去私而立公。"③统治百姓的永恒法则是去私心立公道。《道法》一连3处提及"无私"，看来作者对"执道者"很不放心，生怕一不小心为私心所蔽在立法、司法、执法等环节失去公允，从而违背道的轨迹，可见作者对人性的负面因素是有深刻认识的。④

《国次》将无私精神推及天地，认为天地无私是成就执道者无私的前提。作者言："天地无私，四时不息。天地立（位），聖（圣）人故载。"⑤天地没有私心，所以成就了四季、昼夜、存亡、生死的循环。天地各当其位，圣人便能成就万事万物。"天地位，圣人故载"与《易·系辞下》"天地设位，圣人成能"同。孔颖达疏曰："圣人成能者，圣人因天地所生之性各成其能，令皆得所也。"⑥圣人应该去除私心，顺应天道，才能成就万物，切记"毋擅天功"。因此"执道者"或"圣人"的无私，其实是应该顺应天道，不能让主观意志扰乱对天道的遵循，"天地位，圣人故载"，这也是无为的表现。《大分》也有同样的表述："天下大（太）平，正以明德，参之于天地，而兼复（覆）载而无私也，故王天【下】。"⑦

《君正》是对君王治理天下的劝告，其中也涉及"无私"。该篇末段总结道："法度者，正之至也。而以法度治者，不可乱也。而生法度者，不可乱

---

①　陈鼓应. 黄帝四经今注今译[M]. 北京：商务印书馆，2007：16.

②　谷斌，张慧姝，郑开. 黄帝四经注译·道德经注译[M]. 北京：中国社会科学出版社，2004：24.

③　陈鼓应. 黄帝四经今注今译[M]. 北京：商务印书馆，2007：26.

④　当然这种对人性负面的认识和警惕，没有纯法家"人性恶"来的彻底，《黄帝四经》对德治抱有一定幻想，所以才主张刑德并用、文武并行，概之曰"隆礼重法"。

⑤　陈鼓应. 黄帝四经今注今译[M]. 北京：商务印书馆，2007：35.

⑥　陈鼓应. 黄帝四经今注今译[M]. 北京：商务印书馆，2007：38.

⑦　谷斌，张慧姝，郑开. 黄帝四经注译·道德经注译[M]. 北京：中国社会科学出版社，2004：19.

也。精公无私而赏罚信，所以治也。"①"法度者，正之至"是说法度是最公正无私的，这是对《道法》"引得失以绳，而明曲直"的衍生。《管子》对此加以引申，如《任法》言："法者，天下之至道也。"《明法解》也言："法者，天下之程式也，万事之仪表也。"②既然法为至公至道者，"去私"即为其本质要求。以法度治理天下不能妄为，法度要保持恒常统一，不可随意废变，这些都是对统治者"去私"的善告。最后作者总结道要精公无私才能取信于民。《管子》沿袭了这种思想，多次强调"去私"的重要性，如《禁藏》曰："赏罚莫若必成，使民信之。"《法法》也言："赏罚必信，此正民之经也。"③

《名理》从认识论角度解析了"去私"于法治的重要性。作者言："唯公无私，见知不惑，乃知奋起。故执道者之观于天下，□见正道循理，能与（举）曲直，能与（举）冬（终）始。"④此处"与"通"举"，为正之意。⑤作者的意思是只有大公无私，才能见知不惑明彻正道，只有明彻正道，才能知是非曲直和万物终始往复之理。柏拉图将知识分为可见世界的知识和可知世界的知识，前者为意见的知识，后者为真理知识。要获得真理必须去除私欲，《黄帝四经》"去私"思想与此同。

《黄帝四经》提出"去私"思想，目的是为了达道，最终目的是用理性精神实现"案法而治"。为了达道，老子主张"涤除玄览"，庄子主张"心斋坐忘"和"忘我"，这些先贤的理性精神对《黄帝四经》想必是有影响的。但是《黄帝四经》的最终目的是实现"案（按）法而治"的法治目标，因此达道也是为此目标服务的，此重法思想可概之为"法法"，"法法"就是以法为最高标准来治理天下。这种"法法"原则在《管子》中被发扬光大。《管子·法法》言："不法法则事毋常，法不法则令不行。"⑥《管子·君臣下》也言："为人君者，倍（背）道弃法，而好行私，谓之乱。"因此《管子》强调"任法不任智"，主张用理性精神来

---

① 陈鼓应. 黄帝四经今注今译[M]. 北京：商务印书馆，2007：71.

② 管子. 姜涛注. 管子新注[M]. 济南：齐鲁书社，2006：337、456.

③ 管子. 姜涛注. 管子新注[M]. 济南：齐鲁书社，2006：388、135.

④ 陈鼓应. 黄帝四经今注今译[M]. 北京：商务印书馆，2007：188.

⑤ 《易·象上传》虞注："与，谓举也。"《吕览·自知》高诱注："举，犹正也。"见陈鼓应. 黄帝四经今注今译[M]. 北京：商务印书馆，2007：189.

⑥ 管子. 姜涛注. 管子新注[M]. 济南：齐鲁书社，2006：129.

维护法治的运行。《管子·任法》曰："圣君任法而不任智，任数而不任说，任公而不任私，任大道而不任小物，然后身佚而天下治。"①

(二)"不达刑"

"达"字的繁体字为"達"，许慎说文解字曰："達，行不相遇也。"②段玉裁注云："乃古言也。训通达者，乃今言也。"行不相遇即错过，此意与达的现代意如"到达"等大异其趣，显然是用其古义。《字林》云："达，滑也。"段玉裁认为"达与滑音义皆同"。③

"达刑"虽然在《黄帝四经》中仅 4 篇可见，出现率占总篇数的 15.4%，但是其意义不可小觑，它是法律是否得到遵守的直接判断标准，也是"当"的最重要内在意涵。

《四度》言："执道循理，必从本始，顺为经纪，禁伐当罪，必中天理。倍约则窘(窘)，达刑则伤。"④此段话有几个关键词：道、理、本、约、刑，四者呈现由深奥到具体、由宏观到微观的逻辑递进关系。从逻辑关系看，前面的道、理、本、约是刑的理论基础，刑是前四者的具体表现之一。达刑则伤即"滑刑则伤"，意即违背刑就会受到惩罚，这里的刑即法，既包含了不成文的自然法即天刑，又包含了成文的人定法。陈鼓应先生将"达刑则伤"理解为"征伐行动不合于天意则必受伤损"⑤，笔者认为是值得商榷的。陈先生之所以得出这样的结论，应当是没有把理解放在语境的逻辑链条中造成的。如上所述，此段话的逻辑关系呈有规律的递进关系，以法为终结，紧扣《黄帝四经》"案(按)法而治"的主题，此处的刑当是宏观层面的法，而不仅仅如陈先生所言的"征伐不合天意受损伤"，其理解对原意作了狭义化处理，与原文语境是不相符的。

《亡论》将"达刑"作为自取灭亡的典型重点提出，作者言："抹(眛)利，襦传，达刑，为乱首，为怨媒，此五者，祸皆反自及也。"⑥眛利即贪图别国的

---

① 管子. 姜涛注. 管子新注[M]. 济南：齐鲁书社，2006：335.
② 许慎. 徐铉校定. 说文解字[M]. 北京：中华书局，2013：35.
③ 陈鼓应. 黄帝四经今注今译[M]. 北京：商务印书馆，2007：108.
④ 陈鼓应. 黄帝四经今注今译[M]. 北京：商务印书馆，2007：107.
⑤ 陈鼓应. 黄帝四经今注今译[M]. 北京：商务印书馆，2007：109.
⑥ 陈鼓应. 黄帝四经今注今译[M]. 北京：商务印书馆，2007：147.

土地财产，襦传即"渝转"①，意为背信弃约，达刑为违背天刑人法，为乱首即充当祸乱的肇始者，为怨媒即充当引起怨恨的媒介，作者认为此 5 者都是自取灭亡的行为，其中以"达刑"最重，因为其他 4 种都将导致"达刑"的恶果，最终都要以法律的手段解决。所以《亡论》首段结尾处言："逆节果成，天将不盈其命而重其刑。"②行为果真违背了天道，上天不仅将缩短其命数，还会重重惩罚它(或他、她)。此处它指国家，他或她指国民，也即上天之罚分天刑和人刑，天刑罚国，人刑罚人。《亡论》末端再一次强调了"达刑"的严重性，作者言："伐当罪，见利而反，胃(谓)之达刑。"③意为"征伐有罪者，却受其贿赂停战返回，这是违背天刑的行为"。

《观》大部分文字是黄帝对大臣的训话，讲了一大通治国理民的道理，最后将话题转向"达刑"，可见黄帝是将刑罚作为社会运行的屏障来看待的，不但社会运行要合天道，刑罚本身也要合天道。黄帝曰："天道已既，地物乃备……不达天刑，不襦不传。当天时，与之皆断。当断不断，反受其乱。"④天道已成，万物具备，人只需顺应道而为可也。不违背天刑，不背弃盟约，依据天时而决断，否则会遭受天刑。黄帝在此强调的是天刑的天道之基础，天时是天道的具体表现。"当天时""当断不断，反受其乱"表现了"天刑"深刻的"当"的内涵，也即刑惩罚的是"不当"者。《兵容》中也有相似的表述，作者言："圣人不达刑，不襦传。因天时，与之皆断。当断不断，反受其乱。"⑤在这里特别强调"当"即"当时"，作者所言，恐受《国语·越语》影响。⑥《国语·越语》言："得时无怠，时不再来，天予不取，反为之灾。"⑦

综上所述，"不达刑"的核心范畴是刑，"刑"字具有丰富的内涵，概之如下。第一，"刑"字最初写作"井"，西周金文兮甲盘铭文曰："敢不用命，即

①　陈鼓应. 黄帝四经今注今译[M]. 北京：商务印书馆，2007：149-150.

②　陈鼓应. 黄帝四经今注今译[M]. 北京：商务印书馆，2007：152.

③　陈鼓应. 黄帝四经今注今译[M]. 北京：商务印书馆，2007：163.

④　陈鼓应. 黄帝四经今注今译[M]. 北京：商务印书馆，2007：229.

⑤　陈鼓应. 黄帝四经今注今译[M]. 北京：商务印书馆，2007：280.

⑥　这与范蠡有关，范蠡是计然的学生，计然是文子的学生，文子是老子的学生，范蠡沿袭了老子之道意，曾为越国相，后北上齐国，将重功用的道意带致齐地，为黄老学派的形成奠定了基础。

⑦　左丘明. 国语[M]. 北京：华龄出版社，2002：288.

井扑伐。"①这个"井"就是"刑罚"的意思。第二，刑分为大刑小刑，《国语·鲁语》曰："大刑用甲兵，其次用斧钺；中刑用刀锯，其次用钻笮；薄刑用鞭扑，以威民也。"②甲兵即战争，甲兵后的刑具为小刑，小刑即五刑：墨、劓、刖、宫、大辟③，五刑是针对个人"达刑"的惩罚，具有现代刑法的含义。在《黄帝四经》中与德连用的刑即为刑法层面的法。第三，"刑"通"型"，许慎在《说文解字》中曰："型者，铸器之法也。"④可见刑(型)具有模型、模范之意，引申为规范、法律。第四，《黄帝四经》中，"刑""法"相通，此法既有宏观"天刑"的形上含义，又有"案(按)法而治则不乱"的形下意涵，以现代法律术语概之为：包含了不成文的自然法与成人的人定法。因此《黄帝四经》之"法"是贯穿"天、地、人"的规范范畴，是"推天道以明人事"的目的和归宿，"不达刑"是为"案(按)法而治"的法治目标服务的。"案(按)法而治"的标准是"当"，"当"的具体表现是"不达刑"。

第三节　参验之道

《黄帝四经》的参验之道是对其"因循之道"的检验和"案(按)法而治"的测度，是其完整法治体系的重要构成部分。全著26篇明确提出参验之道的有10篇，占全著的38.5%。《黄帝四经》的参验之道主要与"名"有关，名成为其参验思想的理论依据，名为道之用打开了一扇绚丽多彩之门，正如韩非子言"用一之道，以名为首"⑤。何谓名？公孙龙子答曰："夫名，实谓也。"也即名乃是对事物的称谓，此其第一义；第二层面意义即指事物名称和概念是客观实在的。墨家将名细分为达名、类名、私名，先秦文化的集大成者荀子又进一步将名条分为别名、大别名、共名、大共名、单名、兼名等。《黄帝四经》以

① 王沛. 黄老"法"理论源流考[M]上海：上海人民出版社，2009：122.
② 左丘明. 国语[M]. 北京：华龄出版社，2002：59.
③ 罗志野英译，周秉钧今译. 尚书[M]. 长沙：湖南出版社，1997：270.
④ 许慎. 徐铉校定. 说文解字[M]. 北京：中华书局，2013：289.
⑤ 韩非子. 韩非子[M]. 商君书·韩非子. 长沙：岳麓书社，1990：83.

名为基础的参验之道主要分为两个维度：形上的"循名究理"、形下的"循名责实"。

本节所言之"名"的本体意涵已在第二章第一节阐述过了，兹不赘述。本节的重点不在"名"，而在"循名"，审验"名"与"实"是否相符。这是《黄帝四经》所蕴含的高超法治技术手段，与上节的"当"同为法治体系中监督、参验、考核的重要技术路径。从宏观角度看，《黄帝四经》的"循名责实"是对其"循名复一""循名究理"的发挥，是对"道生法"之实效的检验；从微观角度言，"循名责实"是对《黄帝四经》"名刑(形)"思想的具体应用，是对法治之效用的参验。关于此，曹峰先生言："《黄帝四经》中并无'形名参同'的说法，但用'形名参同'来解释《黄帝四经》中所见名思想是一种十分通行的做法。它表现为两种倾向，一种是将《黄帝四经》中所见'形名'直接看作君主对臣下'循名责实'的'形名法术'，笔者称其为狭义的'形名参同'。另一种则是广义的'形名参同'观。"①

一、"名实"与"刑(形)名之术"

名实关系即名刑(形)关系，古代文献多有刑(形)名记载，如《庄子·天道》言："故书曰：'有形有名。'形名者，古人有之，而非所以先也。"②可见名形关系早为先人所重视，以至于围绕名实之辩形成了百家争鸣中的名家。春秋时期郑国邓析堪称名家的奠基人。名学的出现有其特殊的时代背景，即随着春秋时期"礼崩乐坏"、名实相悖，促使人们展开了"名实之辩"，导致了名家的诞生，同时对各家各派也产生了重大影响，譬如法家，作为追求永恒正义的思想流派，必然寻求从根本上解决法的正义渊源。白奚先生针对这一历史文化现象总结道："名学的出现，是以礼治的崩坏和法治的兴起为背景的，自邓析首昌其学，随着法治受到普遍的重视，名学也渐为兴盛。"③作为以道为基础理论的黄老扛鼎之作——《黄帝四经》，兼收并蓄，综纳百家，当然不会错过"援名入道"和"援名入法"的理论进路，何况《黄帝四经》以老为宗，老子对名的重视对其的影响也是不可小觑的。

---

① 曹峰.《黄帝四经》所见"执道者"与"名"的关系[J]. 湖南大学学报(社会科学版)，2008(05)：16.

② 庄子. 郭象注，成玄英疏. 庄子注疏[M]. 北京：中华书局，2011：257.

③ 白奚.《黄帝四经》与百家之学[J]. 哲学研究，1995(04)：36.

　　《黄帝四经》"循名责实""审名察刑（形）""循名复一"和"循名究理"的思想实质是"刑名法术"的应用，或受邓析名法学的影响①，同时对后世"刑名法术"思想也产生了重大影响。晋代尚书郎晋灼曾将"刑名"解释为："刑，刑家。名，名家也。"②颜师古不同意这种看法，对此批判道："晋说非也。刘向《别录》云申子学号刑名。刑名者，以名责实，尊君卑臣，崇上抑下。宣帝好观其《君臣篇》。绳谓弹治之耳。"③宣帝好观的《君臣篇》核心就是"君尊臣卑、以名责实"，颜师古在此将刑名解为"以名责实，尊君卑臣，崇上抑下"，将"刑"与"名"紧密联系起来。历史证明，先秦的慎到、申不害、管子、韩非子等也颇重刑名法术。司马迁在《史记·老子韩非列传》中说："申子之学，本于黄老，而主刑名……韩非者，韩之诸公子也。喜刑名法术之学，而其归本于黄老。"④可见黄老派对刑名法术的重视。

　　《黄帝四经》的"刑（形）名"思想是先秦"名实之辩"思想潮流的一个小分支，值得注意的是其"刑（形）名"思想的内涵和外延都十分宏大，并非如其他各家仅局限于"名实"思想的某一隅。这种宏大是对"古人有之"的"刑（形）名"思想的重大突破，既从宏观层面、从道的根源追溯"名形"之实，又从微观层面将"名实之辩"用于现实法治功用之参验，将理论与实际紧密联系起来，既深化了"名实之辩"的理论层次，又推行了"循名责实"的现实功用，将逻辑的探讨与历史现实结合起来。正如李学勤先生所言："对于法家来说，审合形名就是要做到名与物，言与功，理与效，职与责，令与行等等一致；而对于黄老之学来说，审合形名还要向'循名复一'方向高企。"⑤作为黄老学派奠基之作的《黄帝四经》充分应验了此推断，在形上的"循名复一"和形下的"循名责实"两方面做了深入的申衍。形上的"循名复一"以上章节已作详论，此不赘述，下面仅对形下的"循名责实"进行探讨。

---

①　刘向《校叙》言邓析子"好刑名，操两可之说，设无穷之辞"。

②　黄前程. "名"在黄老之学中的地位[J]. 管子学刊，2012：28.

③　班固. 颜师古注. 汉书·元帝纪[M]. 北京：中华书局，2005：195.

④　司马迁. 史记[M]. 长沙：岳麓书社，2001：289.

⑤　李学勤. 当代学者自选文库：李学勤卷[C]. 合肥：安徽教育出版社，1995：602.

二、参验的形上之维：循名究理

"循名究理"所究之理首先为"天理"，有时也名"天道""天极""天当"，其基本思路与"循名复一"同。《道法》言："称以权衡，参以天当，天下有事，必有巧验。"①作者把"参以天当"比喻成"称以权衡"，是天下之事是非得失的检验标准，因为"天下之事，无不自为刑（形）名声号"②，循此之名，究天之理，"然后可以天下正"③。

"王天下"非仅人事，而是贯通"天地人"三才的艰难伟业。这就为《黄帝四经》的参验之道留下广阔的空间。《大分》对此论证道："天下大（太）平，正以明德，参之于天地，而兼复（覆）载而无私也，故王天（下）。王天下者之道，有天焉，有人焉，又（有）地焉。参（三）者参而用之，□□而有天下矣。"④《大分》不仅强调了参验的重要性，还将思路向深处推进，即参验必须是"天地人"三才的贯通，这样的参验才算彻底，方有助于"有天下"。相似的论述在《论约》中也有体现，作者言："参之于天地之恒道，乃定祸福死生存亡兴坏之所在。"⑤《黄帝四经》还将"参验之道"纳入"文武之道"，认为"文武之道"必有赖于"参验之道"方能得正治，而且二者同合于"上"，此上者即道。"文武"即"刑德"，因此作者在此论及的其实是"刑德并用"之道的参验基础。《四度》言："君臣当立（位）胃（谓）之静，贤不宵（肖）当立（位）胃（谓）之正，动静参于天地胃（谓）之文，诛□时当胃（谓）之武……参于天地，阖（合）于民心，文武并立，命之曰上同。"⑥

参验的本质是"名实相应"。这一点，《论》有明确的界定："名实相应则定，名实不相应则静（争）。"⑦值得注意的是，这里的"名实相应"应从形上形下两个维度进行理解。从形上的维度看，此处的"名"为道体的衍生物，是万

①　陈鼓应. 黄帝四经今注今译［M］. 北京：商务印书馆，2007：16.
②　陈鼓应. 黄帝四经今注今译［M］. 北京：商务印书馆，2007：10.
③　陈鼓应. 黄帝四经今注今译［M］. 北京：商务印书馆，2007：31.
④　陈鼓应. 黄帝四经今注今译［M］. 北京：商务印书馆，2007：86-87.
⑤　陈鼓应. 黄帝四经今注今译［M］. 北京：商务印书馆，2007：173.
⑥　陈鼓应. 黄帝四经今注今译［M］. 北京：商务印书馆，2007：103.
⑦　陈鼓应. 黄帝四经今注今译［M］. 北京：商务印书馆，2007：141.

物的本原(或曰共相)，"实"乃万事万物，其为名的衍生物，应该遵循"名"的规则。从形下的层面看，这里的"名"可理解为名位、身份、职位、名声、名号等，"实"则指与以上之"名"相对应的主体的能力、言行、表现等。由此可见《黄帝四经》之"名"的张力之大。

《黄帝四经》参验之道的形上维度主要表现为"循名究理"，所究最高之理为"道"，因此"循名究理"从某种层面说即是"循名复一"。《名理》是关于"名"的专论之篇，对参验之道——尤其形上之道进行了论证，重点回答了"名由何生?"和"名有何用?"的问题。《名理》开篇即言："道者，神明之原也。神明者，处于度之内而见于度之外者也。"①神明者，道之神妙之用也，当然包含了"天地人"三才的贯通。张岱年先生在《中国古典哲学概念范畴要论》中对此解释道："在古代道家哲学中，所谓神，所谓精神，所谓神明，是有更深一层的意义。不仅指人的精神，而是指天地的一种状态，自然界的一种奇异的作用。"②"用一之道，以名为首"③，道的神妙之用当然包含了"刑(形)名"参验之道。这其实也回答了"名从何而来?"的问题。以上一段话中的第一个"度"指"静"，引申为"文"或"德"，第二个"度"意为"动"，引申为"武"或"刑"，连缀其意即"文武并用"或"刑德并用"，而正如上文所论证的，此二者皆是以"名实"参验为运作的出发点和归宿点的。

接下来《名理》回答了"名有何用"的问题。作者言："天下有事，必审其名。名□□循名厩(究)理之所之，是必为福，非必为灾。是非有分，以法断之。虚静谨听，以法为符。审查名理名冬(终)始，是胃(谓)厩(究)理。"④析"循名究理"可条分出两层意思，其一为因其名察其实；其二为就其实究其理。二者都蕴含了名与实的辩证关系，名为实者之名，实为名者之实。虽然"循名究理"没有从字面上提及实，因而对其总体定位为形上方向，但以辩证思维看，其隐含形下之实是客观的。以上所引这段话即将这种隐含之理明确表达了出来。作者先确定了"名"作为是非判断的准则之意，接着将这种规范思想

① 陈鼓应. 黄帝四经今注今译[M]. 北京：商务印书馆，2007：176.
② 陈鼓应. 黄帝四经今注今译[M]. 北京：商务印书馆，2007：177.
③ 韩非子. 韩非子[M]. 商君书·韩非子. 长沙：岳麓书社，1990：83.
④ 陈鼓应. 黄帝四经今注今译[M]. 北京：商务印书馆，2007：187-188.

申衍到法，表明"法"是规范之"名"的践行者。以此也紧扣了全书"案（按）法而治"的主题。最后作者又将思路牵引到"名"，得出"审查名理名（明）冬（终）始，是胃（谓）既（究）理"结论，既是对"循名究理"的定义，又是对此段话乃至整篇《名理》的总结，形成了一个完美的意义连环。

《成法》以"循名究理"的形上参验之道，回应了"案（按）法而治"的形下主题。作者言："吾闻天下有成法，故曰不多，一言而止。循名复一，民无乱纪。"①此段话将"循名复一"作为世之成法，"循名复一"乃"循名究理"的至高点，也是整部《黄帝四经》的理论归属，因为"一"即"道"。"一"乃道用层面的称谓，"用一之道，以名为首"②，所以连缀其意即"循名复一"。

三、参验的形下之维：循名责实

"循名责实"是《黄帝四经》"名实之辩"的形下所企，构成了《黄帝四经》法治体系的监督、参验、考核的屏障系统。"循名责实"就是法治过程中名与实、职与责、言与功、责与效等的应合，是检验"执道者"法治实效的重要技术手段。检验的实质就是勘验执道者的言行是否与职责合进而最终与道合。老子的学生关尹将名实比喻成名响和身影的关系，他对列子言："言美则响美，言恶则响恶；身长则影长，身短则影短。名也者，响也；身也者，影也。"③言辞美妙，回音则动人，言辞粗鄙，回音就难听。身体修长，影子就长，身体短小，影子就短。名声就好比是回响，身体举止相当于影子。列子在此讲的是"名实相符"的道理。名与实的关系是，实是名的前提和基础，实决定名，名反映实，是实的表现。正如列子曰："形枉则影曲，形直则影正。然则枉直随形而不在影，屈申任物而不在我，此之谓持后而处先。"④名和实的关系就像影和形，有什么样的形就有什么样的影，而且这种辩证关系是客观的，不以人的主观意志而改变。执道者只要把握此道，无为而治，就会"持后而处先"。值得注意的是，列子这里所阐述的是参验之名，与老子哲学和宇宙生成层面

① 陈鼓应. 黄帝四经今注今译[M]. 北京：商务印书馆，2007：286.
② 韩非子. 韩非子[M]. 商君书·韩非子. 长沙：岳麓书社，1990：83.
③ 列子. 叶蓓卿译注. 列子[M]. 北京：中华书局，2011：207.
④ 列子. 叶蓓卿译注. 列子[M]. 北京：中华书局，2011：207.

的"名可名，非常名"之名不同，后者系哲学之名。哲学之名是道的化身，它是道衍生万物途中的一抽象理念驿站，其抽象性次于道而高于实物。哲学之名相当于柏拉图的理念和西方中世纪的共相，它是生成同一类实物的本原。在此援引柏拉图常用的一个例子说明，柏拉图认为"床"有三种：理念之床、实物之床、画家所画之床，理念之床最高、最真实可靠，是木匠做实物之床的原型和基础。画家所画之床的真实性又次于木匠所做的实物之床。柏拉图认为床的理念是客观永恒的存在，它不以人的主观意志而改变，所以它最真实、可靠，位阶也最高。哲学之"名"就像理念那样，是万物的原型。细究之，《黄帝四经》所言"名"主要包含了宇宙生成层面的"哲学之名"和政治社会实践功用的"参验之名"，有时"名"也指事物的名称。"循名复一"反映的是哲学之名，"循名责实"则是与参验之名契合，二者从宏观、微观层面构成了《黄帝四经》之"法"的一体两面，在定义中还得根据语境作具体判断。下面结合文本进行解析。

《道法》首段提出"道生法""法弗敢废"和"法弗敢犯"的主题后，紧接着第二段就提出了"刑（形）名"思想用以论证法治的标准问题。作者言："虚无有，秋稿（毫）成之，必有刑（形）名。刑（形）名立，则黑白之分已……是故天下有事，无不自为刑（形）名声号矣。刑（形）名已立，声号已建，则无所逃匿正矣。"①只要人"抱道执度"，处于虚无的道之境，就能洞察万物所成的秋毫之刑（形）名。刑（形）名清晰，是非黑白就好断定了。因此天下万事万物，无不有自己的刑（形）名声号，刑（形）名已立，声号已建，则是非大白，天下之事和物则没有能逃出刑（形）名声号之的了。此段话是紧接着首段"法意"而发的，刑名概念的提出即为法的准则寻求依据，道虽能生法，但不是直接简单的过程，刑名范畴也充当了"道生法"的过渡角色。因此，从范畴的性质角度看，这里的"刑名"乃哲学形上层面的范畴，而非直接堪为参验的形下层面范畴。《黄帝四经》将老子之纯粹之"名"向法度方向发挥，应当受到过以邓析为代表的法家影响，同时为黄老学派的道法思想树立了一面鲜明的旗帜，"刑名法术"为法家和黄老家所重视之表现也。太史公在《史记·老子韩非列传》中言

---

① 陈鼓应. 黄帝四经今注今译[M]. 北京：商务印书馆，2007：10.

"申子之学，本于黄老，而主刑名"①即为明证。申不害沿袭了《黄帝四经》的名法思想，对名做了规范意义上的解释："名者天地之纲，圣人之符。张天地之纲，用圣人之符，则万物无所逃之矣。"②此番话无疑是对《道法》中的刑名思想的申衍。

《道法》的下一段，作者对"刑(形)名"又做了进一步的解释："称以权衡，参以天当，天下有事，必有巧验。"③此处所言天当包含了甚或就是指"刑(形)名"，天下之事的参验之道实为"刑(形)名"的参验之道。参验的目的是欲收"名刑(形)已定，物自为正"④之效，最终实现"天下正"⑤之目标。"名"是道家非常重要的范畴，在黄老派看来甚至仅次于"一"。无论从宏观形上的生成还是微观功用的参验角度看，名都扮演着不可替代的角色。韩非子在《扬权》中对此进行了一番总结："用一之道，以名为首。名正物定，名倚(奇)物徙。故圣人执一以静，使名自命，令事自定……形名参同，用其所生……君操其名，臣效其形。"⑥作为"喜刑名法术之学，而其本归于黄老"的韩非子，对《黄帝四经》的"刑(形)名"思想作了深入的发挥，他既认识从形上层面到"名"是"道"的"用一道"，而且是其用之首，而且从形下实践层面认识到"君操其名，臣效其形"的"形名参同"之道的重要性，对《黄帝四经》的"刑(形)名"思想作了创造性发展。除了《扬权》，韩非子还在《主道》等篇论证了这个观点，可见他对"形名参同"之术的重视。

《名理》特意强调了"循名究理"的主体是"执道者"，只有"执道者"虚静谨听，才能得"名理之诚"，这里其实包含了形下之"循名责实"的参验之道。作者言："故执道者之观于天下，□见正道循理，能与(举)曲直，能与(举)冬(终)始。故能循名厩(究)理。刑(形)名出声，声实调和，祸灾废立，如景(影)之隋(随)刑(形)，如向(响)之隋(随)声，如衡之不臧(藏)重与轻。故

---

① 司马迁. 史记[M]. 长沙：岳麓书社，2001：289.
② 陈鼓应. 黄帝四经今注今译[M]. 北京：商务印书馆，2007：15.
③ 陈鼓应. 黄帝四经今注今译[M]. 北京：商务印书馆，2007：16.
④ 陈鼓应. 黄帝四经今注今译[M]. 北京：商务印书馆，2007：25.
⑤ 陈鼓应.〈黄帝四经〉今注今译[M]. 北京：商务印书馆，2007：31.
⑥ 韩非子. 韩非子[M]. 商君书·韩非子. 长沙：岳麓书社，1990：83.

唯执道者能虚静公正,乃见□□,乃得名理之诚。"①"循名究理"就是循其名察其实、就其理循其名,目的是达到"名实相符"。这个参验的工作当然主要由"执道者"来完成,因为"执道者"是"生法者",法之好坏、执行的如何等法治问题,还需"执道者"主持完善。"能与曲直,能与终始"回答了"执道者""循名究理"的方法和路径。这也申衍了前文"是非有分,以法断之,虚静谨听,以法为符"②的法治理论。曲直、终始的判断标准是名理,名理的具化即为法律。一旦刑名具化为法,则是非祸福如影之随形、如响之应声、如衡之不藏轻重,可立明。《名理》将"循名究理"具化为法治的参验之效,契合了全书"案(按)法而治"的宗旨。

《黄帝四经》设专篇——《名刑》探讨名实参验之道,提出了"审名察刑(形)的"新名词,值得一提的是作者将这种参验之道上升到无为而治的高度。作者言:"欲知得失请(情),必审名察刑(形)。刑(形)恒自定,是我俞(愈)静。事恒自施,是我无为。"③经过数次对参验之道的论述,本篇终于点出了其宗旨——无为而治。《黄帝四经》的主旨为"案(按)法而治",但因"因循"之道,其申衍了老子"无为而治"的思想。《黄帝四经》提倡法治,其目的是将道、名具化为法,让万事万物据法而动,或曰以法作为无为的界限和赏罚依据。以此观之,《黄帝四经》也热衷追求"无为而治"的最高境界。

四、《黄帝四经》参验之道的历史意涵

人体免疫系统默默隐身在后,形成一道坚固的防御堡垒,护卫着生命的存在。此功能颇像《黄帝四经》的参验之道,它不仅从宏观上保证名、法不违道之轨,而且在微观层面也捍卫着法的神圣尊严,它不仅是一种抽象的精神象征,也是一种具体而行之有效的监督防御社会体系,这道防御体系,就像社会的免疫系统,参与有机而复杂的社会运行,自行并及时修复社会的漏洞。

---

① 陈鼓应. 黄帝四经今注今译[M]. 北京:商务印书馆,2007:188.
② 陈鼓应. 黄帝四经今注今译[M]. 北京:商务印书馆,2007:187.
③ 陈鼓应. 黄帝四经今注今译[M]. 北京:商务印书馆,2007:356.

中国最古老的典籍之一——《尚书》①也有监察防御之制的论述，如《尚书·周书·洪范》言："威用六极。"②其意为：用六极警戒臣民。虽然六极指夭折、疾病、忧愁、贫穷、邪恶、不壮毅，似乎与具体的监督考核之制不沾边，但其防御警示之意则同。《尚书·周书·吕刑》也有相关论述，作者言："两造具备，师听五辞；五辞简孚，正于五刑；五刑不简，正于五罚；五罚不服，正于五过。五过之疵：惟官、惟反、惟内、惟货、惟来。其罪惟均，其审克之。"③此段话提到五刑、五罚、五过，对于事实清楚、证据充分的用刑，对于不能用五刑处罚的用五罚处理，对于不能用五罚处理的则用五过处理。五刑者，墨、劓、刖、宫、大辟，是古代著名的刑罚手段。五罚、五过则针对五刑不能处理的情况，类似于行政处罚或监察处罚，如"惟官、惟反、惟内、惟货、惟来"分别指"官僚主义、公报私仇、枉法徇私、收受贿赂、受人请求"，这些现象在现代基本属于监察系统的职责，可见，先人在制度设计时是考虑到监察防御体系的，这为后人的制度设计奠定了基础。

《周礼·秋官司寇》言："惟王建国，辨方正位，体国经野，设官分职，以为民极。乃立秋官司寇，使帅其属而掌邦禁，以佐王刑邦国。"④周公所言的邦禁包含了法律、政纪和监察，监察之官主要有掌察和掌货贿。可见，周公在设计国制方面考虑得很全面，不仅有天官冢宰、地官司徒、春官宗伯、夏官司马、冬官司空，还有专门负责防御和监察的秋官司寇。用《黄帝四经》的思想来理解这种制度设计，前面五种为正名，秋官司寇为奇名，正名维护国家正能量，奇名会导致国家法纪之混乱，所以需要秋官司寇治理扶正。守正名则国泰民安，顺奇名则法纪混乱，国君刚愎自用守无名则国亡。正如《黄帝四经》言："三名：一曰正名，一曰立（位）而偃；二曰倚（欹）⑤名，法而乱；三曰强主威（灭）而无名。三名察则事有应矣。"《管子·枢言》申衍了《黄帝四经》

---

① 《尚书》应该在《周礼》之先，因为《尚书》意宏义深，是对周及其之前的历史文化的综合和凝练，而周礼可以确信乃周公为西周所定之制，譬如《尚书》八政里就包含了司空、司徒、司寇，《周礼》显然沿用了此制。可以说《尚书》乃历史之智，而《周礼》为周公之慧，个人始终是在历史的怀抱中生灭沉浮的。

② 罗志野英译，周秉钧今译. 尚书［M］. 长沙：湖南出版社，1997：110.

③ 罗志野英译，周秉钧今译. 尚书［M］. 长沙：湖南出版社，1997：272.

④ 周公. 周礼［M］周礼·仪礼·礼记. 长沙：岳麓书社，1989：94.

⑤ 欹：歪曲、倾斜之意。

之意，曰："名正则治，名倚（猗）则乱，无名则死。"①申不害也申衍了此意，《申子·大体》曰："其名倚（猗）而天下乱。"②所以一国之制，可以"名"规划、审察、描述，天下之事，尽在"名"下。正名用德，维持社会正常之态；奇名用刑，纠正社会偏离名的现象；无名用天刑，天刑伐国。

可见《黄帝四经》之前，中国的制度设计者们对监察防御体制都是有考虑的，《黄帝四经》将这种体制用"正名、奇（猗）名、无名"进行概括、总结，落实在"循名究理"和"循名责实"的二维层面中，同时对其后的监察防御思想产生了重大影响。

《黄帝四经》参验之道落实在具体现实层面即治吏，因为吏是法治最重要和直接的主体。《黄帝四经》之后，中国逐渐形成"以法为教，以吏为师"和"治吏不治民""治官化民"的监察法治传统。

《管子·立政》曰："君之所审者三：一曰德不当其位，二曰功不当其禄，三曰能不当其官。此三本者，治乱之源也。"③德不当位、功不当禄、能不当官都是作者对官吏的审察，其中用到"当"字，德位、功禄、能官必须要"当"，即形名参同。这种对官吏的严格审察即治吏，是《黄帝四经》"循名究理"和"循名责实"原则的具体应用。作为黄老法家的申不害也言："妒妻不难破产，乱臣不难破国。"④乱臣就像妒妻那样，是亡国之祸。作为黄老派重要著作的《吕氏春秋·知度》也言："故治天下之要，存乎除奸；除奸之要，存乎治官；治官之要，存乎治道。"⑤作者认为治吏是除奸的关键，而除奸又是治天下之关键，治道又是治官的关键，思维的触角申及道，体现了黄老派的典型特征。《吕氏春秋·察贤》特意强调了官吏对治理的重要性，从而说明了治吏重于治民的道理。作者用宓子贱和巫马期的故事作为例子。宓子贱和巫马期都是孔子的弟子，二者都治理过单父，但所用方法不同。宓子贱是无为而治，整天弹琴娱乐，而巫马期则身体力行、日夜操劳，二者所用力不同，但都治好了单父。这使巫马期很是不解，宓子贱告诉巫马期说"我是用人而你是用力治理"，宓子贱治吏之方上升到无为而治之境，其略高出巫马期一筹。①

《黄帝四经》的参验之道对申不害、韩非子等也有重大影响。申子将其发展成君主操任群臣之"术"，有人于是认为申子属于法家的"术派"。②"术"主要用《黄帝四经》"循名责实"之意，从而发挥了《黄帝四经》的参验之道。《韩非子·定法篇》对此言道："今申不害言术而公孙鞅为法。术者，因任而授官，循名而责实，操杀生之柄，课群臣之能者也，此人主之所执也。法者，宪令著于官府，刑罚必于民心，赏存乎慎法，而罚加乎奸令者也，此臣之所师也。君无术，则弊于上；臣无法，则乱于下。此不可一无，皆帝王之具也。"③韩非子在此申衍了申不害的"术"，将之作为人主的"帝王之术"，与臣民之"法"相对应。"术"让我们想起"君人南面之术"，为权变之法，太史公将老、庄、申、韩列为同章，或许有总其"术"之意。

《黄帝四经》的"循名究理"和"循名责实"的参验之道是对"案（按）法而治"的宗旨之补充，是为后者服务的，因此参验最终要落实在法律上，即"是非有分，以法断之；虚静谨听，以法为符"④。这种"以法治吏"的传统在《管子》中有充分体现。《管子·君臣上》言："是故有道之君，上有五官以牧其民，则众不敢逾轨而行矣；下有五横以揆其官，则有司不敢离法而使矣。"⑤"五横"即"五衡"，是五官中掌管纠察监督的官员。有了五衡的监督纠察，百官就不敢背法而行了。

综上所述，《黄帝四经》的参验之道，凝结了其前的参验监察之道，也开启了后世的参验监察之理，在形上的理论和形下的实践层面对后世参验监察之道都产生了重大影响。为中国"循名责实""治吏化民"的参验监察体制做出了重大贡献、

---

① 吕不韦. 黄碧燕译注. 吕氏春秋[M]. 广州：广州出版社，2001：225.
② 郭沫若. 十批判书[M]. 北京：人民出版社，2012：254.
③ 商鞅. 商君书[M]. 商君书·韩非子. 长沙：岳麓书社，1990：257.
④ 陈鼓应. 黄帝四经今注今译——马王堆汉墓出土帛书[M]北京：商务印书馆，2013：427.
⑤ 管子著，姜涛注. 管子新注[M]. 济南：齐鲁书社，2006：236.

第五章 《黄帝四经》法思想的意义

　　《黄帝四经》是黄老派最早的经典①，建构和凝结了黄老思想的精华，为黄老派的形成和壮大奠定了基础。由于《黄帝四经》特殊的时代背景，其思想文化的影响不仅仅局限于黄老派，而是对整个时代思想文化的精准把握和有力回应，是用"道术将为天下合"的积极而理性的态度对"道术将为天下裂"的深刻回应。由于其立场、态度、方法、理论基础等精当的选择，使其在思想文化和历史实践两个层面上都产生了重大影响，成为时代精神的执牛耳者。②但是由于历史原因，这部稀世经典的价值和意义在历史上很少被深入挖掘和弘扬，甚至自东汉致公元1973年被埋没了近二千年之久。青山遮不住，毕竟东流去，遥望历史的长河，《黄帝四经》的历史意义云开雾散，而且将以自身独特的思想魅力漫步历史、激越当代。由于其把握了时代的脉搏，顺应了历史的潮流，所以成为战国中后期及至汉初的主流思潮——黄老思想——的标杆之作，其影响贯通古今、源远流长。

　　概之，《黄帝四经》的历史意义主要表现在"法"字，这与其"案（按）法而治"的宗旨相契。陈鼓应先生言："老子的'道'，具有浓厚古代民主性、自由性的讯息，这为黄老派所全面接受，并进而援法入道提出'道生法'的主张。'道法'结合也正是古代民主性、自由性与法治结合。这是古代道家现代化的

---

　　① 陈鼓应. 黄帝四经今注今译[M]. 北京：商务印书馆，2013：4.
　　② 陈鼓应先生认为，以《黄帝四经》为主的黄老著作，包括《黄帝四经》《伊尹·九主》《文子》《系辞传》《庄子·盗跖》等文献体现了"黄老道家在战国中后期之所以成为百家争鸣中主要思潮的概括"。见陈鼓应. 黄帝四经今注今译——马王堆汉墓出土帛书[M]北京：商务印书馆，2013：4.

重大课题。"①陈鼓应先生此段话对《黄帝四经》之宗旨的把握是精准的。《黄帝四经》"案(按)法而治"的宗旨顺应了时代潮流，但与纯法家不同之处在于它提倡的是"道法"，因而具有胸怀天下、整合文明的气度，这构成了《黄帝四经》独特的思想风格，因而彰显了特有而珍贵的历史意义。《黄帝四经》的历史意义就是以"道法"为根基的。

班固言："道家者流，盖出于史官，历记成败存亡祸福古今之道，然后知秉要执本，清虚以自守，卑弱以自持，此君人南面之术也。②《黄帝四经》作为稷下道家的奠基之作，在思想方面宗于老子，在"君人南面"方面本于黄帝，结合战国中期的时代背景，将二者巧妙地融合熔炼，成为时代精神的引领者。本于老子者——道，宗于黄帝者——法，二者结合者——道法，《黄帝四经》即以"道法"为理论武器对中国文明进行深入的洞悉、反思、整合，形成自己独特的治理模式——隆礼重法，对周封建制的瓦解、汉初法制建构等都产生了重大影响。

一 、加速周封建制的瓦解

清学者赵翼在《廿二史劄记》中言："自古皆封建诸侯，各君其国，卿大夫亦世其官，成例相沿，视为固然。其后积弊日甚，暴君荒主，既虐用其民，无有底止，强臣大族又篡弑相仍，祸乱不已。再并而为七国，益务战争，肝脑涂地，其势不得不变。而数千年世侯、世卿之局，一时亦难遽变，于是先从在下者起。"③诸侯世传，然终有羸弱之君，抑或非继承人或强臣大族觊觎王位，乃至春秋战国之际战乱频仍。然而封建诸侯制具有强烈的历史惯性，秦末曾出现了封建制的复辟，刘邦以布衣身号令天下起义，建立了汉朝，对封建诸侯制以强烈的打击，稳定了秦郡县之制，赵先生认为有此显明之功根本原因在"从在下者起"，即平民对贵族封建制的冲击是致命的。西周末期，以礼乐之治为理论基础的周之封建制已处于风雨飘摇之中，其典型的历史事件有二：一为周幽王"烽火戏诸侯"而遭杀身灭国之祸；二为周平王迁都洛邑，

---

① 陈鼓应. 黄帝四经今注今译[M]. 北京：商务印书馆，2013：30.
② 班固. 汉书·艺文志[M]. 北京：团结出版社，2002：304.
③ 赵翼著，王树民校证. 廿二史劄记[M]. 北京：中华书局，2013：37.

偏居一隅，苟延残喘。从此周代便步入水深火热、动荡不安的春秋战国时期。周代的主体社会政治结构为封建制，其意识形态为礼乐文化。周朝的衰落伴随着封建制的瓦解和意识形态的蜕变，取而代之的是郡县制和法治文化，在这场历史变迁中，法逐渐上升为社会主流文化，其中最能引领时代潮流者当数齐国稷下黄老家。黄老家宗黄帝和老子，以极恢宏的学术气度和极理性的智性思维整合了中国文化，结束了"道术将为天下裂"，实现了"道术将为天下合"的历史文化局面。

傅斯年说："凡一个文明国家统一久了以后，要渐渐地变成只剩了一个最高的文化中心点，不管这个国家多么大。"①以辩证法解之：凡一个大国即将出现之前，必有一个最高的文化中心点。历史的逻辑与历史的实践是辩证互存的。秦汉帝国统一天下前夕，这个思想文化的中心点即为稷下学宫。② 司马迁在《史记·田完世家》中也言："宣王喜文学游说之士，自如驺衍、淳于髡、田骈、接子、慎到、环渊之徒七十六人，皆赐列第，为上大夫，不治而议论。是以齐稷下学士复盛，且数百千人。"③这个学术思想的熔炉将中国文化凝练为——隆礼重法的模式，其思潮代表为黄老派，其经典著作代表为《黄帝四经》。

关于西周封建制及其崩溃，本书在第一章第一节第一部分——天下裂中有专门论述，此部分重在挖掘西周封建制崩溃的意识形态原因，虽然意识原因对于社会的改变没有经济基础直接、彻底，但它与经济基础是辩证互动的，对封建制的瓦解也有助推之效。此部分的目的是厘清《黄帝四经》法思想对周封建制的瓦解作用。

（一）封建制及其意识形态

瞿同祖先生在《中国封建社会》中辟专章探讨了封建的崩溃问题，即第八章——封建的崩溃。该章分四节，瞿先生分别从"阶级的破坏""诸侯间的兼

---

① 傅斯年. 傅斯年文集[M]. 上海：上海古籍出版社，2012：26.
② 稷下学宫的学术盛况《史记》多有记载。如《史记·孟子荀卿列传》曰："自驺衍与齐之稷下先生，如淳于髡、慎到、环渊、接子、田骈、驺奭之徒，各著书言治乱之事，以干世主，岂可胜道哉！……于是齐王嘉之(指稷下先生)，自如淳于髡以下，皆命曰列大夫，为开第康庄之衢，高门大屋，尊宠之。览天下诸侯宾客，言齐能致天下贤士也。"司马迁. 史记[M]. 长沙：岳麓书社，2001：449.
③ 司马迁. 史记[M]. 长沙：岳麓书社，2001：314.

并""商业经济的兴起"、"土地制度的改革"四个方面对封建崩溃问题进行了阐述。瞿先生此论甚高，但漏掉了意识形态因素。经济基础与上层建筑是一个正常社会必备的二维因素，理解一个社会理当考虑此二者。马克思在 1843 年的《黑格尔法哲学批判》中对黑格尔的"国家决定市民社会"的观点进行了批判，认为是"市民社会决定国家"而不是"国家决定市民社会"，这是马克思主义"经济基础决定上层建筑"理论的雏形。1844 年马克思在与恩格斯合著的《神圣家族》中，"市民社会"概念被演绎成"生产关系"。最终在 1845—1846 年的《德意志意识形态》中形成"经济基础与上层建筑"的概念。1848 年马克思用此理论分析了 1848 年资产阶级革命和资本主义社会，应用和充实了此理论。接着马克思在《政治学批判·序言》中及恩格斯在《反杜林论》《路德维希·费尔巴哈与德国古典哲学的终结》及其书信中对"经济基础与上层建筑"进行了深入论证，致使此理论成为解析社会的成熟理论。

就周代尤其西周而言，其经济基础的显著标志是"封建生产关系"。与此生产关系相对应的便是"礼制"。周初统治者在大力分封诸侯国的同时也为这种生产关系配备了周到的上层建筑——礼制。他们虽然不像马克思那样对经济基础和上层建筑的概念和关系认识得那么清楚透彻，但他们明白"封建关系"不仅仅是经济关系，而且包含了政治、军事、文化等上层建筑，仅有经济基础，犹如电脑徒有硬件，离开软件也不过一堆废物。由此观之，周初以周公为核心的统治者彰显了高超的政治智慧。

礼制仅是一套规范体系，徒礼很难将那么庞大的封建国家统一起来。礼制的根基在宗法血缘，其存在和运行都有赖宗法血缘关系，或者可以这样说，宗法制度包含了礼制。封建的缘起当与宗法关系紧密相连。瞿同祖先生对此言道："宗法制度是用以维持封建制度的产物，封建制度必依赖宗法制度以维持其存在。"①因此周代"礼崩乐坏"的实质是封建制的瓦解和宗法制的松懈。②

概之，有两个因素——郡县制与法治——促进和彰显了封建制的瓦解与

---

① 瞿同祖. 中国封建社会[M]. 上海：上海世纪出版集团，2005：90.
② 为何在此只能说是宗法制的松懈呢？因为宗法制的核心是血缘及礼制，地主阶级的出现乃至后来秦国郡县制只是对西周的封建制进行了瓦解，直至西汉初年之后逐渐走向灭亡。对宗法制度产生了冲击，没有达到"瓦解"的程度。历史证明其宗法制在汉封建制灭亡之后，宗法制一直存在而且对中国文明产生着重大影响。

宗法制的松懈，而郡县制与法治则是相类似的政治治理方式，二者存在着紧密的内在关联。下面就此展开论述。

封建制是我国古老的政治制度，发端于三皇五帝，盛隆于西周，衰落于东周，暂断于秦，西汉初年略有恢复，但汉文帝、景帝尤其唐宋之后基本徒有虚名而为郡县制所代。正如顾炎武在《日知录·封国》中曰："唐宋以下，封国但取空名，而不有其地。"①值得注意的是，自秦之后，封建制在中国基本徒有虚名，但宗法制并没有因此而减弱，甚而有加强的迹象。因此这是一个问题的两个方面，不能弄混了。礼与法是一对对立统一的辩证范畴，二者的分职与功用有分立也有交叉重合。封建制与礼制具有天然的亲缘关系，因此礼制成为西周主流的政治治理模式实为势然。然而东周以降，私田倍出，地主阶级日益壮大，井田制和封建制逐渐瓦解，诸侯国国君也开始顺应历史潮流，实行郡县制，提倡法治，于是法制对礼制产生了极大的冲击。与纯法家不同的是，《黄帝四经》没有彻底否定礼制，而是提倡"刑德并用"，这是其在这场强劲的历史风暴中的特殊之处。

东周之际，废封建建郡县最有实效者当推秦国，然而秦国并非最早实践郡县制者。考览古籍，"县"字最早出现在《左传》中，《左传·僖公三十三年》记载了晋襄公命先茅之县赏胥臣之事。左丘明曰："以再命命先茅之县赏胥臣。"杜预注曰："先茅绝后，故取其县以赏胥臣。"②晋国最早为郡县制，权力日益集中，国势遂日盛。《史记·晋世家》载晋顷公时，晋之宗室祁傒孙叔向子相恶于君，而六卿欲削弱宗室，于是以法尽灭其族，将其邑裂为十县，各令其子为大夫，遂晋益弱，臣日大，以致三家分晋。③ 钱穆对此说："自后晋遂亡，而其所创县制，则三家因之，勿能革也。"④《左传·宣公十一年》载："(楚子)遂入陈，杀夏征舒，镮诸栗门。因县陈。"⑤太史公曰："十六年，伐陈，杀夏征舒。征舒杀其君，故诛之也。已破陈，即县之。"⑥杜预对此推理

---

① 顾炎武. 严文儒、戴扬本校点. 日知录[M]. 上海：上海古籍出版社，2012：577.
② 左丘明. 杨伯峻编校. 春秋左传[M]. 北京：中华书局，1981：503.
③ 司马迁. 史记[M]. 长沙：岳麓书社，2001：252.
④ 钱穆. 秦汉史[M]. 北京：三联书店，2004：14.
⑤ 左丘明. 杨伯峻编校. 春秋左传[M]. 北京：中华书局，1981：714.
⑥ 司马迁. 史记[M]. 长沙：岳麓书社，2001：257.

道：“灭陈以为楚县。揕下文‘诸侯县公皆厌寡人’之语，则楚前此已立县矣。”①陈县的建立得到诸侯和此前的县公的恭贺，证明有史可载的陈县之前还有很多县没有史书记载，这就给后人留下太多猜度空间，也许楚国创县时间比晋国还早。

秦国是一个很有个性和独立性的诸侯国，他对外来文化不会痴迷但会应用，一副工具主义的派头。正如钱穆先生言：“秦人本无其本身之文化传统，战国以来，凡所兴建，皆自东方移植，而秦人又迄未能融以为己有。”②典型的表现是它用法家思想强国富民，但却不迷信法家，对法家也不从文化理论的角度作刨根究底的研判，只是“拿来主义”的应用。这种极端实用主义的态度导致了秦法家文化营养不良，徒取法，离开了自然法和德的根基，流于绝对的实用主义，导致酷刑的泛滥，脱离了天道的轨迹，当然行之不远。对齐鲁的礼乐文化秦也是极尽歧视之意。齐国的鲁仲连（鲁连子）曾对此感慨曰：“彼秦者，弃礼义而上首功之国也。权使其士，虏使其民。”③荀子曾入秦，对其法治及其功效高度赞誉，这符合其“隆礼重法”中的“重法”之义，但秦缺乏“隆礼”，这又成为荀子诟病之处。荀子曰：“佚而治，约而详，不烦而功，治之至也。秦类之矣。虽然，则有其諰④矣。兼是数具者而尽有之，然而县之以王者之功名，则倜倜然其不及远矣。……则其殆无儒邪！”⑤荀子虽为赵国人，出身三晋法家之地，但因从小东游稷下学宫，深受其“文化大一统”⑥的影响，尤其接受黄老之学，“隆礼重法”对荀子影响甚大。所以最终凝结成荀子“隆礼重法”的文化立场。其“礼”主要来自鲁文化，其“法”主要来自齐文化。有了这样的文化立场，方有荀子对秦“治之至”的褒和“殆无儒”的贬。

基于以上的历史情境和文化立场，秦国不背文化包袱，轻装上阵，因此敞开胸怀迎接新时代，使之在那烽火连天的时代能驰骋四方、威震天下，最

---

① 左丘明. 杨伯峻编校. 春秋左传[M]. 北京：中华书局，1981：714.

② 钱穆. 秦汉史[M]. 北京：三联书店，2004：18-19.

③ 钱穆. 秦汉史[M]. 北京：三联书店，2004：8.

④ 諰(xǐ). 忧惧：四方有志之士~然，常恐天下之久不安. 2. 一边说话一边思考. 3. 直言.

⑤ 荀况. 荀子·儒效[M]. 济南：山东友谊出版社，2001：414.

⑥ 稷下学宫以道家文化为基础，宗览百家，成为中国文化碰撞与融合的殿堂，凝结了中华文明，尤以黄老为典型。

终得以暂时统一天下。这就是为何秦国虽非最早提倡和实行郡县制然而却是实践得最彻底的原因。因此就郡县制对封建制的摧毁而言，秦国之功居首。秦始皇十三岁立王之时，秦国已将许多征服之地设为郡，太史公对此有比较详细的记载："当是之时，秦地已并巴、蜀、汉中，越宛有郢，置南郡矣；北收上郡以东，有河东、太原、上党郡；东至荥阳，灭二周，置三川郡。"①大梁（开封）人尉缭子与秦始皇的一番对话也应合了太史公的记载。尉缭子说秦王曰："以秦之强，诸侯譬如郡县之君……愿大王毋爱财物，赂其豪臣，以乱其谋，不过亡三十万金，则诸侯可尽。"②尉缭子的话释放出三点重要信息：其一，郡县制在当时已比较普遍——至少是秦国的主流政制，而且大有替代分封制之势；其二，秦在当时非常强大，各路诸侯处于其威慑之中；其三，秦统一天下之势似已成历史趋势，郡县制将成为主流的政制分层方式。历史证明，尉缭子对天下大势的研判是准确的，正如他后来认为秦王得天下后"天下皆为虏""不可与久留"③的判断一样。

秦始皇统一天下后对于究竟采取分封制还是郡县制拿不准，于是下其议于群臣，李斯议曰："周文、武所封子弟同姓甚众，然后属疏远，相攻击如仇雠，诸侯更相诛伐，周天子弗能禁止。今海内赖陛下神灵一统，皆为郡县，诸子功臣以公赋税重赏赐之，甚足易制。天下无异意，则安宁之术也。置诸侯不便。"始皇曰："天下共苦战斗不休，以有侯王。赖宗庙，天下初定，又复立国，是树兵也，而求其宁息，岂不难哉！廷尉议是。"④李斯与始皇的这段对话颇值玩味，非得静心凝神方能窥其窍。最有意思的地方在于秦始皇问此话其实是故意装糊涂，在其心中废诸侯设郡县已是定论，他发问只是试探群臣并试图以此寻求支持。没想到廷尉李斯与其想法一拍即合，堪为知己啊，所以其日后荣升宰相之职乃理所当然，秦始皇在此寻得一强有力的政见同谋。为何说秦始皇此问是明知故问呢？原因有二：其一，秦王政十三岁登基时，秦国早采取了郡县制，设有南郡、河东郡、太原郡、上党郡、三川郡等⑤，秦

① 司马迁. 史记[M]. 长沙：岳麓书社，2001：41.
② 司马迁. 史记[M]. 长沙：岳麓书社，2001：42.
③ 司马迁. 史记[M]. 长沙：岳麓书社，2001：42.
④ 司马迁. 史记[M]. 长沙：岳麓书社，2001：44.
⑤ 司马迁. 史记[M]. 长沙：岳麓书社，2001：41.

王政只是沿袭了老祖宗的政治传统而已；其二，深层次的原因是，在文化和历史传统上，秦国对外来文化一直持实用主义的态度，有用则用之，无用则斥之①，这就是秦王政下"逐客令"的原因，所以商鞅、韩非、李斯都冤死秦地，孔子、孟子、荀子之意见没有被采纳。从秦国发迹史看，助其发迹的商鞅和李斯皆为外国人，对秦一统天下的伟业作出了关键性的贡献，但都没有好下场，其根由在秦国文化的独立和独特性：重实用军功，轻文化礼义。当年商鞅怀揣"帝王之道"未能投合秦孝公，后改以"霸王之道"和"强国之术"方得孝公的青睐和重用，这也是秦帝国重纯法家剑走偏锋二世而亡的深层次文化原因。

从摧毁封建制的历史功绩看，秦帝国郡县制首当其冲。封建制与宗法血缘关系紧密相关，与礼制具有天生的亲密关系。郡县制打碎了宗法血缘的温情之网，论功行赏，任能当职，而且人事权收归中央，最大限度地削弱了宗法血缘关系对政治的干预，使政治回归到理性之轨。因此郡县制代替分封制是自西周以来中国人文和理性精神不断增强和彰显的政治结晶，是中华文明进步的重要一环。从秦设郡县废诸侯和后来的"焚书坑儒"看，秦对封建制主要是摧毁，毫不吝惜，没有修正之意。《黄帝四经》以道为基，历览史意，把脉当时，可堪担负起"道术将为天下合"之重任，对封建制不但摧毁，而且在道意之下留礼义之善，其理性和智慧代表了周代中国历史的发展方向。

（二）《黄帝四经》法思想加速周封建制的瓦解

《黄帝四经》的主旨是"案（按）法而治"，开篇即言"道生法"，可见"法"是其最重要的范畴，法治乃其最重要的主旨。《黄帝四经》审时度势，综纳百家，以道为基，以法为的，为战国时代奉献了一部奇葩之著。其存在，一方面对封建制有摧毁之助力，另一方面保留了礼制的合理成分，提倡"刑德并用""隆礼重法"的天才设想，对后世产生了重大影响。此节重点阐述它对瓦解封建制的助推之功。

---

①　例如对东方外来文化，秦重在三晋法家功利文化，但不作深究和融通，对齐鲁文化则是基本持鄙夷态度。钱穆先生曾言："凡秦人所师受而信用者，特三晋功利之士耳。至于齐鲁间学者讲学，重历史文化精神，求为社会整个的改造之理想，则秦之君臣，固未之前闻，抑亦无情欣赏。"见钱穆.秦汉史[M]．北京：三联书店，2004：18-19.

　　《黄帝四经》对封建制瓦解的助推之功主要通过其法治思想来实现的。从意识形态上看，礼制适合西周等级封建社会，是因为"礼以分"①的社会政治功能。及至东周，"礼崩乐坏"，井田瓦解，私产日厚，保护私产，争取平等的政治经济地位的呼声日盛，加之人文和理性的精神勃勃发展，这催生了法治的思想。

　　《左传》记载昭公六年（公元前536），郑国子产铸刑鼎时，遭到晋国叔向的反对，叔向说："先王议事以制，不为刑辟，惧民之有争心也。犹不可禁御，是故闲（防）之以义，纠之以政，行之以礼，守之以信，奉之以仁……民于是乎任使也，而不生祸乱。民知有辟，则不忌于上。并有争心，以征于书，而侥幸以成之，弗可为也。夏有乱政，而作禹刑；商有乱政，而作汤刑；周有乱政，而作九刑……今吾子相郑国，作封洫，立谤政，铸刑书，将以靖民，不亦难乎？……如是，何辟之有？民知争端矣，将弃礼而征于书，锥刀之末，将尽争之。乱狱滋丰，贿赂并行。终子之世，郑其败乎？肸②闻之，'国将亡，必多制'，其此之谓乎！"③叔向此番话可谓苦口婆心，心急如焚。其基本立场是维护礼制，反对法制，尤其反对法律公开。言语之间，无不透露出对先王之礼制的推崇和留恋。最后发出"国将亡，必多制"的感叹。这里的多制显然主要指礼制和法制，认为法制及法律的公开，将使礼制遭到极大的破坏，人们再也不会以礼制来约束自己的言行，而是将以法律作为言行标准，因为没有对礼的遵从，会导致民无廉耻的局面，只要不违法，百事可为，刀锥之末利也会不遗余力地去争抢。

　　面对这番苦劝，子产很无奈，作为一代名相，他回答说："若吾子之言，侨④不才，不能及子孙，吾以救世也。"⑤子产的回答谦逊而无奈，说自己这样做只是权宜之计，而非长远之策，至于以后会怎样，他也没有把握。从子产的此番话和态度，可以揣度当时公布法律、实行法治已是非常紧迫的应时之策，证明当时的郑国不论经济、社会结构、文化驱动、统治者的共识等都形

----

① 陈戍国点校. 礼记·乐记[A]. 四书五经[C]. 长沙：岳麓书社，2003：565-566.

② xī，意为传播，此处指羊舌肸即叔向。

③ 左丘明. 杨伯峻编校. 春秋左传[M]. 北京：中华书局，1981：1274-1276.

④ 公孙侨，即子产。与叔向合称为侨肸，与吴国公子季札合称侨札。

⑤ 左丘明. 杨伯峻编校. 春秋左传[M]. 北京：中华书局，1981：1277.

成了一股法制改革的历史合力。郭沫若先生于此评价道："事实上是旧的礼制已经失掉了统治作用，世间上有了新的'争端'，故不得不用新的法令来加以防范。子产说他是为'救世'，正是现实的政治家所表露出的真心话。"①

子产低调的回答，也说明法律初开，其社会政治治理效果也有待检验。事实证明一开始三年，民怨载道，十分抵制。但三年后情况截然相反，子产的法制改革取得了很好的效果。这前后三年的反差在《左传·襄公三十年》中有详细记载："从政一年，舆人诵之，曰：'取我衣冠而褚之，取我田畴而伍之。孰杀子产，吾其与之。'及三年又诵之，曰：'我有子弟，子产诲之；我有田畴，子产殖之。子产而死，谁其嗣之？'"②历史证明，子产的法制变革最终取得了好的效果。

《黄帝四经》的法意有其历史和时代的背景。历史背景主要有二：其一，齐国的开国之君为姜子牙，他尚兵谋，重实功，同时也有些许道家隐老的情怀，这些风格对齐国之风产生了重大影响；其二，东周之际，井田瓦解，礼崩乐坏，私有制及郡县制的逐渐盛行，为寻求新的治理模式提供了历史动力。时代背景是田氏篡姜齐之后要树立与姜齐崇炎帝不同的"政统"权威——黄帝，要"高祖黄帝"③，为自己的统治寻求道义支持。于是齐国于稷下建立学宫，大养天下贤士，不治而议，以上大夫待之。④ 数百千人的学者贤士集聚稷下，自由地探讨学问，在田齐宗黄敬老的文化政策指引下形成一股奇葩的历史文化之流——黄老之学。

黄老重法思想与纯法家不同之处概之有二：其一，黄老之法乃源于道，是贯通天、地、人三才的具有深厚理论基础之法，从中可以窥探博大的自然法渊源，从而使《黄帝四经》之法超越了纯法家工具主义层面的法，给法涂抹上一层浓浓的"天赋权利"之色彩；其二，《黄帝四经》之法具有典型的"齐鲁文化"色彩，即在提倡法的同时也注重礼德的功用，而且对二者之间的关系从道的角度进行了深入的论证，结果得出"隆礼重法""刑德并用"的结论。以上

---

① 郭沫若. 十批判书[M]. 北京：人民出版社，2012：240.

② 左丘明. 杨伯峻编校. 春秋左传[M]. 北京：中华书局，1981：1182.

③ 见《陈侯因咨敦》"高祖黄帝，迩嗣桓、文"，载郭沫若. 十批判书[M]. 北京：人民出版社，2012：119.

④ 司马迁. 史记[M]. 长沙：岳麓书社，2001：314.

的特色也形成了《黄帝四经》助推封建制瓦解的动力。从第一点看，《黄帝四经》具有些许"天赋权利"色彩的法思想，将人道与天道衔接，将一切都纳入道的轨迹上了，冲破了封建制的宗法血缘关系的牢笼，从而从理论基础的角度对封建制进行了深层次的瓦解。其原因是从天道衍生而出的道法将平等的理念彻底化，是西周以降人文和理性精神在法治思想中的具化。从第二点看，《黄帝四经》"刑德并用"的法治思想在冲击封建制的同时保留了其德治的合理成分，做到了辩证的否定，这也是道家辩证法和理性智慧的结晶。

　　总之，《黄帝四经》在冲击封建制的同时，又用理性和辩证的态度保留了其德治的合理成分，避免了如纯法家"一断于法"的鲁莽态度，从而有助于历史变革的"软着陆"，不会循秦二世而亡之覆辙。可惜历史表现了其戏剧性一面，汉武帝之后，黄老之学的主流思潮地位为儒家所代，深埋于历史的陈砖故瓦中。

二 、对汉初治道的影响

　　《黄帝四经》的黄老思想对汉初的治道产生了重大影响。这种影响可说是全方位的：从社会主体的身份上看，上至皇帝，中贯王侯将相，下及黎民百姓；从理论和实践的贯通力上看，这种影响不仅仅在理论上，而且在治理实践上也得到贯彻落实。此种景象，可用余明光先生的一番话概括："汉初这种应世而起的'黄老'之学，的确盛极一时，成为一个时代的思想潮流，具有非常的广泛性。从上层统治阶级到一般的百姓，朝野上下，很多人都信奉这种学说。"①

　　谭嗣同在其《仁学·二十九》中言："二千年来之政，秦政也，皆大盗也；二千年来之学，荀学也，皆乡愿也。"②他是站在资产阶级维新派的立场对中国历史进行窥探，虽充满贬抑之意，但对中国历史的把握堪称精准。秦政者，以郡县制为基础之中央集权也；荀学者，隆礼重法之理也。此两点于中国历史影响极大，而且都于战国末期完成。期间秦国统一天下后一度法制苛峻，

---

① 余明光. 黄帝四经与黄老思想·序[M]. 哈尔滨：黑龙江人民出版社，1989：59.
② 谭嗣同. 仁学[M]. 北京：中华书局，1958：56.

虽坚守了"郡县制中央集权",然而偏离了"隆礼重法"之则,走向了"一断于法"的极端,所以二世而亡。秦乃战国以降中国文明动荡整合之掉尾,其末期的分裂动荡、封建复辟终致帝国之夭折,说明这种文明的整合尚待磨砺和检验。历史将此重任委托给了汉代——尤其西汉初年。汉初之际,委于历史之势,也分封了一些诸侯国,这是秦末封建复辟的历史残局的影响。整体之政,汉初多承秦制,改动不多。正如钱穆先生言:"要之汉初政局,大体因袭秦旧,未能多所改革。"①这除了客观上的历史惯性外,还在于汉初以高祖刘邦为首的统治集团多为平民出身,对封建世袭制没有感同身受的体验,所以政制以郡县为主,即使分封了一些诸侯国,其状况与先秦大异其趣,某种程度上甚至可以说徒具形式。关于此,唐代史学家刘知几论述道:"当汉氏之有天下也,其诸侯与古不同。夫古者诸侯,皆即位建元,专制一国,绵绵瓜瓞,卜世长久。至于汉代则不然。其宗子称王者,皆受制京邑,自同州郡;异姓封侯者,必从宦天朝,不临方域。或传国唯止一身,或袭爵才经数世,虽名班胙土,而礼异人君,必编世家,实同列传。"②同姓诸侯王位继承者须经中央同意,异姓诸侯受封后于京城从宦,不实际治理受封之地,这些体制打破了先秦诸侯爵位世袭的传统,名为诸侯王国,实"自同州郡"。这足以证明,汉初之封侯乃秦末封建复辟的历史惯性,其本质的政体则为以郡县制为基础的中央集权。因此,大汉之开辟是自西周末年"礼崩乐坏"以来包含政治在内的中华文明的定格时期。在此历史变革的洪流中,黄老思想扮演了很重要的角色,对历史新格局之形成起到了较大作用。正如李学勤先生言:"黄老思想在古代文化史上影响甚巨,在汉初尤为风行。"③

　　作为黄老思想最核心的经典,其对这场历史变革的影响甚大,对汉初法制之影响乃此参融的画龙点睛之笔。要之,其影响的思想要素至少可概括为以下两点:其一,无为而治的政治诉求;其二,"隆礼重法""刑德并用"的用政之道。如果说汉武帝"罢黜百家、独尊儒术"之后,儒家上升到意识形态主

---

①　钱穆. 秦汉史[M]. 北京:三联书店,2004:49.

②　刘知几. 白云译注. 史通(上)[M]. 北京:中华书局,2014:59.

③　余明光. 黄帝四经与黄老思想·序[M]. 哈尔滨:黑龙江人民出版社,1989:2.

流地位，治国模式沿用了荀子"隆礼重法"——"礼主法辅"①的治理模式，那么汉初则是"隆礼重法"——"法主礼辅"。下面从这两个方面对其影响进行阐释。

（一）无为的汉初之用

《黄帝四经》承袭并申衍了老子无为而治的政治智慧，将之纳入"道法"的客观而理性的轨道中。在老子的思想世界中，他强调了无为而治的重要性，也点明了这种无为而治的循道之基。但治理天下终究是天下之人的事，定需人道的基础，而这一点又恰是老子不甚详论的地方。《黄帝四经》"援道入法"，从法治的立场对道法及其法治进行了系统性的建构性阐述，使无为之政有了"接地气"的法制，其理论性、可操作性有了重大的突破，从而为突破逻辑的屏障融入历史的洪流提供了基础。

黄老之道理论虽然臻至成熟而且在理论界影响甚大。其影响得益于齐国稷下学宫——这个战国最大的学术机构，其为中国文明的多元碰撞与融合提供了一个绝好的舞台，为"道术将为天下合"提供了最佳的机会，契合了历史的趋势，从而使黄老思想得以成为战国中后期的主流意识形态。但是历史在很多时候都会以戏剧性形式呈现，理论和现实、逻辑和历史有时会出现错谬，所现非所欲。秦帝国就是这样，其意识形态并未用主流的黄老思想，而是韩非和李斯的"以法为教，以吏为师"的专法思想。其原因，要之有二：第一，从大的方面看，秦国文化的独特性和惯性使之对外来的东方文化持谨慎态度，尤其排拒齐鲁文化，而对三晋的功利文化则持"拿来主义"的工具主义态度②；第二，韩非和李斯虽为荀子的学生，但三者都出身三晋功利文化的摇篮，因此即便都受过齐稷下黄老思想的熏陶，但与之仍然有别。正是这种深层次的文化根基，使秦走上了"一断于法"的歧路，即便秦始皇励精图治，勤于治政，仍难免其二世而亡的历史命运。这一点，班固在《汉书·刑法志》中有较为详

---

① 其实"礼主法辅"的治理模式乃西周的治理模式，法是作为礼的辅助治理手段而存在的。所以法律不公开，"议事以制"，"刑不上大夫"，法律主要是对普通大众的约束和惩罚。同时，"礼不下庶人"，它是维系西周等级奴隶制的最重要的政治统治手段和社会调节剂。

② 如秦国即用韩非思想实现了大一统，虽然秦王政十四年即公元前233年韩非已被陷害而死，但"韩非著书，李斯采以言事"（《论衡·案书篇》），秦国的治道之理还是韩非子的思想。

细的论述："至于秦始皇，兼吞战国，遂毁先王之法，灭礼谊之官，专任刑罚，躬操文墨，昼断狱，夜理书，自程决事，日县石之一。而奸邪并生，赭衣塞路，囹圄成市，天下愁怨，溃而叛之。"①这也证明了秦帝国式的历史整合仅是历史发展大势的小插曲，纵使实现了大一统的格局，仍然抗拒不了历史洪流的方向。所以汉初的历史抉择顺应了黄老思想的潮流，为汉朝的稳固和富强奠定了坚实的基础。

太史公曰："夏之政忠。忠之敝，小人以野，故殷人承之以敬。敬之敝，小人以鬼，故周人承之以文。文之敝，小人以僿，故救僿莫若以忠。三王之道若循环，终而复始。周秦之间，可谓文之敝矣。秦政不改，反酷刑法，岂不缪乎？故汉兴，承敝易变，使人不倦，得天统矣。"②太史公此言之意即周过之以文，乃文之敝，而秦则矫枉过正，过之以刑，乃刑之敝。而汉初的统治集团走折衷路线，用黄老思想，得天统，所以"使人不倦"，出现了"文景之治"的历史盛世。太史公在此准确地把握了历史发展的趋势，即"隆礼重法"的政治模式，不得不佩服其深邃而过人的思想洞见。接下来的中国历史正延着所言的"天统"发展，其核心即"隆礼重法"，不过礼与法的侧重点不同而已，汉初的黄老之治乃"法主礼辅"，武帝之后直至清末为"礼主法辅"，清末之后，历史格局又得以洗牌重建，顺应"宪政"和"法治"的历史潮流，"法主礼辅"又提上了历史的日程，此正是《黄帝四经》的价值和意义所在，也是本书的选题意义所在。

从西汉高祖刘邦汉元年（公元前202年）到汉武帝建元六年（前135年），在国家意识形态领域占据统治地位的是形成于战国中后期的黄老之学。西汉初年举国上下之所以崇奉黄老无为之治，其原因主要有三，下面分别阐述之。

一是人心思治。春秋战国以降，中国社会经历了长期的战争动乱，社会经济和人民的生命财产遭到了重大创伤。秦始皇虽然励精图治，日夜勤政，但常年的穷兵黩武和大兴土木已掏尽了这个新兴帝国的元气。班固对之描述道："至于始皇，遂并天下，内兴功作，外攘夷狄，收泰半之赋，发闾左之

① 班固. 汉书·刑罚志第三[M]. 北京：团结出版社，2002：127.
② 司马迁. 史记[M]. 长沙：岳麓书社，2001：84.

成。男子力耕不足粮饷，女子纺绩不足衣服。竭天下之资材以奉其政，犹未足以澹其欲也。海内愁怨，遂用溃畔。"①汉承秦制，但也接续了其生民凋敝、万业待兴的残局。汉初之际，社会经济十分萎靡。班固在《汉书·食货志》中记载了当时的社会情状："汉兴，接秦之敝，诸侯并起，民失作业，而大饥馑。凡米石五千，人相食，死者过半。高祖乃令民得卖子，就食蜀、汉。天下既定，民亡盖臧，自天子不能具醇驷，而将相或乘牛车。"②连年战乱，食货奇缺，以至于经常发生人吃人的现象，更有甚者高祖下令民众卖子以资生存，可见当时社会之惨烈。

西汉统治者目睹了如火如荼的农民战争，慑于农民起义的威力，怕重蹈秦王朝的覆辙，也希望早日治理好战争的创伤，发展社会生产，安定人民生活。正如班固在《汉书·刑法志第三》中言："当孝惠、高后时，百姓新免毒蠚，人欲长幼养老。萧、曹为相，填以无为，从民之欲而不扰乱，是以衣食滋殖，刑罚用稀。"③黄老思想提倡遵道而为、"文武并行"，与民休息，让人民在"无为"治道之下，实现"自化""自正""自富""自朴"等，有着极大的灵活性和实用性。这样，黄老之学自然就成了刘邦集团的首选治道之法。

二是统治集团上层的偏好。汉初，高祖、高后、惠帝、文帝、景帝、窦后均崇黄老之学。据《史记·吕后本纪》载："孝惠皇帝，高后之时，黎民得离战国之苦，君臣俱欲休息乎无为，故惠帝垂拱，高后女主称制，政不出房户，天下晏然。刑罚罕用，罪人是希。民务稼穑，衣食滋殖。"④至于汉文帝刘恒，应劭在《风俗通·正失》中言："本修黄老之言，不甚好儒术，其治尚清静无为。"文帝此治道精神显然受高后好黄老的影响。在文帝的带动下，窦太后亦"好黄老之言，不说儒术"。作为文帝和窦后之子，汉景帝接续了二者的黄老治道，也"不得不读《老子》，尊其术"。⑤

不但君主崇尚黄老，许多重要谋臣，如萧何、曹参、张良、陈平、田叔、

---

① 班固. 汉书[M]. 北京：团结出版社，2002：135.
② 班固. 汉书[M]. 北京：团结出版社，2002：135.
③ 班固. 汉书[M]. 北京：团结出版社，2002：135.
④ 司马迁. 史记[M]. 长沙：岳麓书社，2001：90.
⑤ 宁国良. 黄老道家的政治思想与汉初的治国实践[J]. 湖南大学学报：社会科学版，2005(3)：104-107.

汲黯等都在政治中重视黄老治术。作为大汉开国丞相的萧何颇懂黄老因循之道。故虽然秦为汉所破之国，萧何也非常重视因循秦制，此为黄老无为而治之表现者。萧何重黄老因循之道主要表现在两个方面：为公则因循秦制，为私则低调守雌。这些在《史记》中太史公有所记述。太史公载："沛公至咸阳，诸将皆争走金帛财物之府分之，何独先入收秦丞相御史律令图书藏之……汉王所以具知天下阨塞，户口多少，强弱之处，民所疾苦者，以何具得秦图书也。"①沛公至咸阳，诸将争夺金帛财物，而独萧何先入收秦丞相御史律令图书藏之，表现了其遵道而为、智谋高远的黄老理性和因循精神。高祖封功臣，萧何不与人争，专捡贫瘠偏远之地。太史公载："何置田宅必居穷处，为家不治垣屋，曰：'后世贤，师吾俭；不贤，毋为势家所夺。'"②这种"田宅必居穷处"的思想体现了萧何守雌贵柔的黄老精神。作为大汉第一臣，萧何的这种循道无为处下守雌的黄老精神必然对汉之君臣产生重大影响③。加上天下初定，积弊甚重，朝野思治，民需休息，所以治道之选择自然就倾向于黄老之学了。萧规曹随，扬雄在《法言·渊骞卷第十一》中也言："或问萧、曹。曰：'萧也规，曹也随。'"④曹参即丞相位后，一遵萧何所定规制，整天喝酒玩乐，少问政事。太史公曰："参代何为汉相国，举事无所变更，一遵萧何约束。择郡国吏木讷于文辞，重厚长者，即召除为丞相史。吏之言文刻深，欲务声名者，辄斥去之。日夜饮醇酒。卿大夫已下吏及宾客见参不事事，来者皆欲有言。至者，参辄饮以醇酒，间之，欲有所言，复饮之，醉而后去，终莫得开说，以为常。"曹参为相，不仅自己遵黄老道治，而且在选任属下时也以无为之道为标准，专选木讷厚重者，有欲以进言者，常以酒堵其口。开始时惠帝也不解，后来亲问曹参，方知其无为之治的良苦用心。太史公记载了这段君臣对话："至朝时，惠帝让参曰：'与窋胡治乎？乃者我安敢望先帝乎！'参免冠谢曰：'陛下自察圣武孰与高帝？'上曰：'朕乃安敢望先帝乎！'曰：'陛下观臣孰与萧何贤？'上曰：'君似不及也。'参曰：'陛下之言是也。且高帝与萧何定

---

① 司马迁. 史记[M]. 长沙：岳麓书社，2001：348.

② 司马迁. 史记[M]. 长沙：岳麓书社，2001：3520.

③ 刘邦发迹前常得萧何提携爱护，及至战争期间，二人出生入死，萧何更是举宗追随，所以刘邦最信赖和爱戴萧何，萧何之思想必对刘邦产生较深之浸染。

④ 扬雄著，韩敬译注. 法言[M]. 北京：中华书局，2012：335.

天下，法令既明，今陛下垂拱，参等守职，遵而勿失，不亦可乎？'惠帝曰：'善。君休矣！'"经过一番对话，惠帝终于明白并认可了曹参的黄老无为之治，更受到了一场无为而治的熏陶和教育，毕竟曹参乃助高祖打天下的开国元勋和当朝重臣，对话中，惠帝尊称曹为"君"，可见惠帝对曹参是十分尊重的，受其影响当在情理中。

早在任齐相时，曹参即召数百儒士建言献策，但所言各异，未知所定。在这种矛盾而迷茫的状态下，曹参听说盖公，于是使人厚币请之，将正堂礼让给盖公住，随其习用黄老治道，并且取得了很好的治理效果，堪为贤相。太史公记载了此历史事件："参尽召长老诸生，问所以安集百姓，如齐故（俗）诸儒以百数，言人人殊，参未知所定。闻胶西有盖公，善治黄老言，使人厚币请之。既见盖公，盖公为言治道贵清静而民自定，在此类具言之。参于是避正堂，舍盖公焉。其治要用黄老术，故相齐九年，齐国安集，大称贤相。"曹参在齐国拜黄老学者盖公为师，"其治要用黄老术"，此乃曹参小试牛刀。此试效果颇佳，为其赢得"大称贤相"之美誉。因此其荣升汉丞相时"举事无所变更，一遵萧何约束"，袭用黄老治道即顺理成章之事了。应当说，曹参用黄老无为治道，是顺应了时代的潮流，随势沉浮，故能取得良好的治理效果。

三是刘邦统治集团文化素质不高。汉初功臣集团出身行伍，来自社会下层，文化素质普遍不高，他们"少文多质"，率真坦诚，但不免粗鄙浅薄、功利狭隘，普遍缺少文化内涵、广阔的精神视域和高尚的理想人格。正如高祖刘邦曰："吾以布衣持三尺剑取天下，此非天命乎？"[1]刘邦此言本是拒绝医生为其治流矢伤，认为自己作为一介布衣而打下了天下是天命的安排，流矢所伤也是天命安排，是治不好的。其言道出了高祖内心隐含的对于天命的崇信，他站在平民立场对此尤其感慨。对此，清学者赵翼在《二十二史劄记》中有较为详细地描述，赵翼言："汉初诸臣，惟张良出身最贵，韩相之子。其次则张苍，秦御史；叔孙通，秦待诏博士。次则萧何，沛主吏掾；曹参，狱掾；任敖，狱吏；周苛，泗水卒史；傅宽，魏骑将；申屠嘉，材官。其余陈平、王陵、陆贾、郦商、郦食其、夏侯婴等，皆白徒。樊哙则屠狗者，周勃则织薄

---

① 司马迁. 史记[M]. 长沙：岳麓书社，2001：83.

曲吹箫给丧事者，灌婴则贩缯者，娄敬则挽车者，一时人才皆出其中，致身将相，前此所未有也。"①张良为韩相之子，张苍为秦御史，叔孙通为待诏博士，三者可算为贵族，萧何、曹参、任敖、周苛、傅宽、申屠嘉为秦之小吏。其余陈平、王陵、陆贾、郦商、郦食其、夏侯婴等为白徒。樊哙、周勃、灌婴、娄敬为贱业者，真可谓"一时人才皆出其中，致身将相，前此所未有也"。刘邦以布衣出身，统领这些落寞的贵族或小吏、白衣、贱业者，在阶级和思想意识上是很容易达成共识的，在捡用治道时有删繁就简、避儒近黄的天然倾向，历史也证明了这一点。

他们对蕴含深厚文化传统和庞杂知识谱系的儒学，难免产生蔑视、厌恶乃至排斥的心理。刘邦集团难以胜任儒家激进改革的素质要求，而黄老无为而治的主要手段是名与法以及与之相关联的刑与德、文与武等，既易于操作又易于为人所理解和接受，符合汉初平民统治的文化水平，这是造成汉初统治者采纳黄老治国思想的另一重要原因。

除了以上三个原因，还有两个历史因素颇值一提：第一，汉初开国君臣虽有许多为"白人"或"贱业者"，但尚有很大部分人曾就职于秦帝国，耳濡目染，日夜浸润，其思想意识深处难免受秦"排儒"而"重法"思想的影响。《史记·郦生陆贾列传第三十七》言："沛公不好儒，诸客冠儒冠来者，沛公则解其冠，溲溺其中。与人言，常大骂。未可以儒生说也。"②第二，从思想文化的内在发展规律和惯性而言，自战国中后期以降，黄老思想渐为中国的主流文化思潮，担负起了"道术将为天下合"的智识重担。以下一组数据足以说明这个问题：《庄子·天下》所记八家，道家居四；《荀子·解蔽》及《尸子·广泽》所记六家，道家占三；《吕氏春秋·审分览·不二》所记十家，道家有五；《汉书·艺文字》载37家，道家文993篇，为诸家之首。这些文献中《尸子》与《庄子》大致同时，亦为最早，为战国中期作品，其记当较为准确地反映了其时的文化情状，堪为信史。

司马谈为汉初的太史令，其对汉初的意识形态的把握和宣讲于公于私都

---

① 赵翼著，王树民校证. 廿二史劄记[M]. 北京：中华书局，2013：37.
② 司马迁. 史记[M]. 长沙：岳麓书社，2001：562.

堪为称信。虽然其曾学天官于唐都，学《易》于杨何，习道论于黄子，所学颇杂，但其理论的归属在黄老。这一点可从其在《论六家要旨》中对儒、墨、名、法、阴阳的贬抑和对黄老的纯粹褒扬的强烈对比中管窥其貌。司马谈斥儒家为"博而寡要，劳而少功"，墨家为"俭而难遵"，名家乃"俭而善失真"，法家则"严而少恩"，阴阳家则"使人拘而多畏"。唯有道家（黄老道），司马谈充溢了莫大的褒扬之辞："道家使人精神专一，动合无形，赡足万物。其为术也，因阴阳之大顺，采儒、墨之善，撮名、法之要，与时迁移，应物变化，立俗施事，无所不宜，指约而易操，事少而功多。"①作为大汉文化重臣，其言论的意识形态性是难免的，褒扬黄老而贬抑百家当体现了汉初 70 年间的重道精神。

汉初黄老无为之道体现在法律上就是"约法省刑""刑不厌轻"，这个原则不仅影响着最高统治者，而且对执法者也有重大影响，足见作为意识形态主流的黄老思想对汉代社会的浸润之深。例如汉文帝时代的廷尉张释之就是典型的黄老信徒，其在断案中就是沿用《黄帝四经》的原则，说服汉文帝，取得了良好的法律效果。以下两个案例足以说明张释之以黄老法律原则断罪。

案例一：有一次汉文帝出行经渭桥，有一人从桥下走出，御马大惊。于是文帝令人逮捕此人，交由廷尉张释之惩办。犯跸者陈述说闻跸而躲桥下良久，以为御驾已过，所以出而惊马。张释之怜之，奏当"一人犯跸，当罚金"，罚款了事。文帝认为判决太轻，怒曰："此人亲惊吾马，吾马赖柔和，令他马，固不跌伤我乎？而廷尉乃当之罚金！"张释之曰："法者，天子所与天下公共也。今法如此而更重之，是法不信于民也，一倾而天下用法皆为轻重，民安所错其手足？唯陛下察之。"良久，文帝曰："廷尉当是也。"②

案例二：有人盗窃高庙座前玉环，文帝怒，交张释之处断。张释之按律盗宗庙服御物者为奏，当处弃市。文帝认为判得过轻，大怒曰："人之无道，乃盗先帝庙器！吾属廷尉者，欲致之族，而君以法奏之，非吾所以共承宗庙意也。"张释之免冠顿首谢曰："法如是足也。且罪等，然以逆顺为差。今盗宗

---

① 司马迁. 史记[M]. 长沙：岳麓书社，2001：739-740.
② 司马迁. 史记[M]. 长沙：岳麓书社，2001：582.

庙器而族之，有如万分之一，假令愚民取长陵一抔土，陛下何以加其法乎？"过了很久，文帝与太后言，同意了张释之的判决。之后，中尉条侯周亚夫与梁相山都侯王恬开见释之持议平，乃结为亲友，"张廷尉由此天下称之"。①

以上两个案例，一个是"犯跸"，一个是"盗取宗庙玉环"，张释之依《黄帝四经》的法律原则成功地断处，为其赢得了良好声誉，而且说服了皇帝。这些原则有："案（按）法而治"，"以法断之"，"以法为符"，"法度者，正之至也"，"生法度者，不可乱也"，"唯公无私"等。同时也坚持了汉初黄老法制"约法省刑"和"刑不厌轻"的原则，这些原则是《黄帝四经》法律原则的延续。

汉初采用无为治道，历经 70 年取得了良好的效果。如从汉初的"人相食"，到惠帝、高后间的"衣食滋殖"②，乃至出现了"文景之治"的盛况。班固在《汉书·食货志第四上》中描述了当时的社会情况："至武帝之初七十年间，国家亡事，非遇水旱，则民人给家足，都鄙廪庾尽满，而府库余财。京师之钱累百巨万，贯朽而不可校。太仓之粟陈陈相因，充溢露积于外，腐败不可食。众庶街巷有马，阡陌之间成群，乘牸牝者摈而不得会聚。守闾阎者食粱肉；为吏者长子孙；居官者以为姓号。人人自爱而重犯法，先行谊而黜愧辱焉。"③此等社会治理效果，应验了《管子》"仓廪实而知礼节，衣食足而知荣辱"的论断。

（二）"隆礼重法"——"法主礼辅"的政治情势

如果要以一个词概括《黄帝四经》的治道精神，"法主礼辅"应该是最贴切的。"法"是《黄帝四经》的主题，整本书皆是围绕法来展开的。在论证法的过程中，作者应用了"推天道以明人事"的逻辑架构，不仅重视天道，而且落实到人道，将天地人三道贯通一气，为法寻求坚实的理论基础。这种"先立乎其大"的逻辑思维，为《黄帝四经》融摄各家文化、担起"道术将为天下合"的历史重任作了强有力的铺垫。在这种大气、理性、客观的智识原则指引下，《黄帝四经》结合时代的需要，对传统文化作了"去粗取精""去伪存真"的整合，凝结成"隆礼重法""法主礼辅"的治道理念，这也是黄老之学的治道理念。如

---

① 司马迁. 史记[M]. 长沙：岳麓书社，2001：582.
② 班固. 汉书[M]. 北京：团结出版社，2002：135.
③ 班固. 汉书[M]. 北京：团结出版社，2002：138.

上文所言，汉初朝野皆重黄老，因此用"法主礼辅"的治道理念乃其理所当然之势。

汉承秦制，不仅在大的政治制度建构上承袭了秦的以郡县制为基础的中央集权制，而且在法制建构上也沿袭了秦重法的精神指向。所不同者，汉初统治集团对秦制作了切合实际的调整，修正了秦"一断于法"的偏颇，吸收了一些其他学派特别是儒家的治道精神，保证了治道精神的"充足智识营养"，因而避免了秦政走极端的缺陷，适应了汉初百废待兴、休养生息的内在历史要求。正如观人需"日久"，观史也需把视线拉长一些，才能在滚滚历史洪流中沉淀厘清其清晰的逻辑线索。从学理的角度深入探析，这种良好的治道精神其实正是《黄帝四经》"隆礼重法、法主礼辅"精神的实践，这表明自战国中后期以降，黄老思潮经过秦帝国的歧路之辩证回归落实在现实的历史实践中，成为上升到政治舞台的支配性意识形态，为中国合理的治道建构打下了坚实的基础。

司马迁作为汉初的史官，可谓其政制的理所当然发言人，这一点在上节我也曾提及，因此其不朽著作——《史记》之言及思想原则堪称汉初政制的精当的宣传者。太史公在《史记·律书第三》开篇即言："王者制事立法，物度轨则，壹禀于六律，六律为万事根本焉。"①太史公将法抬到治道的根本高度，可见其对法治的认识是何其的深刻。此文风颇类《黄帝四经》开篇即言"道生法"，以此点明"重法"之主题。作为史学之巨擘，此用意反映了汉初重法的历史实际。

与其父司马谈一样，太史公颇重黄老，此意也与汉初黄老思潮为主流意识形态相契合，也与统治集团的政治取向相投。关于此，略举几例即可明证。例如在后来学者多将韩非、慎到、申不害列入法家的学术情势下，司马迁将三者皆列入黄老道家，以"其本归于黄老"概括三者的思想旨归。更有甚者，在《史记》中，司马迁还把《韩非子传》与《老子传》并列，单独统合在一起，这至少可以推明两个意思：第一，太史公对韩非子十分尊重，因为在尊道的司马迁眼里，老子是无比智慧而圣洁的，能在智识的殿堂中与之同列并行者，

---

① 司马迁. 史记[M]. 长沙：岳麓书社，2001：132.

当然是无比厉害的。第二，司马迁唯独将韩非子与老子并列，还在于其想利用韩非子巧妙地安排推明汉初"重法"之精神指向，进而弘扬黄老"案（按）法而治"的主旨。可以假设的是，如果司马迁知《黄帝四经》的确切作者，其将此作者之传与老子并列也不是不可能的。韩非子乃先秦法家之集大成者，虽然其思想比较驳杂，包含了"法、术、势"三大派别的法思想，但"其本归于黄老"，其思想乃是对黄老思想修正之结果。应当说明的是，虽然韩非思想基本承袭了黄老法治思想，但在修正中有些偏颇，从而背叛了《黄帝四经》"法主礼辅"的治道精神，滑向了"一断于法"的泥淖，并进而造成了秦二世而亡的历史悲剧。司马迁对韩非子有推重也有修正，因为他也深深认识到秦"一断于法"的历史教训，因此推崇黄老乃是对韩非极端法治的修正。例如司马迁在《史记·律书第三》中开篇点明了"六律为万事根本"后，又言："文帝时，会天下新去汤火，人民乐业，因其欲然，能不扰乱，故百姓遂安。自年六七十翁亦未尝至市井，游敖嬉戏如小儿状。孔子所称有德君子者邪！"[1]太史公此处所描述的正是黄老治道下汉初社会繁荣昌盛、和谐幸福的历史画面。司马迁认为这种近于"至德之世"下的民众乃道家所言的真人，犹如孔子所言君子者。

接下来，司马迁以阴阳辩证的理论视角，从"不周风居西北""广莫风居北方"、"条风居东北""明庶风居东方""清明风居东南维""景风居南方""凉风居西南维""闾阖风居西方"等八个方面对法律与天道之关系进行了细致地论证，最后得出"合符节，通道德，即从斯之谓也"的结论。[2] 此运思逻辑乃承袭了《黄帝四经》"推天道以明人事"的逻辑。

汉初重法之治、践行黄老者，萧何是个很重要的人物。作为举宗追随高祖的耆老，萧何对法制建设高度重视，展示了特殊的高超谋略。例如沛公入关时，诸将争抢金帛财物，唯独萧何先入收秦丞相御史律令图书藏之。萧何此举对日后治朝理政产生了重大影响。例如"沛公为汉王，以何为丞相……汉王所以具知天下阨塞，户口多少，强弱之处，民所疾苦者，以何具得秦图书

---

① 司马迁. 史记[M]. 长沙：岳麓书社，2001：132.
② 司马迁. 史记[M]. 长沙：岳麓书社，2001：132-135.

也"①。高祖初入关时曾约法三章："杀人者死，伤人及盗抵罪。"②此举除掉了秦繁苛之法，百姓大悦。然而因夷狄未服，兵革未息，此简约之法尚不足以御奸，于是萧何"攈摭③秦法，取其宜于时者，作律九章"④。萧何的九章律奠定了汉代及其后历朝的法制基础。萧何的法制思想及其建构，奠定了汉初黄老治道的"重法"之基。

仅"重法"不足以体现黄老"隆礼重法、法主礼辅"的治道精神，因此汉初统治集团也较重视"隆礼"，力争践行《黄帝四经》的"文武并行""刑德并用"精神，最终实现"文武相配，大略举焉"⑤的政治目标。

汉高祖本布衣，同时受秦帝国轻儒思想影响，素来鄙夷儒家。对儒生也倍加侮辱，满足了其喜"狎侮"的性情。例如有儒生来访，刘邦常摘其冒"溲溺其中"，极尽侮辱之能事。叔孙通为秦待诏博士，后追随沛公，为典型的儒生，"叔孙通儒服，汉王憎之；乃变其服，服短衣，楚制，汉王喜"。⑥太史公在此用了两个对立的词"憎"和"喜"，把汉王对儒家的厌恶生动鲜明地刻画出来，真可谓"史家之绝唱、无韵之离骚"。还好，高祖只是憎恨儒家，没有采取秦"焚书坑儒"的极端措施，为后来修明礼制和契合黄老"隆礼重法"之策提供了机会。汉王五年(公元前702年)，高祖于定陶即皇帝位，群臣饮酒争功，醉者或狂呼，或拔剑击柱，高帝患之。叔孙通于是抓住此历史机会，说上曰："夫儒者难与进取，可与守成。臣愿征鲁诸生，与臣弟子共起朝仪。……臣愿颇采古礼与秦仪杂就之。"上曰："可试为之，令易知，度吾所能行为之。"⑦叔孙通于是招揽了一百多人习练月余，请高帝观礼，高帝曰："吾能为此。"⑧于是汉之朝仪礼制就这样定了下来。汉王七年(公元前200年)，长乐宫成，高帝召集文武群臣共贺，场面井然有序、蔚为壮观，高祖喜不自禁，

① 司马迁. 史记[M]. 长沙：岳麓书社，2001：34.
② 班固. 汉书·刑法志[M]. 北京：团结出版社，2002：128.
③ jùn zhí，意为摘取、搜集。
④ 班固. 汉书·刑法志[M]. 北京：团结出版社，2002：128.
⑤ 班固. 汉书·刑法志[M]. 北京：团结出版社，2002：126.
⑥ 司马迁. 史记[M]. 长沙：岳麓书社，2001：572.
⑦ 司马迁. 史记[M]. 长沙：岳麓书社，2001：572.
⑧ 司马迁. 史记[M]. 长沙：岳麓书社，2001：572.

曰："吾乃今日之为皇帝之贵也。"①实现了其年轻时"大丈夫当如此也"②的梦想。高祖于是拜叔孙通为太常，专管朝仪，赐金五百斤。高帝如此之举，表明其对朝仪礼制的彻底接受。

汉初劝儒者还有一重要人物——陆贾。陆贾颇有辩才，与叔孙通一样非不知与时而变的鄙儒。二者因此都擅长用自己的智辩之才逮住时机向高祖推销儒学，使高祖"不好儒"③的思想有所改变。司马迁《史记·郦生陆贾列传第三十七》载："陆贾时时前说称《诗》《书》。高帝骂之曰：'乃公居马上而得之，安事《诗》《书》！'陆生曰：'居马上得之，宁可以马上治之乎？且汤、武逆取而以顺守之，文武并用，长久之术也。昔者吴王夫差、智伯，极武而亡；秦任刑法不变，卒灭赵氏。乡使秦已并天下，行仁义，法先圣，陛下安得而有之？'"④应该说陆贾此番话思路很清晰，引经据典，既有历史的例证，又有逻辑的阐述，态度不卑不亢，颇具说服力，辩才确实了得。其"逆取而顺守"的观点与叔孙通"儒者难与进取，可与守成"颇类，可见汉初的儒者在治道的选择上是有共识的，此种文化氛围为日后"罢黜百家、独尊儒术"提供了肥沃的智识土壤，为儒学的种子的开花结果奠定了基础。汉高祖听了此番话，"不怿而有惭色"，汉高祖不高兴但又有点惭愧，似乎为以往慢对儒生有所良心发现。汉高祖为人虽喜轻慢易人，但大气，尚施，能用人，不嫉贤妒能。此时可说是其处于尴尬矛盾之中作取舍的时候了，虽然难为情，但是为宗庙计，他作了折衷的选择，对陆生曰："试为我著秦所以失天下，吾所以得之者何，及古成败之国。"⑤汉高祖此言是一个转折点，表明其态度从断然拒儒到试着接受，也说明陆生之说取得了良好的效果。陆贾于是写了十二篇政论文，略述古今成败存亡之道。每成一篇即奏汉高祖，汉高祖看后"未尝不称善，左右呼

---

① 司马迁. 史记[M]. 长沙：岳麓书社，2001：573.
② 司马迁. 史记[M]. 长沙：岳麓书社，2001：71. 年轻时的刘邦常去咸阳服徭役，得观秦始皇巡行的壮观景象，故有此叹。
③ 司马迁载，(沛公麾下)骑士曰："沛公不好儒，诸客冠儒冠来者，沛公辄解其冠，溲溺其中。与人言，常大骂。未可以儒生说也。"司马迁. 史记[M]. 长沙：岳麓书社，2001：562.
④ 司马迁. 史记[M]. 长沙：岳麓书社，2001：564.
⑤ 司马迁. 史记[M]. 长沙：岳麓书社，2001：564.

万岁，号其书曰'新语'"①。致此，汉高祖对儒家的态度发生了重大的转变。

叔孙通与陆贾着实让汉高祖对儒家的态度有所改变，但很难说出现了根本性转变。可以说，汉高祖对儒家的接受是出于宗庙之保的考虑，大体为权宜之计，有点"拿来主义"的工具主义的味道，谈不上文化深层次上的信念。况且汉高祖用叔孙通制礼，大体沿用秦制，乃一国必具之仪。太史公曰："至于高祖，光有四海，叔孙通颇有所增益减损，大抵皆袭秦故。自天子称号下至佐僚及宫室官名，少所变改。"②后来朝仪礼制的完备乃至烦琐是后代逐层叠加变更所致。因此，在治道定位上，汉初仍以黄老思想为基础的"法主礼辅"的治理模式为主。这种理论倾向和治道模式对汉初的思想世界产生了重大影响，以至于儒家也表现出些许杂家的特征。

陆贾为汉初力倡儒学的第一人，其《新语》开篇为《道基》，第四篇为《无为》，以此可见其综揽百家的黄老意，其治道已不是纯儒家之理，"行仁义、法先王、礼法治、尊黄老"，其治道可定格为"礼主法辅"，此意承袭了荀子的治道，后又为董子发扬光大并成为中国主流的治道模式。与荀子不同的是陆生的"礼主法辅"的治道理念受当朝官方意识形态影响甚大，因此明目张胆地提倡"道基""无为"等黄老治道理念。异于董子者在于陆生的"礼主法辅"仅为黄老"法主礼辅"的修正和补充，没有上升到支配地位，而董子"礼主法辅"则上升到支配性治道地位，并且在中国封建政治舞台存在了近两千年，适应了中国封建社会的状况。

儒家除了陆生，还有韩婴思想也充满了黄老之意。考其生存年代，主要在文帝、景帝、武帝期间，所以受黄老思想影响是必然的，这也说明黄老思想在汉初确为主流思潮。韩婴的黄老思想主要体现在《韩诗外传》中，该著提倡"隆礼重法"，似受荀子和陆贾的治道思想影响较大。但与荀子不同者，韩婴表现了与陆贾相同的更为深切的黄老意涵，甚至在"法"意方面，韩婴比陆贾走得更高更远，这是因为其受黄老思想之浸润更深更长之故。但即便如此，其"法"也没有上升到《黄帝四经》"执道者生法"的"道法"高度，其"无为"也

---

① 司马迁. 史记[M]. 长沙：岳麓书社，2001：564.
② 司马迁. 史记[M]. 长沙：岳麓书社，2001：117.

没有上升到"无为"立法的高度，其"道"更多为君道，而非《黄帝四经》似的将"天地人"的贯通作为万物始基之"道"。韩婴曰："夫辟雪雨露，杀生万物者也，天无事焉，尤之贵天也。执法厌文，治官治民者，有司也，君天事焉，犹之尊君也。夫壁土殖谷者，后稷也；决江疏河者，禹也；听狱执中者，皋陶也。然而有圣名者，尧也。故有道以御之，身虽无能也，必使能者为己用也。无道以御之，彼虽多能，犹将无益于存亡矣。"①在韩婴的思想世界中，法乃被置于礼之下，法是礼之行的常规化表现。韩婴言："……文礼谓之容。礼容之义生，以治为法。故其言可以为民道，民从是言也。行可以为民法，民从是行也。万世子子孙孙道而不舍。"②此段话中的两个法字都是与礼仪言行相关的，只要言行合乎礼义道德，则算是遵法了，此道可遵，此道为礼治之道。这充分说明了韩婴的儒家立场，援法入礼，使用黄老，不过是为了完善儒家治道而已。正如王沛先生言："这样一来，解决'法'的合法性问题之关键就是解决'礼'的合法性问题。"③

贾谊与陆贾相类，二者皆为汉初鸿儒，为汉初统治出谋划策，为汉初的政治社会的稳定作出了重大贡献。同时二者居儒家立场，援黄老说事。例如贾谊《新书》中即有《道术》《道德说》等与黄老相关之篇。与陆贾不同之处在于，贾谊黄老意没有陆贾浓厚，儒家进取风格更甚，因此其遭受如周勃、灌婴、张相如、冯敬等保守派诋毁、排挤就成为其宿命了。文帝将其从太中大夫调离，任长沙王太傅，秩品由一千石升为二千石，但远离文帝，远离京城政治中心，其非凡才能难以有用武之地，实质是在政治上走下坡路了。从历史角度审视，贾谊政治不得意的根本原因是其儒家立场与文帝之世的黄老治道指向不相契合，因此文帝虽用其才，但非重用。正如方向东先生言："文帝用贾谊，是因为重其才；而不重用，固然因为朝廷保守势力的排挤，更与文帝实行'无为而治'的治国指导思想有关。"④此言甚是。

---

① 韩婴. 许维遹释. 韩诗外传集释[M]. 北京：中华书局，1980：36.
② 韩婴. 许维遹释. 韩诗外传集释[M]. 北京：中华书局，1980：72.
③ 王沛. 黄老"法"理论源流考[M]上海：上海人民出版社，2009：179.
④ 贾谊. 方向东译注. 新书[M]. 北京：中华书局，2012：2.

汉文帝"本好刑名之言"①，受曹丞相影响后更是宗于黄老②。汉文帝法治思想的黄老化典型地表现在其废除肉刑。公元前167年，淳于意有罪当刑，其女缇萦上书曰："妾父为吏，齐中皆称其廉平，今坐法当刑。妾伤夫死者不可复生，刑者不可复属，虽后欲改过自新，其道亡繇也。妾愿没入为官婢，以赎父刑罪，使得自新。"③汉文帝怜其意，遂下令曰："制诏御史：盖闻有虞氏之时，画衣冠、异章服以为戮，而民弗犯，何治之至也！今法有肉刑三，而奸不止，其咎安在？非乃朕德之薄而教不明与？吾甚自愧。故夫训道不纯而愚民陷焉。《诗》曰：'恺弟君子，民之父母。'今人有过，教未施而刑已加焉，或欲改行为善，而道亡繇至，朕甚怜之。夫刑至断支体，刻肌肤，终身不息，何其刑之痛而不德也！岂称为民父母之意哉！其除肉刑，有以易之；及令罪人各以轻重，不亡逃，有年而免。具为令。"④汉文帝此番话虽引发于缇萦救父，但显然又超越了此个案的狭隘意义，上升到了对"隆礼重法"的治道模式的思考。通过与有虞氏部落的象刑治国的对比，认识到自己"德之薄而教不明"而造成"不教而杀"的悲剧。因此要先教而后刑，废除肉刑，强调了"隆礼重法""宽约简刑"的治国理念，结合其重黄老的背景，此举实为当然。

汉文帝的这种治道理念也深深影响了景帝和窦后，"及至孝景，不任儒者，而窦太后又好黄老之术，故诸博士具官待问，未有进者"。⑤

以上历史人物和事件映射和表现了汉初治道模式——隆礼重法、法主礼辅。汉初统治集团的此选择，是对秦帝国"一断于法"治道的修正，即在强调法治的同时重视德治的价值，这是对战国中后期黄老思潮的延续和落实。汉初统治者深深认识到"徒法不足以劝善，徒德不足以禁奸"，只有把二者紧密联系起来，辩证用之，方能达到最佳的治理效果，此认识不仅基于逻辑而且基于历史实践。

在黄老"隆礼重法、法主礼辅"居主流和支配地位的同时，居于次位的儒

---

① 司马迁. 史记·儒林列传[M]. 长沙：岳麓书社，2001：684.
② 魏徵等撰. 隋书[M]. 二十五史. 乌鲁木齐：新疆青少年出版社，1999：177.
③ 班固. 汉书·刑法志第三[M]. 北京：团结出版社，2002：128.
④ 班固. 汉书·刑法志第三[M]. 北京：团结出版社，2002：128.
⑤ 司马迁. 史记·儒林列传[M]. 长沙：岳麓书社，2001：684.

家"隆礼重法、礼主法辅"思想或隐或现交织于历史的滚滚洪流中。这条线索的起源可追溯致西周，发展于荀子，延续于陆贾、贾谊，定格于董仲舒，汉武帝时代，终于落实于历史实践。此条治道线索彰显了儒家"修身、齐家、治国、平天下"之理想的辩证之途，其中也经历了如孔子等的"排法""厌讼"思想。以此观之，荀子在此治道的定格中起到了关键作用，其发明历史、辩证思治的历史功绩是不可抹的。荀子治道建构受到黄老思想影响是明显的，黄老思想是荀子辩证之思的逻辑推动力。

笔者以为，黄老思想和儒家在"隆礼重法"的治道理念上达成了共识，标志着中华民族关于治道理性建构的成熟，所不同者，前者"法主礼辅"，后者"礼主法辅"，侧重点取舍有别。但人类治道，无非"礼"与"法"，二者缺一不可，两种思想对此的把握在理论和历史实践上都已深入恳切，但对"礼""法"的取舍侧重为不同的历史选择提供了逻辑空间。应该说，汉武帝之后致清末，中国用董子"礼主法辅"的治道理念是符合封建时代的社会政治特征的，这既是选择历史又是历史的选择，是二者综合辩证之力的作用结果。正因为黄老法思想内在地包含了"礼"，所以也为汉初主流法律思想从黄老的"法主礼辅"转化为儒家的"礼主法辅"提供了契机，正如曾加先生言："汉初则以黄老法律思想为指导，强调'约法省刑''刑不厌轻'等，后来又发展到以儒家为主的儒法合流、礼法统一，形成了以'三纲'为立法指导原则的封建正统法律思想。"①从某种程度言，"礼主法辅"中的"礼"也可理解为法理学中的"理"，只是其表现了与《黄帝四经》不一样的"道"的进路而已。而《黄帝四经》将"法"与"礼"皆纳入"道"的逻辑及其衍化体系中，彰显了"道法"的自由、平等、客观、公正的价值，此治道理念不太适合封建制社会，但于现代法治社会却是贴切的，这也是此研究的目的和意义所在。

---

① 曾加. 张家山汉简法律思想研究［M］. 北京：商务印书馆，2008：14.

结　语

　　《黄帝四经》产生于战国早期之末，是黄老学的经典著作。黄老学乃战国中后期的重要思潮，主要存在于齐国稷下学宫，因此作为黄老学奠基之作的《黄帝四经》对稷下学宫乃至整个战国中后期的思想基调产生了重大影响。

　　《黄帝四经》最大的价值体现在其"隆礼重法""法主德辅"的治道精神之建构，此治道精神在中国起到了承前启后的作用。承前即通过"因阴阳之大顺，采儒、墨之善，撮名、法之要"，综纳百家之学，将此前分离的"法治""德治""礼治"融合起来，使中国文化由"争鸣"转向"融合"，从而建构了"隆礼重法""法主德辅"的治道精神。启后是指，《黄帝四经》"隆礼重法""法主德辅"的治道精神对后世产生了重大影响。例如荀子、韩非子、董子等治道精神受《黄帝四经》影响很大。不同之处在于荀子、董子站在儒家的立场，将《黄帝四经》"隆礼重法""法主德辅"的治道精神改造为"德主法辅"，而韩非子站在法家立场，吸取了《黄帝四经》的"道法之治"。

　　《黄帝四经》的法治其实质是"道法之治"，也即其整个治道精神体系是建立在"道"的基础上的。《黄帝四经》将老子抽象无为之"道"通过"天""名"具化为"法"，即"道生法"，为法寻求了神圣的理论依据，其基本的逻辑方法是"因循"，以具现"推天道以明人事"的功用。由于《黄帝四经》之法由"道"所生，所以具有神圣性、客观性、公正性，包含统治者在内的任何人都必须无条件的遵守，即"法弗敢废"，"是非有分，以法断之；虚静谨听，以法为符"，要"去私立公"，"不达（滑）刑"，严格依法办事，"案（按）法而治"。

　　作者似乎也意识到"法"自身的缺陷，因此在"道"的博大胸怀下融摄了其他治道精神，尤其是"德治"和"礼治"。通过阴阳的辩证互动，作者提出了"刑德并用""文武并行"的治道精神，也即"隆礼重法"的治道精神。刑者为武为阴，德者为文为阳，阴阳辩证为用，刑德互依互恃，充分发挥自己的治理之长，形成理性的"隆礼重法"治道精神。

《黄帝四经》"隆礼重法"的治道精神开启了中国理性而辩证施治的先河，打破了之前纯粹而孤立的治道精神局面，其中既体现理性的精神，也有蕴含制衡的智慧，加之其法为道所生，源于自然，具有自然法的意味，这些精神与现代宪政、法治的治道精神相通。

《黄帝四经》通篇并未有"法主德辅"的称谓，但通过其所处的时代背景即其自身的逻辑结构可推断出此治道精神，这种治道精神除了《黄帝四经》，还在《慎子》《管子》等中也有体现，或者言《黄帝四经》对后者产生了重大影响。韩非子仅吸收《黄帝四经》的"道法之治"，从而导致了秦国"一断于法"的悲剧；荀子、董子则将"法主德辅"改造成"德主法辅"，虽然成就了几千年封建帝国，但是于当下现代"法治中国"不契合。

参考文献

一、中文著作、文集类

[1]周易[M]. 四书五经. 长沙：岳麓书社，1991.

[2]王力行、高修俊、张奋成. 二十五史[M]. 乌鲁木齐：新疆青少年出版社，1999.

[3]南怀瑾、徐芹庭注译. 周易[M]. 重庆：重庆出版集团，2009.

[4]罗志野英译，周秉钧今译. 尚书[M]. 长沙：湖南出版社，1997.

[5]李民、王健译注. 尚书译注[M]. 上海：上海古籍出版社，2012.

[6]尚书[M]. 四书五经. 长沙：岳麓书社，1991.

[7]诗经[M]. 四书五经. 长沙：岳麓书社，1991.

[8]周礼[M]. 周礼·义礼·礼记. 长沙：岳麓书社，1989.

[9]老子. [明]王夫之衍，王孝鱼疏证. 老子衍疏证[M]. 北京：中华书局，2014.

[10]老子. 汤漳平、王朝华译注. 老子[M]. 北京：中华书局，2014.

[11]列子. 叶蓓卿译注. 列子[M]. 北京：中华书局，2011.

[12]孔子. 论语[M]. 四书五经. 长沙：岳麓书社，1991.

[13]左丘明. 杨伯峻编校. 左传[M]. 北京：中华书局，1981.

[14]左丘明. 陈戍国点校. 左传[M]. 四书五经. 长沙：岳麓书社，2003.

[15]左丘明. 国语[M]. 北京：华龄出版社，2002.

[16]晏子编. 汤化译注. 晏子春秋[M]. 北京：中华书局，2011.

[17]管子. 管子[M]. 济南：齐鲁书社，2006.

[18]管子. 江涛注. 管子新注[M]. 济南：齐鲁书社，2006.

[19]荀况. 荀子[M]. 济南：山东友谊出版社，2001.

[20]庄子. 郭象注，成玄英疏. 庄子注疏[M]. 北京：中华书局，2011.

[21]孟子. 陈戍国点校. 孟子［M］. 四书五经. 长沙：岳麓书社，2003.

[22]商鞅. 张觉点校. 商君书[M]. 商君书·韩非子. 长沙：岳麓书社，1990.

[23]鹖子. 钟肇鹏校理. 鹖子校理[M]. 北京：中华书局，2010.

[24]韩非子. 张觉点校. 韩非[M]. 商君书·韩非子. 长沙：岳麓书社，1990.

[25]鹖冠子. 黄怀信校注. 鹖冠子汇校集注[M]. 北京：中华书局，2004.

[26]尉缭子. 刘春生译. 尉缭子全译[M]. 贵阳：贵州人民出版社，1993.

[27]吕不韦编. 黄碧燕译注. 吕氏春秋[M]. 广州：广州出版社，2001.

[28]司马迁. 史记[M]. 长沙：岳麓书社，2001.

[29]刘安主编，陈广忠译注. 淮南子[M]. 北京：中华书局，2012.

[30]陈戍国点校. 礼记·乐记[M]. 四书五经. 长沙：岳麓书社，2003.

[31]贾谊. 方向东译注. 新书[M]. 北京：中华书局，2012.

[32]董仲舒. 春秋繁露·顺命[M]长沙：岳麓书社，1997.

[33]严遵. 樊波成校笺. 老子指归[M]. 上海：上海古籍出版社，2013.

[34]韩婴. 许维遹释. 韩诗外传集释[M]. 北京：中华书局，1980.

[35]刘向. 战国策[M]. 上海：上海书店，1987.

[36]王充. 张宗祥校注，郑绍昌标点. 论衡校注[M]上海：上海古籍出版社，2013.

[37]班固. 颜师古注. 汉书[M]. 北京：中华书局，2005.

[38]班固. 汉书[M]. 北京：团结出版社，2002.

[39]扬雄. 韩敬译注. 法言[M]. 北京：中华书局，2012.

[40]赵晔. 吴越春秋[M]. 南京：江苏古籍出版社，1999.

[41]长孙无忌. 唐律疏议[M]. 北京：中华书局，1983.

[42]刘知几. 白云译注. 史通[M]. 北京：中华书局，2014.

[43]魏徵等撰. 隋书[M]. 二十五史. 乌鲁木齐：新疆青少年出版社，1999.

[44]中国社会科学院历史研究所宋、辽、金、元史研究室点校. 名公书判清明集[M]. 北京：中华书局，1987.

[45]司马光编纂. 资治通鉴(1-4册)[M]. 长沙：岳麓书社，1990.

[46]马端临. 文献通考[M]. 北京：中华书局，1986.

[47]冯梦龙、〔清〕蔡元放编. 东周列国志[M]. 武汉：湖北人民出版社，1996.

[48]顾炎武. 严文儒、戴扬本校点. 日知录[M]. 上海：上海古籍出版社，2012.

[49]章学诚. 文史通义[M]. 北京：中华书局，1961.

[50]皮锡瑞. 周予同注释. 经学历史[M]. 北京：中华书局，2004.

[51]赵翼. 王树民校证. 廿二史劄记[M]. 北京：中华书局，2013.

[52]沈家本. 历代刑法考[M]. 北京：中华书局，1985.

[53]沈家本. 寄簃文存[M]. 北京：商务印书馆，2015.

[54]谭嗣同. 仁学[M]. 北京：中华书局，1958.

[55]梁启超. 中国近三百年学术史[M]. 北京：东方出版社，1996.

[56]梁启超. 清代学术概论[M]. 北京：中华书局，2010.

[57]梁启超. 中国法理学发达史[M]. 饮冰室合集. 北京：中华书局，1936.

[58]梁启超. 梁启超讲国学[M]. 南京：凤凰出版社，2008.

[59]梁启超. 梁启超论宪法[M]. 北京：商务印书馆，2013.

[60]王世杰、钱端升. 比较宪法[M]. 北京：商务印书馆，2010.

[61]梁漱溟. 东西文化及其哲学[M]. 上海：上海世纪出版集团，2006.

[62]钱穆. 秦汉史[M]. 北京：三联书店，2004.

[63]钱穆. 中国历史研究法[M]. 北京：三联书店，2001.

[64]钱穆. 黄帝[M]. 北京：三联书店，2004.

[65]钱穆. 老庄通辨[M]. 台北：东大图书公司，1991.

[66]钱穆. 国学概论[M]. 北京：商务印书馆，1997.

[67]钱穆. 先秦诸子系年考辨[M]. 上海：上海书店，1992.

[68]钱穆. 中国思想通俗讲话[M]. 北京：三联书店，2002.

[69]钱穆. 中国史学名著[M]. 北京：三联书店，2000.

[70]钱穆. 中国文化史导论[M]. 北京：商务印书馆，1994.

[71]牟宗三. 中西哲学之会通十四讲[M]. 上海：上海世纪出版集团，2008.

[72]牟宗三. 中国哲学的特质[M]. 上海：上海世纪出版集团，2008.

[73]牟宗三. 周易哲学演讲录[M]. 上海：华东师范大学出版社，2004.

[74]牟宗三. 寂寞中的独体[M]. 北京：新星出版社，2005.

[75]郭沫若. 大盂鼎[M]. 两周金文辞大系. 北京：科学出版社，1957.

[76]郭沫若. 十批判书[M]. 北京：人民出版社，2012.

[77]瞿同祖. 中国封建社会[M]. 上海：上海世纪出版集团，2005.

[78]瞿同祖. 中国法律与中国社会[M]. 北京：商务印书馆，2010.

[79]瞿同祖. 瞿同祖论中国法律[M]. 北京：商务印书馆，2014.

[80]陈鼓应. 黄帝四经今注今译[M]. 北京：商务印书馆，2007.

[81]陈鼓应. 黄帝四经今注今译——马王堆汉墓出土帛书[M]北京：商务印书馆，2013.

[82]陈鼓应. 管子四篇诠释[M]. 北京：商务印书馆，2006.

[83]陈鼓应.老庄新论[M].上海:上海古籍出版社,1992.

[84]陈鼓应主编.道家文化研究(1-21辑)[C].上海:上海古籍出版社、三联出版社,1992-2006.

[85]陈鼓应.易传与道家思想[M].北京:商务印书馆,2007.

[86]陈丽桂.秦汉时期的黄老思想[M].台北:台湾文津出版社,1997.

[87]陈丽桂.战国时期的黄老思想[M].台北:台湾联经出版事业公司,2001.

[88]陈丽桂.战国时期的黄老学思想[M].台北:台湾联经出版事业公司,1991.

[89]陈松长.马王堆帛书《刑德》研究论稿[M].台北:台湾古籍出版有限公司,2001.

[90]陈梦家.六国记年·汲冢竹书考[M].上海:上海人民出版社,1956.

[91]陈伟.包山楚简初探[M].武汉:武汉大学出版社,1996.

[92]程树德.九朝律考[M].北京:中华书局,1963.

[93]余明光.黄帝四经与黄老思想[M]哈尔滨:黑龙江人民出版社,1989.

[94]丁原明.黄老学论纲[M]济南:山东大学出版社,2003.

[95]丁四新.楚地简帛思想研究[M].武汉:湖北教育出版社,2005.

[96]丁四新.郭店楚墓竹简思想研究[M].北京:东方出版社,2000.

[97]马王堆汉墓帛书整理小组.马王堆汉墓帛书[壹][M].北京:文物出版社,1975.

[98]马王堆汉墓帛书整理小组.经法[M].北京:文物出版社,1976.

[99]张岱年.道家在中国哲学史上的地位[C].道家文化研究(第六辑)上海:上海古籍出版社,1995.

[100]沈文倬.宗周礼乐文明考论[M].杭州:杭州大学出版社,1999.

[101]睡虎地秦墓竹简整理小组.睡虎地秦墓竹简[M].北京:文物出版社,1977.

[102]葛刚岩.《文子》成书及其思想[M].成都:巴蜀书社,2005.

[103]顾颉刚等.古史辨[M].上海:上海古籍出版社,1982.

[104]顾颉刚、刘起釪.《春秋》三传及《国语》之综合研究[M].成都:巴蜀书社,1988.

[105]顾颉刚.古史辨自序[C].北京:商务印书馆,2011.

[106]侯外庐.中国思想通史[M].北京:人民出版社,1991.

[107]邓晓芒.思辨的张力——黑格尔辩证法新探[M].长沙:湖南教育出版社,1992.

[108]邓晓芒.儒家伦理新批判[M].重庆:重庆大学出版社,2010.

[109]邓晓芒.中西文化比较十一讲[M].长沙:湖南教育出版社,2007.

[110]邓晓芒.在张力中思索[M].福州:福建教育出版社,2009.

[111]邓晓芒.新批判主义[M].北京:北京大学出版社,2008.

[112]白奚. 稷下学研究[M]. 北京：三联书店，1998.

[113]孙福喜.《鹖冠子》研究[M]. 西安：陕西人民出版社，2002.

[114]胡家聪. 稷下争鸣与黄老新学[M]. 北京：中国社会科学出版社，1998.

[115]胡家聪. 管子新探[M]. 北京：中国社会科学出版社，2003.

[116]湖北省荆沙铁路考古队. 包山楚简[M]. 北京：文物出版社，1991.

[117]黄汉光. 黄老之学析论[M]. 台北：鹅湖出版社，2000.

[118]李力. 出土文物与先秦法制[M]. 郑州：大象出版社，1997.

[119]王利器.《文子》疏议[M]. 北京：中华书局，2000.

[120]王利器. 新语校注[M]. 北京：中华书局，1986.

[121]王叔岷. 先秦道法思想讲稿[M]. 台北：台湾中研院中国文哲研究所，1992.

[122]吴光. 黄老学通论[M]. 杭州：浙江人民出版社，1985.

[123]熊铁基. 秦汉新道家[M]. 上海：上海人民出版社，2001.

[124]张伯元. 出土法律文献研究[M]. 北京：商务印书馆，2005.

[125]张固也.《管子》研究[M]. 济南：齐鲁书社，2006.

[126]周舜徽. 周秦道论发微[M]. 北京：中华书局，1982.

[127]李零. 简帛古书与学术源流[M]. 北京：三联出版社，2004.

[128]李学勤. 简帛佚籍与学术史[M]. 台北：时报文化出版公司，1994.

[129]刘光义. 司马迁与老庄思想[M]. 台北：台湾商务印书馆，2000.

[130]刘笑敢. 庄子哲学及其演变[M]. 北京：中国社会科学出版社，1988.

[131]吕思勉. 先秦学术概论[M]. 北京：中国大百科全书出版社，1985.

[132]吕思勉. 秦汉史[M]. 北京：商务印书馆，2010.

[133]罗家湘.《逸周书》研究[M]. 上海：上海古籍出版社，2006.

[134]张君劢. 中华民国民主宪法十讲[M]. 北京：商务印书馆，2014.

[135]傅斯年. 傅斯年文集[M]. 上海：上海古籍出版社，2012.

[136]傅斯年. 傅斯年史学论著[M]. 上海：上海书店出版社，2014.

[137]傅斯年. 民族与古代中国史[M]. 上海：上海古籍出版社，2012.

[138]赵小琦，阮忠. 白话黄帝经·前言[M]广州：广东高等教育出版社，1992.

[139]王沛. 黄老"法"理论源流考[M]上海：上海人民出版社，2009.

[140]刘素民. 托马斯·阿奎那自然法思想研究[M]. 北京：人民出版社，2007.

[141]苏力. 法治及其本土资源[M]. 北京：中国政法大学出版社，1996.

[142]李学勤. 当代学者自选文库：李学勤卷[M]. 合肥：安徽教育出版社，1995.

[143]张晋藩. 中国监察法制史稿[M]. 北京：商务印书馆，2007.

[144]张晋藩. 中国法律的传统与近代转型[M]. 北京：法律出版社，1997.

[145]曾加. 张家山汉简法律思想研究[M]. 北京：商务印书馆，2008.

[146]夏光. 东亚现代性与西方现代性[M]. 北京：三联书店，2005.

[147]赵明. 康德〈论永久和平〉的法哲学基础[M]. 上海：华东师范大学出版社，2006.

[148]赵明. 法理学[M]. 北京：法律出版社，2012.

[149]赵明. 政治意志与法权意识的契合——和谐社会法制构建之精神前提的历史哲学考察[M]. 济南：山东人民出版社，2010.

[150]赵明主编. 法意[M]. 北京：商务印书馆，2012.

[151]赵明. 先秦儒家政治哲学引论[M]. 北京：北京大学出版社，2004.

[152]赵明. 反思与超越[M]. 北京：中国法制出版社，2007.

[153]赵明. 正义的历史映像[M]. 北京：法律出版社，2007.

[154]南怀瑾. 中国道教发展史略[M]. 上海：复旦大学出版社，2007.

[155]朱凤瀚. 商周家族形态研究[M]. 天津：天津古籍出版社，2004.

[156]朱红林. 张家山汉简《二年律令》集释[M]. 北京：社会科学文献出版社，2005.

[157]俞荣根主编. 寻求法的传统[M]. 北京：群众出版社，2009.

[158]孙春增. 先秦法哲学思想研究[M]. 济南：山东大学出版社，2009.

[159]张岂之. 中国思想史论集(第二辑：纪念侯外庐先生百年诞辰专集)[M]. 桂林：广西师范大学出版社，2003.

[160]张岂之. 中国思想文化史[M]. 北京：高等教育出版社，2006.

[161]许地山. 道教史[M]. 武汉：长江出版传媒、崇文书局，2015.

[162]江山. 法的自然精神导论[M]. 北京：中国政法大学出版社，2002.

[163]江山. 中国法理念[M]. 济南：山东人民出版社，2000.

[164]梁治平. 寻求自然秩序中的和谐[M]. 北京：中国政法大学出版社，2002.

[165]梁治平. 在边缘处思考[M]. 北京：法律出版社，2003.

[166]武树臣. 儒家法律传统[M]. 北京：法律出版社，2003.

[167]武树臣等. 中国传统法律文化[M]. 北京：北京大学出版社，1994.

[168]卢茂华. 自然法观念的变迁[M]. 北京：法律出版社，2010.

[169]王人博. 法的中国性[M]. 桂林：广西师范大学出版社，2014.

[170]史彤彪. 自然法思想对西方法律文明的影响[M]. 北京：中国人民大学出版社，2011.

[171]刘玲娣、熊铁基. 秦汉道家与道教[M]. 西安：三秦出版社，2012.

[172]郑显文. 盛与衰：汉唐经济法制与和谐社会[M]. 北京：中国政法大学出版社，2007.

[173]郑显文. 律令时代中国的法律与社会[M]. 北京：知识产权出版社，2007.

[174]郑显文. 唐代律令制研究[M]. 北京：北京大学出版社，2004.

[175]萧兵. 中庸的文化省察——一个字的思想史[M]. 武汉：湖北人民出版社，1997.

[176]宋小海. 程序自然法视阈中的法律解释——以刑法解释为范例[M]. 北京：社会科学文献出版社，2011.

[177]杨天江. 马里旦：自然法的现代复归[M]. 哈尔滨：黑龙江大学出版社，2013.

[178]西方法律思想史研究会编. 自然法：古典与现代[M]. 北京：中国法制出版社，2007.

[179]亚东著. 平等、自由与中西文明：兼谈自然法[M]. 西安：陕西人民出版社，2012.

[180]费小兵.《老子》法观念探微——开启中国自然法及其目的价值体系[M]. 北京：中国政法大学出版社，2013.

[181]陈广忠. 中国道家新论[M]. 合肥：黄山书社，2001.

[182]何建明. 道家思想的历史转折[M]. 武汉：华中师范大学出版社，1997.

[183]刘光义. 司马迁与老庄思想[M]. 台北：商务印书馆，1992.

[184]董光璧. 当代新道家[M]. 北京：华夏出版社，1992.

[185]朱哲. 先秦道家哲学研究[M]. 上海：上海人民出版社，2000.

[186]孙以楷、陈广忠等. 道家文化寻根[M]. 合肥：安徽人民出版社，2001.

[187]刘韶军. 日本现代老子研究[M]. 福州：福建人民出版社，2006.

[188]姚中秋. 封建[M]. 海口：海南出版社，2012.

[189]姚中秋. 自发秩序与理性[M]. 杭州：浙江大学出版社，2008.

[190]姚中秋. 重新发现儒家[M]. 长沙：湖南人民出版社，2012.

[191]姚中秋. 中国变革之道[M]. 北京：法律出版社，2011.

[192]姚中秋. 权力的现状[M]. 北京：北京大学出版社，2005.

[193]姚中秋. 现代中国的立国之道——第一卷：以张君劢为中心[M]. 北京：法律出版社，2010.

[194]邓正来. 关于中国社会科学的思考[M]. 上海：上海三联书店，2000.

[195]卓泽渊. 法的价值[M]. 北京：法律出版社，2006.

[196]张立文. 和合学[M]. 北京：中国人民大学出版社，2006.

[197]谢晖. 法律哲学[M]. 长沙：湖南人民出版社，2009.

[198]许章润. 法律的中国经验与西方样本[M]. 桂林：广西师范大学出版社，2004.

[199]许章润. 民族主义与国家建构（历史法学第一卷）[M]. 北京：法律出版社，2008.

[200]许章润. 法律信仰——中国语境及其意义[M]. 桂林：广西师范大学出版社，2003.

[201]李桂林、朱应平、沈福俊. 法理学、宪法、行政法与行政诉讼法[M]. 上海：上海人民出版社，2007.

[202]姚建宗. 法治的生态环境[M]. 济南：山东人民出版社，2003.

[203]齐延平. 自由大宪章研究[M]. 北京：中国政法大学出版社，2007.

[204]程维荣. 道家与中国法文化[M]. 上海：上海交通大学出版社，2000.

[205]龙大轩. 道与中国法律传统[M]. 济南：山东人民出版社，2004.

[206]张舜微. 周秦道论发微[M]. 北京：中华书局，1982.

[207]耿云卿. 先秦法律思想与自然法[M]. 台北：商务印书馆，1973.

[208]罗光. 中西法律哲学之比较研究[M]. 北京：中央文物供应社，1983.

[209]王叔岷. 先秦道法思想讲稿[M]. 北京：中华书局，2007.

[210]杨鸿烈. 中国法律思想史[M]. 北京：中国政法大学出版社，2004.

[211]魏敦友. 当代中国法哲学的使命[M]. 北京：法律出版社，2010.

[212]朱海波. 论现代立宪主义的文化基础——理性主义与自然法哲学[M]. 北京：法律出版社，2008.

[213]李中原. 欧陆民法传统的历史解读——以罗马法与自然法的演进为主线[M]. 北京：法律出版社，2009.

[214]苏国勋、刘小枫等编. 韦伯：法律与价值[M]. 上海：上海人民出版社，2001.

[215]蒋庆. 政治儒学——当代儒学的转向、特质与发展[M]. 北京：三联书店，2003.

[216]张德美，探索与抉择——晚清法律移植研究[M]. 北京：清华大学出版社，2003.

[217]苗力田、李毓章主编. 西方哲学史新编[M]. 北京：人民出版社，1990.

[218]北京大学哲学系中国哲学教研室著. 中国哲学史[M]. 北京：北京大学出版社，2003.

[219]徐岱. 中国刑法近代化论纲[M]. 北京：人民法院出版社，2003.

[220]王俊义. 清代学术探研录[M]. 北京：中国社会科学出版社，2002.

[221]冯天瑜，邓建华，彭池编. 中国学术流变（上、下册）[M]. 上海：华东师范大学出版社，2003.

[222]费成康. 中国的家法族规[M]. 上海：上海社会科学出版社，1998.

[223]华友根，倪正茂. 中国近代法律思想史[M]. 上海：上海社会科学出版社，1992.

[224]施治生，刘欣如.《古代王权与专制主义[M]. 北京：中国社会科学出版社，1993.

[225]高恒. 秦汉法制论考[M]. 厦门：厦门大学出版社，1994.

[226]朱勇主. 中国法制通史[M]. 北京：法律出版社，1999.

[227]杨向奎. 大一统与儒家思想[M]. 北京：中国友谊出版公司，1989.

[228]孙占元. 中国近代史通论[M]. 济南：山东教育出版社，1991.

[229]夏锦文. 社会变迁与法律发展[M]. 南京：南京师范大学出版社，1997.

[230]黄朴民. 天人合一 ——董仲舒与汉代儒学思潮[M]. 长沙：岳麓书社，1999.

[231]王戎笙. 台港清史研究文摘[M]. 沈阳：辽宁人民出版社，1998.

[232]邓红. 董仲舒的春秋公羊学[M]. 北京：中国工人出版社，2001.

[233]张紫葛，高绍先.《尚书》法学内容译注[M]. 成都：四川人民出版社，1988.

[234]怀效峰. 明清法制初探[M]. 北京：法律出版社，1998.

[235]钱大群. 唐律研究[M]. 北京：法律出版社，2000.

[236]张国华. 中国法律思想史新编[M]. 北京：北京大学出版社，1998.

[237]陈来. 古代思想文化的世界——春秋时代的宗教、伦理与社会思想[M]. 北京：北京三联书店，2002.

[238]公丕祥. 法制现代化的理论逻辑[M]. 北京：中国政法大学出版社，1999.

[239]李书吉. 北朝礼制法系研究[M]. 北京：民出版社，2002.

[240]李宝臣. 文化冲撞中的制度惯性[M]. 北京：中国城市出版社，2002.

[241]高旺. 晚清中国的政治转型——以清末宪政改革为中心[M]. 北京：中国社会科学出版社，2003.

[242]罗玉中等. 人权与法制[M]. 北京：北京大学出版社，2001.

[243]何家弘. 当代美国法律[M]. 北京：社会科学文献出版社，2001.

[244]葛兆光. 中国思想史[M]. 上海：复旦大学出版社，2001.

[245]郑家栋. 断裂中的传统[M]. 北京：中国社会科学出版社，2001.

[246]李龙. 西方宪法思想史[M]. 北京：高等教育出版社，2004.

[247]曾宪义，郑定、赵晓耕副主编. 中国法制史[M]. 北京：中国人民大学出版社，2000.

[248]高全喜. 法律秩序与自由正义——哈耶克的法律与宪政思想[M]. 北京：北京大学出版社，2004.

[249]高全喜. 我的轭——在政治与法律之间[M]. 北京：中国法制出版社，2007.

[250]高全喜. 何种政治？谁之现代性？[M]. 北京：新星出版社，2007.

[251]高全喜. 西方法政哲学演讲录[M]. 北京：中国人民大学出版社，2007.

[252]高全喜. 宪政时刻：论《清帝逊位诏书》[M]. 桂林：广西师范大学出版社，2011.

[253]曾宪义. 传承与创新：中国传统法律文化的现代价值[M]. 北京：中国人民大学出版社，2012.

[254]卿希泰、唐大潮. 道教史[M]. 南京：江苏人民出版社，2006.

[255]张乃根. 西方法哲学史纲[M]. 北京：中国政法大学出版社，1998.

[256]胡孚琛、吕锡琛. 道学通论[M]. 北京：社会科学文献出版社，2004.

[257]刘小枫. 儒家革命精神源流考[M]. 上海：上海三联书店，2000.

[258]陈来. 古代思想文化的世界——春秋时代的宗教、伦理与社会思想[M]. 北京：三联书店，2002.

[259]宋希仁. 西方伦理思想史[M]. 北京：中国人民大学出版社，2004.

[260]马啸原. 西方政治思想史纲[M]. 北京：高等教育出版社，1997.

[261]王海明. 伦理学原理[M]. 北京：北京大学出版社，2001.

[262]刘智峰. 道德中国——当代中国道德伦理的深重忧思[M]. 北京：中国社会科学出版社，2001.

[263]乐黛云，〔法〕李比雄主编. 跨文化对话[M]. 南京：江苏人民出版社，2007.

[264]赵昆坡. 中国法制史[M]. 北京：北京大学出版社，2002.

[265]李家宝. 中外文化精神十讲[M]. 北京：高等教育出版社，2009.

[266]赵庙详. 悟道明人——老子哲学研究[M]. 西安：陕西人民出版社，2004.

[267]易中天. 先秦诸子百家争鸣[M]. 上海：上海文艺出版社，2009.

[268]沈定平. 明清之际中西文化交流史——明代：调适与会通[M]. 北京：商务印书馆，2007.

[269]高中. 后现代法学思潮[M]. 北京：法律出版社，2005.

[270]范瑞平、贝淡宁、洪秀平. 儒家宪政与中国未来：我们是谁？我们向何处去？[M]. 上海：华东师范大学出版社，2012.

[271]王小甫、范恩实、宁永娟. 古代中外文化交流史[M]. 北京：高等教育出版社，2006.

[272]叶秋华、王云霞、夏新华. 借鉴与移植：外国法律文化对中国的影响[M]. 北京：中国人民大学出版社，2012.

[273]甘阳. 古今中西之争[M]. 北京：三联书店，2006.

[274]王树民. 中国史学史纲要[M]. 北京：中华书局，1997.

二、外文译著类

[1]柏拉图. 王晓朝译. 柏拉图全集[M]. 北京：人民出版社，2003.

[2]柏拉图. 原江译. 政治家[M]. 昆明：云南人民出版社，2004.

[3]亚里士多德. 吴寿彭译. 政治学[M]. 北京：商务印书馆，1965.

[4]亚里士多德. 吴寿彭译. 形而上学[M]. 北京：商务印书馆，1959.

[5]亚里士多德. 廖申白译注. 尼各马可伦理学[M]. 北京：商务印书馆，2003.

[6]西塞罗. 沈叔平、苏力译. 法律篇[M]. 国家篇·法律篇. 北京：商务印书馆，1999.

[7]查士丁尼. 张企泰译. 法学总论——法学阶梯[M]. 北京：商务印书馆，1989.

[8]托马斯·阿奎那. 马清槐译. 阿奎那政治著作选[M]. 北京：商务印书馆，1963.

[9]尼科洛·马基雅维里. 潘汉典译. 君主论[M]. 北京：商务印书馆，1985.

[10]贝奈戴托·克罗齐. 傅任敢译. 历史的理论与实际[M]. 北京：商务印书馆，1982.

[11]斯宾诺莎. 贺麟译. 伦理学[M]. 北京：商务印书馆，1983.

[12]斯宾诺莎. 温锡增译. 神学政治论[M]. 北京：商务印书馆，1963.

[13]卢梭. 何兆武译. 社会契约论[M]. 北京：商务印书馆，1980.

[14]孟德斯鸠. 张雁深译. 论法的精神[M]. 北京：商务印书馆，1959.

[15]列维·不留尔. 丁由译. 原始思维[M]. 北京：商务印书馆，1981.

[16]奥古斯特·孔德. 黄建华译. 论实证精神[M]. 北京：商务印书馆，1996.

[17]E. 迪尔凯姆. 狄玉明译. 社会学方法的准则[M]. 北京：商务印书馆，1995.

[18]托克维尔. 董果良译. 论美国的民主[M]. 北京：商务印书馆，1980.

[19]托克维尔. 裴玲译. 旧制度与大革命[M]. 北京：中国文史出版社，2013.

[20]孔多塞. 何兆武、何冰译. 人类精神进步史表纲要[M]. 北京：三联书店，1998.

[21]雅克·马里旦.〔加〕威廉·斯威特编，鞠成伟译. 自然法理论与实践的反思[M]. 北京：中国法制出版社，2001.

[22]康德. 沈叔平译、林荣远校. 法的形而上学原理——权利的哲学[M]. 北京：商务印书馆，1991.

[23]康德. 苗力田译. 道德形而上学原理[M]. 上海：上海人民出版社，2002.

[24]康德. 蓝公武译. 纯粹理性批判[M]. 北京：商务印书馆，1960.

[25]康德. 韩水法译. 实践理性批判[M]. 北京：商务印书馆，1999.

[26]康德. 邓晓芒译. 判断力批判[M]. 北京：人民出版社，2002.

［27］康德. 何兆武译. 历史理性批判文集［M］. 北京：商务印书馆，1990.

［28］康德. 沈叔平译，林荣远校. 法的形而上学原理——权利的科学［M］. 北京：商务印书馆，1991.

［29］费希特. 谢地坤、程志民译，梁志学校. 自然法权基础［M］. 北京：商务印书馆，2004.

［30］黑格尔. 范扬、张企泰译. 法哲学原理或自然法和国家学纲要［M］. 北京：商务印书馆，1961.

［31］黑格尔. 王造时译. 历史哲学［M］. 上海：上海书店，2001.

［32］黑格尔. 贺麟、王太庆译. 哲学史讲演录（1—4卷）［M］. 北京：商务印书馆，1960.

［33］塞缪尔·冯·普芬道夫. 罗国强、刘瑛译. 自然法与国际法［M］. 北京：北京大学出版社，2012.

［34］费尔巴哈. 荣震华译. 基督教的本质［M］. 北京：商务印书馆，1984.

［35］尼采. 周国平等译. 尼采文集［M］. 西宁：青海人民出版社，1995.

［36］塞缪尔·冯·普芬道夫. 〔英〕迈克尔·西尔弗索恩英译，支振锋译. 论人与公民在自然法上的责任［M］. 北京：北京大学出版社，2012.

［37］马克斯·韦伯. 康乐等译. 法律社会学［M］. 桂林：广西师范大学出版社，2005.

［38］马克斯·韦伯. 王容芬译. 儒教与道教［M］. 北京：商务印书馆，1995.

［39］恩格斯. 于光远等译编. 自然辩证法［M］. 北京：人民出版社，1984.

［40］弗里德里希·卡尔·冯·萨维尼. 〔德〕艾里克·沃尔夫编，郑永流译. 历史法学派的基本思想（1814-1840）［M］. 北京：法律出版社，2009.

［41］尼克拉斯·卢曼. 宾凯、赵春燕译. 法社会学［M］. 上海：上海人民出版社，2013.

［42］海因里希·罗门. 姚中秋译. 自然法的观念史和哲学［M］. 上海：三联出版社，2007.

［43］马克斯·韦伯. 康乐、简惠美译. 法律社会学［M］. 桂林：广西师范大学出版社，2005.

［44］伯恩·魏德士. 丁小春、吴越译. 法理学［M］. 北京：法律出版社，2003.

［45］K. 茨威格特、H. 克茨. 潘汉典、米健、高鸿钧、贺卫方译. 比较法总论［M］. 北京：法律出版社，2003.

［46］莫里茨·石里克. 陈维杭译. 自然哲学［M］. 北京：商务印书馆，1984.

［47］卡尔·雅斯贝斯. 王德峰译. 时代的精神状况［M］. 上海：上海译文出版社，2005.

［48］卡尔·恩吉施. 郑永流译. 法律思维导论［M］. 北京：法律出版社，2013.

［49］奥斯瓦尔德·斯宾格勒. 吴琼译. 西方的没落［M］. 上海：上海三联书店，2006.

[50]霍布斯. 黎思复、黎廷弼译，杨昌裕校. 利维坦[M]. 北京：商务印书馆，1985.

[51]休谟. 陈修斋、曹棉之译. 自然宗教对话录[M]. 北京：商务印书馆，1962.

[52]约翰·奥斯丁. 刘星译. 法理学的范围[M]. 北京：中国法制出版社，2002.

[53]亨利·萨姆纳·梅因. 沈景一译. 古代法[M]. 北京：商务印书馆，1959.

[54]亨利·萨姆纳·梅因. 冯克利、吴其亮译. 早期制度史讲义[M]. 上海：复旦大学出版社，2012.

[55]边沁. 时殷弘译. 道德与立法原理导论[M]. 北京：商务印书馆，2000.

[56]约翰·洛克. 李季璇译. 自然法论文集[M]. 北京：商务印书馆，2014.

[57]约翰·洛克. 赵伯英译，来鲁宁校. 政府论两篇[M]. 西安：陕西人民出版社，2004.

[58]约翰·洛克. 吴云贵译. 论宗教宽容[M]. 北京：商务印书馆，1982.

[59]H. L. A. 哈特. 许家鑫、李冠宜译. 法律的概念[M]. 北京：法律出版社，2006.

[60]L·T·霍布豪斯. 汪淑钧译. 形而上学的国家论[M]. 北京：商务印书馆，2004.

[61]L·T·霍布豪斯. 朱曾汶译. 自由主义[M]. 北京：商务印书馆，1996.

[62]雷敦和. 黄帝四经[M]. 台北：台湾光启、利民出版社，1997.

[63]巴里·尼古拉斯. 黄风译. 罗马法概论[M]. 北京：法律出版社，2000.

[64]马若斐. 陈熠译. 传统中国法的精神[M]. 北京：中国政法大学出版社，2013.

[65]约翰·菲尼斯. 董娇娇、杨奕、梁晓晖译. 自然法与自然权利[M]. 北京：中国政法大学出版社，2005.

[66]弗里德里希·奥古斯特·冯·哈耶克. 邓正来译. 法律、立法与自由[M]. 北京：中国大百科全书出版社，2000.

[67]弗里德里希·奥古斯特·冯·哈耶克. 李先敏编译. 哈耶克自由哲学[M]. 北京：九州出版社，2011.

[68]弗里德里希·奥古斯特·冯·哈耶克. 王明毅、冯兴元等译. 通往奴役之路[M]. 北京：中国中国社会科学出版社，1997.

[69]鲍桑葵. 汪淑钧译. 关于国家的哲学理论[M]. 北京：商务印书馆，1995.

[70]韦恩·莫里森. 李桂林等译. 法理学[M]. 武汉：武汉大学出版社，2003.

[71]埃德蒙·利奇. 郭凡、邹和译. 文化与交流[M]. 上海：上海人民出版社，2000.

[72]斯密. 韦卓民译. 康德〈纯粹理性批判〉解义[M]. 武汉：华中师范大学出版社，2000.

[73]S. F. C. 密尔松. 李显冬等译. 普通法的历史基础[M]. 北京：中国大百科全书出版社，1999.

[74]迈克尔·莱斯诺夫等. 刘训练、李丽红、张红梅译. 社会契约论[M]. 南京：江苏人民

出版社，2005.

[75]巴里·尼古拉斯. 黄风译. 罗马法概论[M]. 北京：法律出版社，2000.

[76]杰弗里·马歇尔. 刘刚译. 宪法理论[M]. 北京：法律出版社，2006.

[77]汉密尔顿、杰伊、麦迪逊. 程逢如、在汉、舒逊译. 联邦党人文集[M]. 北京：商务
印书馆，1980.

[78]路易斯·亨利·摩尔根. 杨东莼、马雍、马巨译. 古代社会(上、下册)[M]. 北京：
商务印书馆，1977.

[79]罗斯科·庞德. 陈林林译. 法律与道德[M]. 北京：中国政法大学，2003.

[80]穆瑞·罗斯巴德. 吕炳斌、周欣、韩永强、朱健飞译. 自由的伦理[M]. 上海：复旦
大学出版社，2008.

[81]克米特·L. 霍尔主编，许明月、夏登峻译. 牛津美国联邦最高法院指南[Z]. 北京：
北京大学出版社，2009.

[82]罗斯科·庞德. 邓正来译. 法律史解释[M]. 北京：中国法制出版社，2002.

[83]昂格尔. 吴玉章、周汉华译. 现代社会中的法律[M]. 北京：中国政法大学出版社，
1994.

[84]B. F. 斯金纳. 陈维纲、王映桥、栗爱平译. 超越自由与尊严[M]. 贵阳：贵州人民出
版社，1990.

[85]朱迪斯·N. 斯克莱. 彭亚南译. 守法主义——法、道德和政治审判[M]. 北京：中国
政法大学出版社，2005.

[86]约翰·罗尔斯. 何怀宏、何包钢、廖申白译. 正义论[M]. 北京：中国社会科学出版
社，1988.

[87]艾森斯塔特. 旷新年、王爱松译. 反思现代性[M]. 北京：三联书店，2006.

[88]罗纳德·德沃金等. 认真对待权利[M]. 桂林：广西师范大学出版社，2003.

[89]韩禄伯. 邢文编，余瑾译. 简帛老子研究[M]. 北京：学苑出版社，2002.

[90]伯尔曼. 梁治平译. 法律与宗教[M]. 北京：中国政法大学出版社，2003.

[91]哈罗德·J. 伯尔曼. 贺卫方、高鸿钧、张志铭、夏勇译. 法律与革命——西方法律传
统的形成[M]. 北京：中国大百科全书出版社，1993.

[92]艾兰，魏克彬. 邢文编译. 郭店老子——东西方学者的对话[M]. 北京：学苑出版社，
2002.

[93]史华兹. 程刚译. 古代中国的思想世界[M]. 南京：江苏人民出版社，2004.

[94]赫伯特·马尔库塞. 刘继译. 单向度的人——发达工业社会意识形态研究[M]. 上海：

上海译文出版社，2008.

[95]理查德·A. 波斯纳. 苏力译. 超越法律[M]. 北京：中国政法大学出版社，2001.

[96]E. 博登海默. 邓正来译. 法理学——法律哲学与法律方法[M]. 北京：中国政法大学
　　出版社，1999.

[97]狄百瑞. 黄水婴译. 儒家的困境[M]. 北京：北京大学出版社，2009.

[98]林语堂. 黄嘉德译. 老子的智慧[M]. 西安：陕西师范大学出版社，2004.

[99]劳伦斯·M. 弗里德曼. 李琼英、林欣译. 法律制度——从社会科学角度观察[M]. 北
　　京：中国政法大学出版社，2004.

[100]瞿同祖. 范忠信、何鹏、晏锋译. 清代地方政府[M]. 北京：法律出版社，2011.

[101]肯尼思·W. 汤普森编，张志铭译. 宪法的政治理论[M]. 北京：三联书店，1997.

[102]斯塔夫里阿诺斯. 吴象婴、梁赤民译. 全球通史[M]. 上海：上海社会科学院出版
　　社，1999.

[103]迈克尼尔. 雷喜宁、潘勤译. 新社会契约论[M]. 北京：中国政法大学出版社，
　　2004.

[104]查尔斯·琼斯. 李丽丽译. 全球正义：捍卫世界主义[M]. 重庆：重庆出版社，2014.

[105]杜善牧. 宋稚青译. 老庄思想与西方哲学[M]. 台北：三民书局，1968.

[106]木村英一著. 老子之新研究[M]. 东京：创文社，1959.

[107]川岛武宜. 申政武等译. 现代化与法[M]. 北京：中国政法大学出版社，2004.

[108]J. M. 凯利. 王笑红译，汪庆华校. 西方法律思想简史[M]. 北京：法律出版社，
　　2002 版.

[109]努德·哈孔森. 赵立岩译，刘斌校. 立法者的科学——大卫·休谟与亚当·斯密的自
　　然法理学[M]. 杭州：浙江大学出版社，2010.

[110]摩奴. [法]迭朗善译，马香雪转译. 摩奴法典[M]. 北京：商务印书馆，1982.

三、中文论文类

[1]唐兰. 马王堆出土《老子》乙本卷前古佚书的研究[J]. 考古学报，1975(01).

[2]许建良.《黄帝四经》"刑德相养"思想探析[J]. 东南大学学报(哲学社会科学版)，
　　2007(03).

[3]许建良. 法家因循的理论设定 [J]. 湖南科技学院学报，2011(10).

[4]季卫东. 面向二十一世纪的法与社会[J]. 中国社会科学，1996(03).

[5]崔永东. 帛书《黄帝四经》中的刑法思想[J]. 法学研究，1998(03).

［6］施炎平. 周易与中国古典管理［J］. 周易研究，2011（06）.

［7］李夏.《黄帝四经》阴阳思想研究［J］. 管子学刊，2006（01）.

［8］曹峰.《黄帝四经》所见"执道者"与"名"的关系［J］. 湖南大学学报（社会科学版），2008（03）.

［9］曹峰. 马王堆汉墓帛书《经法》所见几个重要概念的研究［C］. 李学勤、谢桂华主编. 简帛研究二〇〇二、二〇〇三. 桂林：广西师范大学出版社，2005.

［10］晁福林. 先秦时期"德"观念的起源及其发展［J］. 中国社会科学出版社，2005（04）.

［11］曹峰.《黄帝四经》所见"名"的分类［J］. 湖南大学学报，2007 年第 1 期。

［12］白奚.《黄帝四经》与百家之学［J］. 哲学研究，1995 年（04）.

［13］白奚."孙卿道宋子，言其黄老意"正解［J］. 中国哲学史，1996（04）.

［14］黄前程."名"在黄老之学中的地位［J］. 管子学刊，2012（03）.

［15］宁国良. 黄老道家的政治思想与汉初的治国实践［J］. 湖南大学学报：社会科学版，2005（03）。

［16］汪习根. 论法治中国的科学含义［J］. 中国法学，2014（02）.

［17］朱勇. 权利换和谐：中国传统法律的秩序路径［J］. 中国法学，2008（01）.

［18］马俊峰. 富裕、民主、公正、和谐：中国特色社会主义的核心价值理念［J］. 湖北大学学报（哲学社会科学版），2011（03）.

［19］路强."和谐"：中国文化的世界价值——余敦康教授访谈录［J］. 晋阳学刊，2014（02）.

［20］张欣.《黄帝四经》管理哲学研究［D］. 北京：中国国家图书馆，2010.

［21］荆雨. 帛书《黄帝四经》政治哲学思想研究［D］. 北京：中国国家图书馆，2004.

［22］李夏. 帛书《黄帝四经》研究［D］. 北京：中国国家图书馆，2004.

［23］陈松长. 湖南简帛的出土与研究［J］. 湖南大学学报，2005（05）.

［24］邓晓芒. 再议"亲亲相隐"的腐败倾向——评郭齐勇主编的《儒家伦理争鸣集》［J］. 学海，2007（04）.

［25］高亨、董治安.《十大经》初论［J］. 历史研究，1975（01）.

［26］关志国. 黄老学法律思想辨疑［D］. 中国社会科学院，2005.

［27］王博.《黄帝四经》与《管子》四篇［C］. 陈鼓应主编. 道家文化研究. 上海：上海文艺出版社，2001（01）.

［28］陈晓岚、付春杨."自然法"和"法自然"的文化分析［J］. 法学研究，2002（06）.

［29］时显群. 以"治道"为视角论法家与儒家的关系［J］. 政法论坛，2008（03）.

[30]王沛.《老子》法哲学中的"常"与"名"[J].法治与社会发展, 2007(03).

[31]陈雄.道家思想与现代宪政研究[J].船山学刊, 2006(01).

[32]魏启鹏.前黄老刑名之学的珍贵佚篇[C].许抗生等主编.道家文化研究.上海:上海古籍出版社, 1993(03).

[33]徐进.战国前法的形式、生成及其时代特征[J].吉林大学社会科学学报, 1997(06).

[34]钟肇鹏.黄老帛书的哲学思想[J].文物, 1978(02).

[35]崔兰琴、覃敏.试论老子法律思想的逻辑体系[J].湖北广播电视大学学报, 2005(03).

[36]覃遵详.论老子的民主意识[J].哲学研究, 2000(04).

[37]王进杰.'法令滋章,盗贼多有'法律思想的哲学解释[J].文史博览·理论, 2007(01).

[38]郑显文.试论唐代法律的基本精神[J].法意, 2012(04).

[39]张元洁.老子自然法思想的基本主张及其现代价值[J].山西农业大学学报(社会科学版), 2006(06).

[40]张元洁.老子守柔思想的现代法律价值[J].山西省委党校学报(社会科学版), 2008(01).

[41]桑玲.试论老子的法律思想[J].河南社会科学, 2009(01).

[42]杨惠梅.老子法律思想探微[J].长春理工大学学报(综合版), 2006(04).

[43]黄震云."守藏之史"与老子的法律思想[J].宝鸡文理学院学报(社会科学版), 2007(03).

[44]何兆升.和谐顺道的法律观——老子法律思想新探[J].广西政法管理干部学院学报, 2001(01).

[45]张庆旭.老子法律虚无思想之辩与辨[J].阜阳师范学院学报(社会科学版), 2001(01).

[46]袁敏殊.老子政治法律思想刍议[J].安徽史学, 1998(01).

[47]周少元.老子法律思想探略[J].安徽大学学报(哲学社会科学版), 1996(01).

[48]周新华.孔子、老子法律观相同点比较研究[J].齐鲁学刊, 1989(05).

[49]杨奉昆.老子政治法律思想初探[J].法学, 1982(11).

[50]吴安新、周世海.道法自然——关于《道德经》的法哲学解读[J].重庆工商大学学报(社会科学版), 2008(05).

[51]严春忠.天人合一·道法自然·无为而治——读老子《道德经》一得[J].中国道教,

2001（01）.

［52］费小兵. 法之"道"与"法之理"的由来——探析中国法律的文化根基兼与赵明先生商榷［J］. 重庆大学学报（社会科学版），2010（05）.

［53］费小兵. "中国自然法"基准下的"目的价值等级体系"——《老子》"上德不德"章的启发［J］. 华中科技大学学报（社会科学版），2012（09）.

［54］崔永东. 帛书《老子》甲乙本中的法律思想试析［J］. 政法论坛，1999（04）.

［55］张娟芳. 二十世纪西方《老子》研究［D］. 西北大学博士毕业论文，2003.

［56］南玉泉. 先秦思想文化与中华法系之源流［J］. 政法论坛，1999（03）.

［57］张晋藩. 中国法律的传统与近代化的开端［J］. 政法论坛，1996（05）.

［58］启良. 从公羊学看儒家政治伦理的尴尬［J］. 湘潭大学社会科学学报，2000（05）.

四、报纸、网络媒体类

［1］王逸吟、殷泓. 从"从依法治国"到"法治中国"——法学界人士看法治中国建设踏上新征程［N］. 光明日报，2013-11-18（01）.

［2］蒋安杰. 加快法治中国建设与国家治理现代化——专访"加快建设法治中国若干建议"课题组核心成员陈云良教授［N］. 法制日报，2014-17-16（09）.

［3］程燎原. "性法"、"天法"、"自然法"［Z/OL］. 近代法研究网，http：//www. modern-law. com/jdfyj/162. html.

五、外文类

［1］Arnold A Rogow and Harold D. Lasswell, Power：Corruption and Rectitude. Englewood ［M］. New Jersey：Prentice-Hall, Inc. 1963.

［2］Joseph Raz. Kelsen's Theory of the Basic Norm［J］Natare Law Form, 1974, 19（01）：94-111.

［3］P. Peerenboom. Law and Morality in Ancient China：The Silk Manuscripts of Huang-Lao ［M］. New York：State University of New York Press, 1993.

六、字典、词典及工具书类

［1］胡奇光、方环海. 尔雅译注［M］. 上海：上海古籍出版社，2012.

［2］许慎. 徐铉校定. 说文解字［Z］. 北京：中华书局，2013.

［3］潘汉典编. 元照英美法词典［Z］. 北京：法律出版社，2003.

[4]《简明不列颠百科全书》编辑部译编. 简明不列颠百科全书[Z]. 北京：大百科全书出版社，1986.

[5]戴维·沃克编. 北京社会与科技发展研究所组织翻译. 牛津法律大辞典[Z]. 北京：光明日报出版社，2003.

[6]王力. 同源字典[Z]. 北京：商务印书馆，2004.

[7]徐中舒主编. 甲骨文字典[Z]. 成都：四川辞书出版社，2006.

[8]汤余惠主编. 战国文字汇编[Z]. 福州：福建人民出版社，2001.

[9]陈松长编. 马王堆简帛文字编[Z]. 北京：文物出版社，2001.

[10]商务印书馆辞书研究中心编. 古今汉语词典[Z]. 北京：商务印书馆，2007.

[11]《道藏》影印本[C]. 北京：文物出版社，1988.

后　记

　　置身于纷繁之世，难免出现灵与肉的张力性阵痛，每当此时，我总会不自觉地在幽深的历史里寻求聊以慰藉的思想花朵。历史就像一个神奇的 AI 机器人，总会回答你的提问，至于答案的对错美丑则是个人主观判断的事。我们都是历史的存在者，不超越，你能奈其何？

　　细细想来，从硕士阶段以来，学思的脉络若隐若现：从清末修律到《黄帝四经》，再到对当下法律制度与法律文化的关注，不由闪现出"礼法"的关键词，发现中华法律文化与此有着千丝万缕的联系，不管你用怎样的眼光看它，它总是存在着，其中凝结着中华民族乃至人类的核心精神意蕴。无礼，徒法奈其何？

　　此书是在博士毕业论文基础上修改完善的结果。时光如梭，转眼答辩已有 6 个年头，其间有过几次出版的想法，但因为各种原因未能遂愿，这次下定决心交付出版，心中有种莫名的悸动。

　　感谢导师赵明先生的循循善诱和学理灵动，感谢黄老学前辈余明光先生的鼓励和指导，感谢张生、柴荣等学界前辈的支持与教导，感谢刘子贵编审的宽容和辛勤劳动，给我第二次合作的愉悦。感谢归感谢，文责完全自负。

　　由于才疏学浅，难免不足和值得商榷之处，还请方家批评指正。

向达记于汉中

2023 年 8 月 18 日